RUSSIAN
LEARNER'S DICTIONARY
ENGLISH–RUSSIAN / RUSSIAN–ENGLISH

Revised & Updated

LIVING LANGUAGE®

RUSSIAN
LEARNER'S DICTIONARY
ENGLISH–RUSSIAN / RUSSIAN–ENGLISH

Revised & Updated

REVISED BY NADYA L. PETERSON, PH.D.
Assistant Professor of Russian
University of Pennsylvania

◆

Based on the original by Aron Pressman

CONTENTS

INTRODUCTION

The *Living Language® Russian Dictionary* lists more than 15,000 of the most frequently used Russian words, gives their most important meanings, and illustrates their uses. It also includes a Russian pronunciation chart and a set of common expressions useful in everyday situations. This revised edition contains updated phrases and expressions, as well as many new entries related to business, technology, and the media. The following is a short description of the basic features of this dictionary.

1. More than one thousand of the most essential Russian words are indicated by the use of an * to their left.

2. Numerous definitions are illustrated with phrases, sentences, and idiomatic expressions. If there is no close English equivalent for a Russian word, or the English equivalent has several meanings, the context of the illustrative sentences helps to clarify the meanings.

3. Because of these useful phrases, the *Living Language® Russian Dictionary* serves as a phrase book and conversation guide. The dictionary is helpful both to beginners who are building their vocabulary and to advanced students who want to perfect their command of colloquial Russian.

4. The Russian expressions (particularly the idiomatic and colloquial ones) have been translated to their English equivalents. However, literal translations have been added to help the beginner. This dual feature also makes this dictionary useful for translation work.

RUSSIAN PRONUNCIATION CHART

Vowels

The location of a vowel within a word will determine its pronunciation. There is only one stressed syllable in any given Russian word, and the pronunciation of a vowel will change depending on its position within a word in relation to the stressed syllable.

Russian Letters	Approximate Sound in English	Phonetic Symbol	Example
А а (in the syllable before the stressed syllable, or in the stressed syllable)	(c<u>a</u>lm)	ah	**банк** (b<u>ah</u>nk) **такси́** (t<u>ah</u>k-SEE) **познако́мить** (poh-zn<u>ah</u>-KAW-meet′)
А а (in any syllable following the stressed syllable)	(b<u>u</u>t)	uh	**ко́шка** (KAWSH-k<u>uh</u>)
А а (after a soft consonant)	(m<u>ee</u>t)	ee	**чаевы́е** (ch<u>ee</u>-yee-VY-yeh)
Э э (stressed)	(s<u>e</u>t)	eh	**э́то** (<u>EH</u>-tuh)
Э э (unstressed)	(s<u>e</u>t)	eh (shortened)	**экску́рсия** (<u>ehk</u>-SKOOR-see-yuh)
Ы ы*	(s<u>y</u>mpathy)	y	**сын** (s<u>y</u>n)
О о (stressed)	(l<u>a</u>w)	aw	**ко́шка** (KAWSH-kuh)
О о (in the first syllable of a word or the syllable before the stressed syllable)	(c<u>a</u>lm)	ah	**оди́н** (<u>ah</u>-DEEN) **голова́** (guh-lah-VAH)

* No equivalent in English. <u>Y</u> pronounced somewhere between the short **i** sound of sym- and the long **ee** sound of -thy in sympathy.

Russian Letters	Approximate Sound in English	Phonetic Symbol	Example
О о (in any syllable after the stressed syllable)	(b<u>u</u>t)	uh	**мя́со** (MYAH-s<u>uh</u>)
У у	(c<u>oo</u>)	oo	**у́мка** (<u>OO</u>-kuh)
Я я (stressed)	(<u>y</u>onder)	yah	**я́сно** (<u>YAH</u>-snuh)
Я я (unstressed)	(b<u>ee</u>)	ee	**ме́сяц** (MYEH-s<u>ee</u>ts)
Е е (stressed)	(<u>ye</u>t)	yeh	**ме́сто** (<u>MYEH</u>-stuh)
Е е (before stressed syllable)	(b<u>ee</u>)	ee	**метро́** (m<u>ee</u>-TRAW)
Е е (after stressed syllable	(b<u>u</u>t)	uh	**мне́ние** (MNYEH-nee-<u>uh</u>)
И и	(b<u>ee</u>)	ee	**Ни́на** (N<u>EE</u>-nuh)
И и	(sympath<u>y</u>)	y	**саци́ви** (sah-TS<u>Y</u>-v<u>y</u>)
Ё ё	(<u>yaw</u>n)	yaw	**ёлка** (<u>YAWL</u>-kuh)
Ю ю	(<u>you</u>)	yoo	**ю́бка** (<u>YOOP</u>-kuh)

Consonants

Some consonants in Russian make more than one sound. This occurs most often when the consonant is located at the end of a word or syllable. The following list of consonants shows all the variations in pronunciation.

Russian Letters	Approximate Sound in English	Phonetic Symbol	Example
Б б	b (<u>b</u>ear)	b	**бо́чка** (<u>B</u>AWCH-kuh)
	p (<u>p</u>art)	p	**зуб** (zoo<u>p</u>)
В в	v (<u>v</u>ery)	v	**вокза́л** (<u>v</u>ahg-ZAHL)
	f (<u>f</u>ull)	f	**авто́бус** (ah<u>f</u>-TAW-boos)
Г г	g (<u>g</u>o)	g	**га́лстук** (<u>G</u>AHL-stook)
	k (ba<u>k</u>e)	k	**дог** (daw<u>k</u>)
Д д	d (<u>d</u>are)	d	**до́ктор** (<u>D</u>AWK-tuhr)
	t (<u>t</u>oll)	t	**код** (kaw<u>t</u>)
Ж ж	zh (lei<u>s</u>ure)	zh	**ко́жа** (KAW-<u>zh</u>eh)
	sh (<u>sh</u>ow)	sh	**ло́жка** (LAW<u>SH</u>-kuh)
З з	z (<u>z</u>ebra)	z	**за́втра** (<u>Z</u>AHF-truh)
	s (<u>s</u>ign)	s	**раз** (rah<u>s</u>)
Й й	always silent*	—	**хоро́ший** (khah-RAW-shee)
Ш ш	sh (<u>sh</u>ow)	sh	**шум** (<u>SH</u>OOM)
Щ щ	shch	shch	**я́щик** (YAH-<u>shch</u>yk)
Ъ ъ	silent hard sign (separates vowels and consonants, providing a syllable break)	—	**объясня́ть** (ahb-yee-SNYAT′)
Ь ь	silent soft sign (softens preceding consonant)		**пла́тье** (PLAHT′-yeh)

* See following section, vowels combined with й

Vowels combined with й

Although **й** does not make a sound on its own, it does affect the pronunciation of vowels, when placed directly after them.

Russian Letters	Approximate Sound in English	Phonetic Symbol	Example
ой	oy (<u>toy</u>)	oy	**мо́й** (M<u>OY</u>)
ай	ie (<u>tie</u>)	ahy	**ма́й** (M<u>AHY</u>)
ей	yay (<u>yea</u>)	yay	**друзе́й** (droo-ZYAY)

Intonation

Russian intonation is quite different from English intonation. Here, we will briefly discuss the most common Russian intonational constructions. The first is IC-1, which is characteristic of the declarative sentence. In an IC-1 sentence, the words preceding the point of emphasis in the sentence are pronounced on a level, medium tone, smoothly and without pauses. Those words located after the point of emphasis are pronounced on a lower pitch.

Я хочу́ е́сть.   (yah khah-CHOO yehst′)   I want to eat.

The second intonational construction is IC-2, used in interrogative sentences that contain a question word. The stressed word in the sentence is pronounced with a slightly rising tone and strong emphasis. Those words that precede it are pronounced on a lower pitch, with a slight fall on the last syllable.

Кто́ говори́т?   (KTAW gah-vah-REET?)   Who is speaking?

IC-3 is used in interrogative sentences that do not contain a question word. As in IC-1, those words which precede the point of emphasis of the sentence are pronounced on a level, medium tone. The stressed part of the sentence is pronounced in a sharply higher tone, and the rest of the sentence is pronounced on a low pitch with a slight fall at the last syllable, as in IC-1 and IC-2.

Вы́ бы́ли в   (vy BY-lee f   Have you been to
Санкт-Петербу́рге?   Sawnkt Peeteerboorgi?)   St. Petersburg?

EXPLANATORY NOTES

Literal translations are in parentheses. Colloquial is abbreviated to coll.

Gender is indicated by m. for masculine, f. for feminine, n. for neuter.

Case is indicated by nom. for nominative, acc. for accusative, dat. for dative, gen. for genitive, inst. for instrumental, and prep. for prepositional case.

Imperfective verb forms are not identified as such. If a verb is shown in its perfective form, however, this is indicated as: (perf.). In aspectual pairs, the first form is the imperfective form.

Other abbreviations are:

adj.	adjective	pl.	plural
adv.	adverb	prep.	preposition
conj.	conjunction	pron.	pronoun
dim.	diminutive	refl.	reflexive verb
imp.	imperfective verb	sg.	singular
ind.	indeclinable	tr.	transitive verb
interj.	interjection	v.	verb
intr.	intransitive verb	v.i.	verb intransitive
num.	numeral	v.t.	verb transitive
perf.	perfective verb		

LIVING LANGUAGE®

RUSSIAN
DICTIONARY

RUSSIAN–ENGLISH
ENGLISH–RUSSIAN

REVISED & UPDATED

RUSSIAN–ENGLISH

А

*а but, and, or (first letter of alphabet)

Вот ру́чка, а вот бума́га. Here is a pen, and here is paper.

Не он, а его́ сестра́. Not he, but his sister.

Поторопи́сь, а то опозда́ешь. Hurry, or you'll be late.

абажу́р lampshade

абитурие́нт high school graduate applying to a university

абрико́с apricot

абсолю́тный absolute

абстра́ктный abstract

абсу́рд absurdity

довести́ (perf.) **до абсу́рда** to carry to the point of absurdity

абсу́рдный absurd

абсце́сс abscess

ава́нс advance

плати́ть ава́нсом to pay in advance

получа́ть ава́нс в счёт зарпла́ты to receive an advance on salary

авантю́ра adventure, gamble

а́вгуст August

в а́вгусте in August

авиа́тор aviator, pilot

авиа́ция aviation, aircraft

*аво́сь perhaps, maybe

надея́ться на аво́сь to take a chance

на аво́сь on the off chance

автобиогра́фия autobiography

*авто́бус bus

автокра́тия autocracy

*автома́т automatic machine

телефо́н-автома́т pay telephone

автомати́ческий automatic

*автомоби́ль (m.) automobile, car

*автоно́мия autonomy

*а́втор author

*авторите́т authority

по́льзоваться авторите́том to use one's authority

а́вторские royalties (to an author)

а́вторское пра́во copyright

*авторучка fountain pen

автосе́рвис auto mechanic shop

аге́нт agent, factor

аге́нтство agency

агита́тор instigator

агита́ция agitation, propaganda

аго́ния agony

агресси́вный aggressive

агре́ссия aggression

агрикульту́ра agriculture

агробиоло́гия agricultural biology

ад hell

адвока́т lawyer

адвокату́ра legal profession, the bar

занима́ться адвокату́рой to be a practicing attorney

*администра́тор administrator; manager

администра́ция administration, management

*а́дрес address

адресова́ть (imp., perf.) to address, direct

аза́ртно recklessly

аза́ртно игра́ть to gamble

*а́збука alphabet

азо́т nitrogen

за́кись азо́та nitrous oxide

о́кись азо́та nitric oxide

акаде́мия academy

акваре́ль (f.) watercolor

акварели́ст water-color painter

акко́рд chord

аккордео́н accordion

аккура́тность (f.) accuracy, carefulness, punctuality

аккура́тный careful, neat, punctual

акт act

выпускно́й акт graduation ceremony

обвини́тельный акт indictment

актёр actor

активизи́ровать (imp., perf.) to make more active, stir up

*акти́вно actively

актри́са actress

актуа́льность (f.) topicality

аку́ла shark

акуше́р, акуше́рка obstetrician (m., f.), midwife

акце́нт accent

акционе́р stockholder

а́кция share

а́кции па́дают shares go down (in value)

а́лгебра algebra

алкого́ль (m.) alcohol

 алкого́льный напи́ток alcoholic beverage, strong drink

алкало́ид alkaloid

алле́я lane, path

алта́рь (m.) altar

алфави́т alphabet

 по алфави́ту in alphabetical order

альбо́м album

альтруи́зм altruism, unselfishness

алюми́ний aluminum

амби́ция ambition, self-love, pride

амбулато́рия clinic

Аме́рика America

америка́нец, америка́нка American (m., f.)

америка́нский American (adj.)

ана́лиз analysis, test

 сде́лать (perf.) **ана́лиз кро́ви** to take a blood test

анало́гия analogy

анана́с pineapple

анато́мия anatomy

а́нгел angel

англи́йский English

 англи́йская була́вка safety pin

 по-англи́йски in English

англича́нин (m.) Englishman

англича́нка (f.) Englishwoman

анекдо́т anecdote, joke

анке́та questionnaire, survey

 запо́лнить (perf.) **анке́ту** to fill in a form

анкети́рование polling, surveying, evaluation

анса́мбль musical group

антагони́ст antagonist

антагонисти́ческий antagonistic

антипа́тия antipathy, aversion

 пита́ть антипа́тию к чему́-нибудь to feel an aversion for something

 почу́вствовать (perf.) **антипа́тию к кому́-нибудь** to take a dislike to someone

антрополо́гия anthropology

анчо́ус anchovy

аншла́г the "sold out" notice

Пье́са идёт с аншла́гом. The house (play) is sold out every night.

апельси́н orange

аплоди́ровать to applaud, cheer

аппара́т apparatus, instrument

 фотоаппара́т camera

аппети́т appetite

 прия́тного аппети́та bon appetit

аппети́тный appetizing, tempting

апре́ль (m.) April

апте́ка drugstore, pharmacy

аранжи́ровать to arrange

арбу́з watermelon

аргуме́нт argument (in conversation)

 ве́ский аргуме́нт significant or telling argument

аре́нда lease

 взять в аре́нду to take on a lease

аре́ст arrest

 взять под аре́ст to arrest

арифме́тика arithmetic

а́рмия army

арома́т aroma, fragrance, perfume

арома́тный aromatic, scented

арти́ст, арти́стка artist, master, actor (m., f.)

артисти́ческий artistic

археоло́гия archeology

архите́ктор architect

аспира́нт postgraduate student

аспири́н aspirin

ассортиме́нт selection, assortment

ассоциа́ция association

 по ассоциа́ции by association of ideas

а́тлас atlas

атле́т athlete

атмосфе́ра atmosphere

а́томный atomic

 а́томная эне́ргия atomic energy

аттеста́т зре́лости high school diploma

аукцио́н auction

 продава́ть с аукцио́на to sell by auction

аутотре́нинг self-training

афи́ша poster, bill, placard

ах! oh!, ah!

а́хать (а́хнуть) to exclaim, gasp, sigh

он и а́хнуть не успе́л   before he knew where he was (he didn't even have time to gasp)

аэродро́м   airfield

Б

ба́бочка   butterfly

*ба́бушка   grandmother

бага́ж   baggage

　ручно́й бага́ж   hand or small luggage

　у́мственный бага́ж   store of knowledge

ба́за   base, basis

ба́за да́нных   data base

　подводи́ть (подвести́) ба́зу под что́-нибудь   to give good grounds for something

　сырьева́я ба́за   source of raw materials

　экономи́ческая ба́за   economic basis

*база́р   market

　устро́ить (perf.) база́р   to create an uproar

бази́роваться   to be based on, rest on, depend

бакале́йный   grocer

　бакале́йная ла́вка   grocery store

бакала́вр   holder of Bachelor of Arts degree

　сте́пень бакала́вра   Bachelor of Arts degree

баклажа́н   eggplant

бактериоло́гия   bacteriology

*бал   dancing party, ball

бала́нс   balance

бале́т   ballet

*балко́н   balcony

бало́ванный   spoiled (by indulgence)

*балова́ть   to spoil, indulge

ба́ловень   pet (about a person), favorite

　быть о́бщим ба́ловнем   to be everyone's favorite

бана́н   banana

*банк   bank

*ба́нка   jar

бараба́н   drum

　бараба́нная перепо́нка   eardrum

бара́нина   mutton, lamb

　бара́нина жа́реная   roast lamb

ба́рхат   velvet

барье́р   barrier

бассе́йн   basin

　бассе́йн для пла́вания   swimming pool

　бассе́йн реки́   river basin

*бастова́ть   to strike, to go on strike

*башма́к   shoe

　быть под башмако́м у жены́   to be henpecked

ба́шня   (f.) tower

*бе́гать, бежа́ть   to run

　бежа́ть бего́м (спеши́ть)   to hurry

　Его́ глаза́ бе́гают.   He has roving eyes.

бе́гло   fluently, superficially

　Он бе́гло говори́т по-ру́сски.   He speaks Russian fluently.

　Я бе́гло просмотре́л кни́гу.   I looked the book over quickly.

бего́м   running, double-quick

　Беги́ бего́м!   Hurry! (Come on the double!)

*беда́   misfortune, trouble

　Быть беде́!   Look out for trouble!

　В то́м-то и беда́.   That's just the trouble.

　Не беда́.   It doesn't matter.

бедне́ть (обедне́ть)   to become poor

*бе́дность   (f.) poverty

　Бе́дность не поро́к.   Poverty is not a vice.

　бе́дность по́чвы   poverty of the soil

бе́дный   poor, unfortunate

бедня́га, бедня́жка   poor fellow, poor thing (m., f.)

бедро́   thigh

*бе́дствие   calamity, disaster

*без   without (prep. with gen.)

безбе́дно   comfortably

　жить безбе́дно   to be fairly well off financially

безболе́зненный   painless

безви́нный   innocent, guiltless

5

безвку́сие lack of taste
безвку́сный tasteless
безво́лие lack of will
безвре́дный harmless, innocuous
безвре́менно untimely
безвре́менье hard times
***безгра́мотность** illiteracy
безгра́мотный illiterate
безда́рный untalented
безда́рность (f.) mediocrity, lack of talent
безде́йствие inactivity
безде́льничать to idle, loaf
безду́шный heartless, callous
безжи́зненный lifeless, insipid
***беззабо́тный** carefree, lighthearted
беззако́нный lawless, unlawful
беззасте́нчивый shameless, impudent
беззащи́тный defenseless, unprotected
беззву́чный soundless, silent
***безнадёжность** (f.) hopelessness
безнадзо́рность (f.) neglect
***безнра́вственность** (f.) immorality
безнра́вственный immoral, dissolute
***безобра́зие** outrage, disgrace
  Там творя́тся безобра́зия.
  Disgraceful things are going on there.
  Что за безобра́зие! It's scandalous!
***безопа́сность** (f.) safety, security
безотве́тственность (f.) irresponsibility
***безрабо́тица** unemployment
безразли́чие indifference
безразли́чно indifferently
  Мне соверше́нно безразли́чно.
  It's all the same to me.
безу́мец madman
безу́мие folly, insanity
  люби́ть до безу́мия to be madly in love
безу́мно madly, terribly
  быть безу́мно уста́лым to be terribly tired
  люби́ть безу́мно to love madly
***безусло́вно** undoubtedly, absolutely

безуспе́шно unsuccessfully
безыску́сственный unaffected, simple
бейсболи́ст baseball player
бейсбо́льный baseball (adj.)
беко́н bacon
бе́лка squirrel
беллетри́ст fiction writer
беллетри́стика fiction
белоку́рый blond, fair-haired
  белоку́рая же́нщина blonde (woman)
***бе́лый** white
бельё linen
  ни́жнее бельё underwear
  посте́льное бельё bedclothes
бензи́н benzine, gasoline
бе́рег shore, coast, bank
берёза birch tree
бере́менная pregnant
бере́чь (сбере́чь) to guard, save, take care of
  бере́чь своё вре́мя to make the most of one's time
  бере́чь своё здоро́вье to take care of one's health
  бере́чь та́йну to keep a secret
бес demon, devil
бесе́да conversation, talk
бесе́довать to converse, talk
бесконе́чно infinitely, endlessly
бесконе́чность (f.) endlessness, eternity
беспа́мятность (f.) forgetfulness
беспа́мятство unconsciousness, frenzy
***беспла́тно** free of charge, gratis
бесподо́бный matchless, incomparable
***беспоко́ить** to worry, to disturb
беспоко́иться to be anxious, to worry about
  Не беспоко́йтесь. Don't trouble yourself. Don't worry.
беспоко́йный troubled, uneasy
беспле́зность (f.) uselessness
***беспо́мощность** helplessness
***беспоря́док** disorder, confusion
беспричи́нно without cause, without reason
беспу́тный dissipated, dissolute

бессерде́чность (f.) heartlessness, callousness

бесси́льный feeble, weak, helpless

бессме́ртный immortal

бессмы́сленно senselessly, foolishly

бессо́вестный dishonest, unscrupulous

бессты́дный shameless

беста́ктный tactless

бестсе́ллер best-seller

бесце́льный aimless

бесце́нный priceless, invaluable, beloved

бесче́стить (обесче́стить) to disgrace, dishonor

бесчу́вственный unfeeling, insensible

   бесчу́вственный челове́к unfeeling person

   находи́ться в бесчу́вственном состоя́нии to be unconscious

бе́шенство fury, rage

   довести́ (perf.) до бе́шенства to drive wild

библиоте́ка library

Би́блия Bible

бизнесме́н businessman

бикарбона́т bicarbonate

биле́т ticket

биллио́н billion

бино́кль binoculars

бинт bandage

бинтова́ть (забинтова́ть) to bandage

*биогра́фия biography

био́лог biologist

биоло́гия biology

биосвя́зь ESP

биохи́мик biochemist

биохи́мия biochemistry

биполя́рность (f.) bipolarity

би́ржа stock exchange, stock market

бирю́к lone wolf, morose fellow

   смотре́ть бирюко́м to look sullen

бис encore

бисульфа́т bisulphate

*бить (поби́ть) to beat, hit, struggle against

   бить в цель to hit the mark

   бить в ладо́ши to clap hands

   бить ключо́м to be in full swing

   бить на эффе́кт to strike for effect

   бить трево́гу to sound the alarm

би́ться to fight with, hit, strike, beat

   би́ться над зада́чей to struggle with a problem

   как он ни би́лся no matter how he tried

   Се́рдце си́льно бьётся. The heart is beating hard.

*бифште́кс steak

   бифште́кс натура́льный regular steak

   бифште́кс ру́бленый chopped steak

бла́го blessing, good

   Жела́ю вам всех благ. I wish you every happiness.

*благодари́ть (поблагодари́ть) to thank

благода́рность (f.) gratitude, thanks

благода́рный grateful

благодаря́ thanks to (with dat.)

   благодаря́ тому́, что thanks to the fact that

благоду́шие good humor, placidity

благонра́вие good behavior

*благополу́чно all right, well

   Всё ко́нчилось благополу́чно. Everything ended happily.

благослове́ние blessings

благотвори́тель (m.) philanthropist, benefactor

блаже́нство bliss, felicity

   на верху́ блаже́нства in perfect bliss

бледне́ть (побледне́ть) to grow pale

   бледне́ть от стра́ха to blanch with terror

*бле́дность (f.) pallor, colorlessness

блеск luster, brilliance

*блесну́ть (perf.) flash, make a brilliant display

   Блесну́ла мо́лния. Lightning flashed.

   У меня́ блесну́ла мысль. An idea flashed across my mind.

Он лю́бит блесну́ть свои́м умо́м.
He likes to show off his wit.
*****блесте́ть** shine, glitter, sparkle
глаза́ блестя́т eyes sparkle
Он ниче́м не бле́щет. He does
not shine in anything.
блестя́ще brilliantly
Дела́ иду́т блестя́ще. Things are
going excellently.
*****близ** near (prep. with gen.)
бли́зиться to draw near, to
approach
бли́зкий near, close, similar (to)
бли́зкий ро́дственник close
relative
бли́зкий по ду́ху челове́к
kindred spirit
*****бли́зко (от)** near
близнецы́ twins
*****близору́кий** nearsighted
бли́нчики pancakes
*****блонди́н, блонди́нка** blond or
fair-haired person (m., f.)
*****блу́зка** blouse
блю́до dish, course
его́ люби́мое блю́до his favorite
dish
обе́д из трёх блюд three-course
dinner
*****Бог** God
не дай Бог God forbid
ра́ди бо́га for God's sake
богате́ть (разбогате́ть) to grow
rich
бога́тство wealth
есте́ственные бога́тства natural
resources
*****бога́тый** rich, wealthy
*****бо́дрый** cheerful, brisk
боже́ственный divine
*****бо́йкий** smart, sharp, ready
бо́йкий ум ready wit
*****бок** side
сбо́ку from the side
на боку́ sideways
*****бо́лее** more
боле́знь (f.) illness, disease
*****боле́ть (заболе́ть)** to ache, hurt
У меня́ боли́т голова́. I have a
headache.
У него́ боля́т зу́бы. His teeth
ache. He has a toothache.

боль (f.) pain, heartache
душе́вная боль mental suffering
*****больни́ца** hospital
*****бо́льно** painful
Ему́ бо́льно. He is in pain.
ему́ бо́льно, что it grieves him
that
больно́й sick
больно́е воображе́ние morbid
imagination
больно́й вопро́с sore subject
*****бо́льше** more
бо́льше всего́ most of all
бо́льше никогда́ never again
Он бо́льше не живёт там. He
doesn't live there anymore.
болта́ть to chatter, babble
болта́ть глу́пости to talk
nonsense
болту́н, болту́нья chatterbox
(m., f.)
*****большинство́** majority
большо́й big
Большо́е спаси́бо. Thanks a lot.
бормота́ть (пробормота́ть) to
mutter, mumble
бо́рный boric
бо́рная кислота́ boric acid
*****борода́** beard
*****боро́ться** to fight, contend,
struggle
боро́ться с сами́м собо́й to
struggle with oneself
*****борьба́** struggle, fight, wrestling
*****босико́м** barefooted
*****бося́к** hobo
*****боти́нок** boot
*****боя́знь** (f.) dread, fear
*****боя́ться** to fear
Бою́сь сказа́ть. I am afraid to say.
Бою́сь, что он не придёт. I am
afraid he won't come.
Не бо́йся. Don't worry. Don't be
afraid.
*****брак** marriage, wedlock; defective
goods
*****брат** brother
двою́родный брат first cousin
*****брать (взять)** to take
брать взаймы́ to borrow
брать на себя́ сме́лость to take
the liberty

брать себя́ в ру́ки   to pull oneself
together
бра́ться (взя́ться)   to undertake,
begin
бра́ться за чте́ние   to begin to
read
Он взя́лся за э́ту рабо́ту.   He
undertook the work.
бред   delirium
бриллиа́нт   diamond
бри́тва   razor
бри́тый   clean-shaven
*бри́ться (побри́ться)   to shave
(oneself)
бровь   (f.) eyebrow
броди́ть   to wander, roam, rove
(only by foot)
бром   bromide
бро́мистый ка́лий   potassium
bromide
*броса́ть (бро́сить)   to throw, cast
броса́ть взгля́д   to cast a look
броса́ть ка́мни   to throw stones
броса́ть кури́ть   to give up
smoking
броса́ть семью́   to desert one's
family
броса́ться (бро́ситься)   to throw
oneself, to dash
броса́ться на по́мощь   to rush to
help
броса́ться на ше́ю кому́-нибудь
to throw one's arms around
someone's neck
брошю́ра   pamphlet
*брю́ки   trousers
*брюне́т, брюне́тка   dark-haired
person, brunet, brunette
*бу́дет   that will do, that's enough
Бу́дет тебе́ пла́кать!   Stop crying!
буди́льник   alarm clock
*буди́ть (разбуди́ть)   to awaken
*бу́дто   as if, as though, apparently
Говоря́т, бу́дто он уе́хал.   It seems
(they say) that he has gone away.
У вас тако́й вид, бу́дто вы не
по́няли.   You look as if you did
not understand.
бу́дущее   (noun) the future
в бу́дущем   in the future
бу́дущий   future
на бу́дущей неде́ле   next week

*бу́ква   letter (of the alphabet)
буква́льно   literally, word for word
*бу́лка   roll (bread)
бульва́р   avenue, boulevard
*бума́га   document, paper
бума́жник   wallet
бума́жный   cotton, paper
бума́жная мате́рия   cotton
material
бу́рный   stormy
*бу́ря   tempest, bad storm
*бутербро́д   sandwich
*буты́лка   bottle
*быва́ть   to be sometimes
быва́ет, что   it happens that
Ве́чером он быва́ет до́ма.   He is
at home in the evenings.
Он когда́-то ча́сто быва́л у них.
At one time he visited them
often.
*бы́вший   former
бы́вший президе́нт   former
president
*бы́стро   rapidly
быстрота́   speed
бы́стрый   quick, rapid
бытовы́е отхо́ды   household refuse
*быть   to be
бюдже́т   budget

В

*в   to, into—direction (with acc.) in,
at—location (with prep.)
в 1944 году́   in 1944
в слу́чае, е́сли   if, in case
в три часа́   at three o'clock
в четве́рг   on Thursday
в январе́   in January
Я иду́ в го́род.   I am going to the
city.
Я живу́ в го́роде.   I live in the
city.
*ваго́н   railway car
ва́жничать   to put on airs
ва́жно   importantly
Ва́жно, что он пойдёт.   It is
important that he go.
*ва́жный   important, pompous
ва́за   vase, bowl

*вака́нсия   vacancy

вальс   waltz

*ва́нна   bath

  приня́ть ва́нну   to take a bath

ва́нная   bathroom

ва́режки   mittens

варёный   boiled, cooked

*варе́нье   jam, preserves

вариа́ция   variation

*вари́ть (свари́ть)   boil, cook

вари́ться (свари́ться)   to be cooking

*ваш, ва́ша, ва́ше, ва́ши   your, yours

*вбира́ть   to absorb

введе́ние   introduction, preface

вводи́ть (ввести́)   to introduce

  ввести́ зако́н в де́йствие   to implement a law

  вводи́ть кого́-нибу́дь в заблужде́ние   to lead someone astray

  вводи́ть мо́ду   to introduce a fashion

*вдво́е   double, twice

  вдво́е бо́льше   twice as much

  вдво́е ме́ньше   half as much

  Мы вдвоём пошли́.   The two of us went.

вдова́   widow

вдове́ц   widower

*вдоль   along (prep. with gen.)

вдохнове́ние   inspiration

*вдруг   suddenly

*вду́мчивость   (f.) thoughtfulness

ведро́ (с му́сором)   trash can

веду́щий   leading, chief

  веду́щий (телепереда́чи)   TV-show host, anchor

ведь   but, indeed, of course

*ве́жливость   (f.) politeness, courtesy

ве́жливый   polite, courteous

*везде́   everywhere

*век   century, epoch

  Век живи́, век учи́сь.   Live and learn.

ве́ксель   (m.) promissory note, bill of exchange

*вели́кий   great, big

*великоду́шно   generously, magnanimously

*великоле́пно   splendidly, fine

*велосипе́д   bicycle

*ве́на   vein

вентиля́тор   ventilator, fan

*венча́ть (повенча́ть)   to marry (in church)

*ве́ра   faith, belief

*верёвка   rope, cord, string

ве́рить (пове́рить)   to believe, trust

*ве́рно   right, correctly

  ве́рно говори́ть   to speak correctly

  ве́рно петь   to sing on key

  соверше́нно ве́рно   quite right

*верну́ть(ся) —see возвраща́ть(ся)

ве́рный   correct, right, faithful

  ве́рный друг   true friend

вероя́тность   (f.) probability

  по всей вероя́тности   in all probability

вертика́льно   vertically

*верх   top, head

  е́здить верхо́м   to ride horseback

  одержа́ть (perf.) верх   to gain the upper hand

верши́на   top, summit

*вес   weight, influence

  изли́шек ве́са   overweight

  име́ть большо́й вес   to be very influential

  приба́вить (perf.) в ве́се   to put on weight

  уде́льный вес   specific weight or gravity

весели́ться   to enjoy oneself

*весёлый   cheerful, gay

*весна́   spring

  весно́й   in the spring

*вести́, води́ть (повести́)   to lead, conduct

  вести́ войну́   to carry on a war

  вести́ дом   to manage a household

  вести́ собра́ние   to conduct a meeting

  Куда́ ведёт э́та доро́га?   Where does this road lead?

  Он о́чень пло́хо ведёт себя́.   He behaves badly.

*весь, вся, всё, все   all, the whole

  во весь го́лос   at the top of one's lungs

  всего́ хоро́шего   all of the best

  всё же   all the same

всё-таки́ nevertheless
весьма́ very, extremely
*ве́тер wind, breeze
ве́тхий decrepit, dilapidated
ве́тхое пла́тье threadbare clothes
*ве́чер evening, evening party
ве́чером in the evening
*вече́ринка evening party
*ве́чный eternal, everlasting
*ве́шалка clothes stand, hanger
*ве́шать (пове́сить) to hang up
ве́шать го́лову to hang one's
head, be dejected
*вещь (f.) thing
Вот э́то вещь! That's something
like it!
Это хоро́шая вещь. That's a
good thing.
взад и вперёд to and fro
взаи́мно mutually
взаи́мная по́мощь mutual aid
взаперти́ locked up
жить взаперти́ to live in
seclusion
взволно́ванно with emotion, with
agitation
*взгляд look, stare, glance
бро́сить взгляд to cast a glance
на мой взгляд in my opinion
на пе́рвый взгляд on first sight
*вздор nonsense
вздох deep breath, sigh
*вздыха́ть (вздохну́ть) to breathe,
heave a sigh, yearn for
*взро́слый grown-up, adult
взрыв explosion, outburst
взрыв сме́ха outburst of laughter
*взять—see брать
*вид appearance, view
вид из окна́ view from the
window
име́йте в виду́ keep in mind, take
notice (imperative)
У вас уста́лый вид. You look
tired.
видеомагнитофо́н VCR
*ви́деть (уви́деть) to see
ви́димо apparently
*ви́дно visible, clear
всем бы́ло ви́дно, что it was
clear to everyone that
визи́т call, visit

прийти́ (perf.) с визи́том к кому́-
нибу́дь to pay someone a visit
*ви́лка fork
электри́ческая ви́лка electric
plug
вина́ fault, guilt
Ва́ша вина́. It's your fault.
свали́ть (perf.) вину́ на кого́-ли́бо
to put the blame on someone
ви́ндсерфинг wind-surfing
*вино́ wine
*винова́тый guilty
Я винова́т. It's my fault.
виногра́д grapes
*висе́ть to hang, be suspended
Пальто́ виси́т в шкафу́. The coat
is hanging in the closet.
витри́на display window
*ви́шня cherry
вкла́дывать (вложи́ть) to put in,
insert
вкла́дывать в конве́рт to enclose
in an envelope
вкла́дывать всю ду́шу во что́-
ли́бо to put one's whole soul
into something
*включа́ть (включи́ть) to include,
insert
включа́ть ра́дио to switch on the
radio
*вкус taste
быть го́рьким на вкус to taste
bitter
одева́ться со вку́сом to dress
tastefully
челове́к со вку́сом a man of
taste
Это не по моему́ вку́су. That's
not to my taste.
вку́сный tasty
владе́ть to own, possess, control
владе́ть аудито́рией to hold
one's audience
владе́ть свое́й те́мой to be
master of one's subject
владе́ть собо́й to control
oneself
*власть (f.) power, authority, rule
*влия́ние influence, authority
влия́ть (повлия́ть) to influence
влюблённый in love
влюблённая па́ра loving couple

*влюбля́ться (влюби́ться) to fall in love

вме́сте together

*вме́сто instead of (prep. with gen.)

вме́шиваться (вмеша́ться) to implicate, interfere

вме́шиваться в чужи́е дела́ to meddle with other people's business

*внача́ле at first, in the beginning

*вне outside (prep. with genitive)

вне зако́на illegal

вне себя́ от ра́дости beside oneself with joy

вне сомне́ния without a doubt

вне́шний outward, outer

вне́шний вид outer appearance

вне́шняя поли́тика foreign policy

вниз down, downward

спуска́ться вниз to go down, descend

*внизу́ below

Он внизу́. He is down below.

*внима́ние attention

обрати́ть внима́ние to pay attention

внима́тельно carefully, attentively

*внук grandson

вну́тренний inner, internal

вну́тренние боле́зни internal diseases

вну́тренние причи́ны intrinsic causes

*внутри́ inside, within (prep. with gen.)

*во вре́мя during (prep. with gen.)

во́время on time

*во́все quite

во́все не not at all

*вода́ water

как с гу́ся вода́ like water off a duck's back

*води́ть, вести́ (повести́) to lead, conduct

*во́дка vodka

водоворо́т whirlpool

водоро́д hydrogen

возбужда́ть (возбуди́ть) to excite, arouse

возбужда́ть аппети́т to stimulate the appetite

возбужда́ть наде́жды to raise hopes

возбуждённый excited

*возвраща́ть (верну́ть) to return, give back

возвраща́ться (верну́ться) to return, come back

*во́здух air

возду́шный airy

возду́шные за́мки castles in the air

возду́шный ша́рик balloon

*вози́ть, везти́ to carry, transport (by conveyance)

*возмо́жно possible, it may be likely

возмо́жно скоре́е as soon as possible

ско́лько возмо́жно as much as possible

возмо́жность (f.) possibility, opportunity

материа́льные возмо́жности means (financial)

во́зраст age

одного́ во́зраста of the same age

*война́ war

«Война́ и мир» "War and Peace"

*войти́—see входи́ть

*вокза́л railway station

*вокру́г round, around (prep. with gen.)

верте́ться вокру́г да о́коло to beat around the bush

*волна́ wave

волне́ние agitation, emotion

быть в волне́нии to be agitated

На о́зере волне́ние. The lake is rough.

*во́лосы hair

*во́льность (f.) liberty, freedom

позволя́ть себе́ во́льности to take liberties

поэти́ческая во́льность poetic license

вольфра́м tungsten

*во́ля will

име́ть си́лу во́ли to have will power

Он на во́ле. He is free (from captivity).

по до́брой во́ле voluntarily

*воображать (вообразить) to imagine, fancy

воображение imagination

вообразить—see воображать

*вообще in general, altogether

вообще говоря generally speaking

Он вообще такой. He is always like that.

*вопрос question

вопрос жизни и смерти matter of life or death

Вопрос не в этом. That is not the question.

остаться (perf.) под вопросом to remain undecided

спорный вопрос moot point

*ворота gates

*воротник collar

восемнадцать eighteen

восемнадцатый eighteenth

восемь eight

восклицать (воскликнуть) to exclaim

воскресение resurrection

*воскресенье Sunday

воспитание upbringing, training

воспитывать (воспитать) to bring up, educate, train

воспользоваться (perf.) to take advantage of, profit by

воспользоваться случаем to take advantage of the opportunity

воспоминание recollection, reminiscence

Осталось одно воспоминание. All that is left is memory.

воспрещать(ся) (воспретить) to prohibit

вход воспрещается no admittance

курить воспрещается no smoking

восток east

восторг delight, enthusiasm

быть в восторге to be in raptures

*восхитительный delightful, exquisite

восьмидесятый eightieth

восьмой eighth

*вот here is, here are

Вот как! Is that so!

вот почему that's why

Вот пример. Here is an example.

впервые for the first time, first

*вперёд forward, in the future

платить вперёд to pay in advance

Часы идут вперёд. The clock is fast.

впереди in front, before

У него ещё целая жизнь впереди. His whole life is before him.

*впечатление impression, effect

вполголоса in an undertone, under one's breath

вполне quite, fully

вполне достаточно quite enough

вполне заслужить fully deserve

вполне успокоенный fully reassured

впускать (впустить) to let in, admit

*враг enemy, foe

*врач physician, doctor

*вредно harmful, injurious

Ему вредно курить It's bad for him to smoke.

*время time

вовремя on time

во все времена at all times

время года season

Время покажет. Time will tell.

всё время all the time

в скором времени soon

за последнее время lately

всевозможный all kinds of, every possible sort

всевозможные средства every possible means

всегда always

всерьёз seriously, in earnest

всё-таки all the same, nevertheless

вскакивать (вскочить) to jump onto, leap up

вскочить на ноги to jump to one's feet

вскипать (вскипеть) to boil up

*вслух aloud

*вспоминать (вспомнить) to recollect, recall

вспомнить—see вспоминать

вспотеть—see потеть

вставать (встать) to get up, rise

Встал вопрос. The question arose.

встать грудью за что́-нибудь to stand up staunchly for something

встать на но́ги to become independent

встать—see **встава́ть**

***встре́ча** meeting, reception

при встре́че с ке́м-нибудь on meeting someone

оказа́ть раду́шную встре́чу to give a hearty welcome to

встре́тить(ся)—see **встреча́ть(ся)**

встреча́ться (встре́титься) to meet

встреча́ть госте́й to welcome one's guests

встреча́ть ла́сковое отноше́ние to meet with kindness

встреча́ться с затрудне́ниями to meet with difficulties

***вступа́ть (вступи́ть)** to enter, join

вступа́ть в до́лжность to assume office

вступа́ть в спор to enter into an argument

вступа́ть в си́лу to come into effect

вступи́ть—see **вступа́ть**

***вся́кий** any, every

во вся́кое вре́мя at any time

во вся́ком слу́чае at any rate

Вся́кое быва́ет. Anything is possible.

вся́кий раз each time

на вся́кий слу́чай just in case

вта́йне in secret

вта́лкивать (втолкну́ть) to push, shove (into something)

втолкну́ть—see **вта́лкивать**

***вто́рник** Tuesday

во вто́рник on Tuesday

по вто́рникам every Tuesday, on Tuesdays

***второ́й** second

***вход** entrance

пла́та за вход admission fee

***входи́ть (войти́)** to enter, go or come in (on foot)

войти́ в исто́рию to go down in history

входи́ть в долги́ to get into debt

входи́ть в привы́чку to become a habit

входи́ть в соглаше́ние to enter into an agreement

***вчера́** yesterday

иска́ть вчера́шнего дня to run a wild-goose chase

***въезд** entrance, entry

въезжа́ть (въе́хать) to drive in, enter (by vehicle)

въе́хать—see **въезжа́ть**

***вы** you (plural, or polite form)

***выбира́ть (вы́брать)** to choose, select

вы́брать—see **выбира́ть**

вы́бор choice, selection

У него́ нет вы́бора. He has no choice.

***выбра́сывать (вы́бросить)** to throw out, reject

вы́бросить из головы́ to put out of one's head

вы́бросить това́р на ры́нок to throw goods on the market

вы́годно advantageously, it is profitable

выдава́ть (вы́дать) to distribute give out

выделе́ние isolation (chem.)

вы́делить(ся)—see **выделя́ть(ся)**

выделя́ть(ся) (вы́делить(ся)) to single out, to isolate

вы́держать—see **выде́рживать**

выде́рживать (вы́держать) to sustain, endure

вы́держать экза́мен to pass an examination

вы́держать хара́ктер to stand firm

Он не вы́держал и запла́кал. He broke down and cried.

Он не мог э́того бо́льше вы́держать. He could not stand it any longer.

вы́держка self-control, endurance

вы́думанный made-up, invented

выду́мывать (вы́думать) to invent, fabricate

вы́звать—see **вызыва́ть**

вызыва́ть (вы́звать) to call, send for, challenge

вы́звать на дуэ́ль   to challenge to a duel

вызыва́ть из ко́мнаты   to call out of the room

вызыва́ть любопы́тство   to provoke curiosity

вы́играть—see **вы́игрывать**

вы́игрывать (вы́играть)   to win

вы́играть де́ло   to win one's case

От э́того он то́лько вы́играет. He will only benefit from that.

вы́йти—see **выходи́ть**

вы́кройка   sewing pattern

вылива́ть (вы́лить)   to pour out, empty

вы́лить see **вылива́ть**

вынима́ть (вы́нуть)   to pull out, draw out

вы́нуть—see **вынима́ть**

вы́нудить—see **вынужда́ть**

вынужда́ть (вы́нудить)   to compel, make

вынужда́ть призна́ние   to force admission or recognition

выпа́ривание   evaporation, steaming

вы́парить—see **па́рить**

вы́пить—see **пить**

выполне́ние   fulfillment, realization

вы́полнить—see **выполня́ть**

*__выполня́ть (вы́полнить)__   to carry out, fulfill

выполня́ть жела́ния   to fulfill wishes

выполня́ть свои́ обя́занности   to carry out one's duties

вы́пуск   graduating class

выпускни́к   senior (in high school), graduate

выраба́тывать (вы́работать)   to manufacture, work out

вы́работать—see **выраба́тывать**

*__выража́ть(ся) (вы́разить(ся))__   to express (oneself), voice

выража́ть слова́ми   to put into words

Мне тру́дно выража́ться по-ру́сски.   It is difficult to express myself in Russian.

мя́гко выража́ясь   to put it mildly

выраже́ние   expression

идиомати́ческое выраже́ние   idiomatic expression

Он знал по выраже́нию её лица́. He knew by her look.

вы́разить(ся)—see **выража́ть(ся)**

выраста́ть (вы́расти)   to grow up, increase

выраста́ть на 20%   to increase by 20%

вы́расти—see **выраста́ть**

выска́кивать (вы́скочить)   to jump out, leap out

вы́скочить—see **выска́кивать**

высо́кий   (adj.) high, tall

высо́кий челове́к   tall fellow

высо́кие це́ли   lofty aims

*__высоко́__   (adv.) high

высота́   height

вы́ставка   exposition, display

вы́стирать—see **стира́ть**

вы́стрел   shot

высу́шивать (вы́сушить)   to dry

вы́сушить—see **высу́шивать**

*__вы́сший__   highest

вы́тереть—see **вытира́ть**

вытира́ть (вы́тереть)   to wipe dry

выу́чивать (вы́учить)   to learn, teach

вы́учить наизу́сть   to learn by heart

вы́учить—see **выу́чивать**

*__вы́ход__   exit, way out, coming out

вы́ход на у́лицу   exit to street

по́сле вы́хода кни́ги   after the book had appeared

У него́ не́ было друго́го вы́хода. He had no other way out.

выходи́ть (вы́йти)   to go out (on foot)

вы́йти из мо́ды   to go out of fashion

вы́йти в отста́вку   to resign, retire

вы́йти за́муж   to get married (of women)

выходи́ть и́з дому   to go out of the house

Из э́того ничего́ не вы́йдет. Nothing will come of it.

Кни́га уже́ вы́шла.   The book was already published.

Окно́ выхо́дит в сад.   The window faces the garden.

выходно́й день day off
вычита́ние subtraction
вяза́ть (связа́ть) to knit, crochet, bind up
вя́ло limply, sluggishly

Г

гада́лка fortune-teller
га́дость (f.) filth, muck
  сде́лать (perf.) **га́дость кому́-либо** to play a dirty trick on someone, double-cross
газ gas, gauze, gossamer
газе́та newspaper
газоли́н gasoline
гала́нтный gallant
газо́н lawn, grass
га́йка nut (screw)
галере́я gallery
галло́н gallon
гало́ша overshoes, rubbers (pl.)
га́лстук necktie
гара́ж garage
гаранти́ровать to guarantee
гара́нтия guarantee, security
гардеро́б wardrobe
гармо́ния harmony
гармони́ст accordion player
гарни́р garnish, vegetables served with main course
гастроно́м grocery store
где́ where–location
  где́-то somewhere
  где́-нибудь anywhere
гениа́льность (f.) genius, greatness
ге́ний (noun, m.) genius
геогра́фия geography
геоме́трия geometry
геро́й (noun, m.) hero
ги́бкий flexible, pliant
ги́бнуть (поги́бнуть) to perish
гига́нтский gigantic
  дви́гаться гига́нтскими шага́ми to progress at a great rate
гипно́з hypnosis
гита́ра guitar
глава́ head, chief; chapter
  глава́ прави́тельства head of the government

стоя́ть во главе́ to be at the head of
гла́вный main, chief
глаго́л verb
гла́дить (погла́дить) to iron, press, caress
гла́дкий smooth, even, sleek
  гла́дкая доро́га smooth road
  гла́дкий материа́л solid-color material
глаз eye
глота́ть to swallow, gulp
  глота́ть слёзы to choke down one's tears
глото́к one swallow, mouthful
глубо́кий deep
  занима́ться до глубо́кой но́чи to work until late at night
  глубо́кая печа́ль deep sorrow
  глубо́кая таре́лка soup plate
глубоко́ deeply, profoundly
глу́пость (f.) foolishness
глу́пый foolish, stupid
глухо́й deaf
  глухо́й лес dense forest
  глуха́я ночь still night
  Он глух к мои́м про́сьбам. He is deaf to my entreaties.
  Он соверше́нно глух. He is completely deaf.
гляде́ть (погляде́ть) to look at, gaze at
гнев anger, ire
гнездо́ nest
гнуть (согну́ть) to bend, drive
  гнуть спи́ну перед ке́м-либо to kowtow to someone
  Я ви́жу, куда́ он гнёт. I see what he is driving at.
говори́ть (сказа́ть) to say, tell
  говори́ть по-ру́сски to speak Russian
  говоря́т they say
  Он говори́т, что он бо́лен. He says he is ill.
  Он сказа́л, что он бо́лен. He said he is ill.
год year
годи́ться to be fit for, serve
  ни на что́ не годи́тся not fit for anything

Он не годи́тся в учителя́.   He is not suited to be a teacher.

годовщи́на   anniversary

*голова́   head, mind

   Мне пришла́ в го́лову мысль.   A thought occurred to me.

   потеря́ть (perf.) го́лову   to lose one's head

   челове́к с голово́й   a man with sense

*го́лод   hunger

   умира́ть с го́лоду   to starve to death

голо́дный   hungry

*го́лос   voice

   в оди́н го́лос   unanimously

   пра́во го́лоса   the right to vote

го́лый   naked, bald

   го́лые но́ги   bare legs

   спать на го́лом полу́   to sleep on the bare floor

гоня́ть   to drive, chase

*гора́   mountain

   ходи́ть по гора́м   to climb mountains

*гора́здо   much, by far

   гора́здо лу́чше   much better

го́рдый   proud

*го́ре   grief, misfortune

*горе́ть (сгоре́ть)   to burn, shine

   горе́ть в жару́   to burn with fever

   горе́ть жела́нием   to burn with desire

   дом гори́т.   The house is burning.

горизонта́льно   horizontally

*го́рло   throat

   во всё го́рло   at the top of one's lungs

*го́род   town, city

   за́ город   out of town (direction)

   за го́родом   out of town (location)

гороско́п   horoscope

горо́шек   peas

горчи́ца   mustard

*го́рький   bitter

*горя́чий   hot, passionate (objects or emotions)

   горя́чее жела́ние   ardent wish

   горя́чий ко́фе   hot coffee

   горя́чее сочу́вствие   heartfelt sympathy

го́спиталь (m.)   hospital

господи́н   Mr., sir

госпожа́   Mrs., lady

гости́ная   living room

гости́ница   hotel

*гость (m.)   guest

   У нас сего́дня го́сти.   We have company today.

   ходи́ть в го́сти   to visit

госуда́рство   state

*гото́вить (пригото́вить)   to prepare, make ready, cook

   гото́вить кни́гу к печа́ти   to prepare a book for the press

   гото́вить уро́к   to do a lesson

   Она́ хорошо́ гото́вит.   She is a good cook.

гото́виться (пригото́виться)   to prepare oneself

гото́вый   ready, prepared

   гото́вое пла́тье   ready-made clothes

   Обе́д гото́в.   Dinner is ready.

   Он гото́в на всё.   He is ready to do anything.

гра́дус   degree

   у́гол в 60 гра́дусов   angle of 60 degrees

   Сего́дня 10 гра́дусов тепла́.   The temperature is 10 degrees above zero today.

граждани́н, гражда́нка   citizen (m., f.)

грамма́тика   grammar

гра́мотность (f.)   literacy

грани́ца   boundary, border

   вы́йти из грани́ц   to overstep the limits

   за грани́цу   abroad

грацио́зный   gracefully

гребешо́к   comb

*греть (согре́ть)   to warm up, heat

   греть суп   to warm up the soup

*грех   sin

гре́шный   sinful

гриб   mushroom

*гроза́   thunderstorm, tempest

гро́зный   terrible, threatening

грома́дный   enormous

гро́мкий   loud

*гро́мко   loudly

гру́бый   rough, coarse

   гру́бая мате́рия   coarse material

грýбая ошúбка   flagrant error
грýбый вкус   bad taste
грýбое слóво   rude word
*грудь   (f.) breast, chest, bosom
грýппа   group
*грустúть   to be sad, melancholy
грýстный   sad, melancholy
У негó грýстное настроéние.   He
   is in low spirits.
грýша   pear
грязный   dirty, muddy
*грязь   (f.) dirt, filth
*губá   lip
*гулять (погулять)   to walk, take a
   stroll
гуманитáрный   humanitarian
*густóй   thick, dense
густыʹе брóви   bushy eyebrows
густóй лес   dense forest
густыʹе слúвки   heavy cream
густóй тумáн   heavy fog

Д

*да   yes
да   and, but
   да ещё   and what is more
   он да я   he and I
   Он охóтно сдéлал бы это, да у
      негó нет врéмени.   He would
      gladly do it, but he has no time.
давáй, давáйте   let us (with inf.)
*давáть (дать)   to give, allow
   давáть своё соглáсие   to give
      one's consent
   дать концéрт   to give a concert
   дать мéсто   to make room for
   Ему не дáли говорúть.   They
      didn't let him speak.
давлéние   pressure
   высóкое давлéние   high pressure
   окáзывать давлéние   to put
      pressure on
   под давлéнием   under pressure
*давнó   long ago, for a long time
   давным-давнó   long ago
   Ужé давнó порá уходúть.   It is
      high time to go.
*дáже   even
далёкий   distant, remote

далёкое прóшлое   remote past
   Онú далёкие друг дрýгу лю́ди.
      They have little in common.
*далекó   far
   далекó за пóлночь   long after
      midnight
   Он далекó не дурáк.   He is far
      from being a fool.
*дальнозóркий   farsighted
*дáльше   farther
*дáма   lady
дáнные   data
дар   gift
дарúть (подарúть)   to give a
   present
*дáром   gratis, in vain
   Весь день дáром пропáл.   The
      whole day has been wasted.
   Он этого и дáром не возьмёт.
      He wouldn't even have it as a gift.
*дать—see давáть
*дáча   country house, summer
   cottage
   éхать на дáчу   to go to the
      country
   на дáче   in the country
два, две   two
   кáждые два дня   every other day
двáдцать   twenty
двадцáтый   twentieth
двенáдцать   twelve
двенáдцатый   twelfth
*дверь   (f.) door
   полúтика открыʹтых дверéй
      open-door policy
   при закрыʹтых дверях   in private,
      closed hearing
двéсти   two hundred
двúгатель   (m.) motor
*двúгат(ся) (двúнуть(ся))   to
   move, set in motion
*движéние   motion, movement,
   traffic
   мнóго движéния на дорóге   a lot
      of traffic on the road
   Он вéчно в движéнии.   He is
      always on the move.
   рабóчее движéние   working class
      movement
двúнуть(ся)—see двúгать(ся)
двóе   two (collective)
   Их двóе.   There are two of them.

двойно́й   double, twofold

**двою́родный брат, двою́родная
   сестра́**   first cousin (m., f.)

двуспа́льная крова́ть   double bed

*__де́вочка__   little girl

*__де́вушка__   young girl (unmarried)

девяно́сто   ninety

девяно́стый   ninetieth

девятна́дцать   nineteen

девятна́дцатый   nineteenth

де́вять   nine

девятьсо́т   nine hundred

девя́тый   ninth

*__де́душка__   (m.) grandfather

   де́душка моро́з   Santa Claus
   (Grandfather Frost)

дежу́рить   to be on duty

*__де́йствие__   action, act, effect

   Де́йствие происхо́дит в Москве́.
   The action takes place in Moscow.

   ока́зывать де́йствие   to have an
   effect on

   приводи́ть в де́йствие   to put into
   action

   пье́са в трёх де́йствиях   play in
   three acts

*__действи́тельно__   really, actually

де́йствовать (поде́йствовать)   to
   act, operate, function

   де́йствовать на не́рвы   to get on
   one's nerves

   Как де́йствовать да́льше?   What
   is to be done next?

   Лека́рство уже́ де́йствует.   The
   medicine is already taking effect.

дека́брь   (m.) December

декольте́   low-necked (dress)

де́лать (сде́лать)   to do, make

   де́лать вид, что́   to pretend

   де́лать визи́т   to pay a visit

   де́лать докла́д   to make a report

   де́лать кого́-либо счастли́вым
   to make someone happy

   де́лать рабо́ту   to do work

   де́лать шля́пы   to make hats

   не́чего де́лать   nothing to do

де́латься (сде́латься)   to become,
   grow

   Там де́лаются стра́нные ве́щи.
   Strange things happen there.

   Что с ним сде́лалось?   What has
   happened to him?

деле́ние   division

делика́тность   (f.) gentleness, fact

*__дели́ть (раздели́ть)__   to divide

   дели́ть попола́м   to divide in half

   раздели́ть два́дцать на пятц   to
   divide twenty by five

*__дели́ться (раздели́ться)__   to divide
   (into), share

   дели́ться впечатле́ниями   to
   share impressions, compare notes

   Она́ всём де́лится со мной.   She
   shares everything with me.

   Река́ де́лится на два рукава́.   The
   river divides into two arms.

*__де́ло__   matter, business

   В том-то и де́ло.   That's the point.

   В чем де́ло?   What's the matter?

   говори́ть по де́лу   to speak about
   business

   де́ло в том, что   the fact is, that

   де́ло ми́ра   cause of peace

   Как дела́?   How are things?

   на са́мом де́ле   as a matter of fact

   У меня́ мно́го дел.   I have many
   things to do.

   Это моё де́ло.   That is my affair.

*__день__   (m.) day

   в два часа́ дня   at two o'clock in
   the afternoon

   в оди́н прекра́сный день   one
   fine day

   день рожде́ния   birthday

   днём   in the daytime

   со дня на́ день   from day to day

   че́рез де́нь   every other day

*__де́ньги__   (pl.) money

дереве́нский   village, country (adj.)

*__дере́вня__   village, country

   в дере́вне   in the country

*__де́рево__   tree

*__деревя́нный__   wooden

*__держа́ть__   to hold, keep

   держа́ть в ку́рсе собы́тий   to
   inform about a current situation

   держа́ть в та́йне   to keep a secret

   держа́ть кого́-нибудь за́ руку   to
   hold someone by the hand

   держа́ть пари́   to make a bet

   держа́ть сло́во   to keep one's word

   держа́ть экза́мен   to take an
   exam

держа́ться   to hold on, stick to

держа́ться на нога́х   to keep on one's feet

держа́ться того́ взгля́да   to hold to the opinion

Держи́сь!   Hold steady!

Пу́говица де́ржится на ни́точке. The button is hanging by a thread.

де́рзкий   impudent, insolent, daring, fresh

де́рзость   (f.) impudence, insolence

десе́рт   dessert

деся́тка   ten-ruble bill

де́сять   ten

деся́тый   tenth

*дета́ль   (f.) detail

дета́льно   in detail

детекти́в   mystery (film, book); detective

*де́ти   children

де́тский   child's, children's

де́тский городо́к   playground

детский сад   kindergarten

*де́тство   childhood

впада́ть в де́тство   to be in one's second childhood

с де́тства   from childhood

дефе́кт   defect, blemish

*дёшево   cheaply

дёшево отде́латься   to get off cheap

Это дёшево сто́ит.   It is worth little.

дешёвый   inexpensive

джентльме́н   gentleman

диа́гноз   diagnosis

диагона́льно   diagonally

диале́кт   dialect

дива́н   divan, sofa

дие́та   diet

соблюда́ть дие́ту   to be on a diet

ди́кий   wild, savage

дикто́вка   dictation

писа́ть под дикто́вку   to take dictation

ди́ктор   announcer

дисково́д для ги́бких ди́сков floppy disk drive

*дире́ктор   director, manager

дирижёр   conductor of an orchestra

дирижи́ровать   to conduct an orchestra

дисбала́нс   imbalance

диску́ссия   discussion, debate

*дисципли́на   discipline

*длина́   length

дли́нный   long (distance)

*для   for, intended for (prep. with gen.)

дно   bottom

*до   as far as, until, up to, before (with genitive)

до сих пор   until this time

до свида́ния   goodbye

от ... до ...   from ... to ...

доба́вить—see добавля́ть

добавле́ние   addition, supplement

*добавля́ть (доба́вить)   to add to, supplement

*добро́   good

дела́ть кому́-либо добро́   to be good to someone

Он жела́ет вам добра́.   He wishes you well.

*доброво́лец   volunteer

доброво́льно   voluntarily, by one's own will

доброде́тель   (f.) virtue

*доброду́шный   good-natured

доброта́   kindness, goodness

*до́брый   good, kind

бу́дьте добры́   would you be so kind

всего́ до́брого   all the best

добрый ве́чер   good evening

добрый день   good afternoon

до́брое у́тро   good morning

*дове́рие   faith, confidence, trust

дове́рить—see доверя́ть

дове́рчивость   (f.) trustfulness

доверя́ть (дове́рить)   to entrust, commit

*дово́льно   enough, rather

Дово́льно!   Enough! That will do.

Он дово́льно хорошо́ говори́т. He speaks rather well.

дово́льный   satisfied, pleased with

*догада́ться—see дога́дываться

дога́дываться (догада́ться)   to guess, surmise

*догна́ть—see догоня́ть

договори́ться   (perf.) to come to an understanding

*догово́р   agreement, contract, treaty

догоня́ть (догна́ть) to catch up, gain on

*доезжа́ть (дое́хать) to get as far as, reach (by vehicle)

  Он не дое́хал до го́рода. He didn't reach the city.

дое́хать—see доезжа́ть

*дождеви́к raincoat

*дождь (m.) rain

  Дождь идёт. It is raining.

до́за dose

доказа́тельство proof, evidence

доказа́ть—see дока́зывать

*дока́зывать (доказа́ть) to prove, show

  счита́ть дока́занным to take for granted

  Это дока́зывает его́ вину́. This proves his guilt.

*докла́д lecture, paper, report

  де́лать докла́д to make a report, give a talk

до́ктор doctor

документа́льный documentary (film)

*долг debt

  брать в долг to borrow

  входи́ть в долги́ to get into debt

  долг че́сти debt of honor

  плати́ть долг to pay a debt

*до́лго for a long time

*до́лжен, должна́, должно́, должны́ to owe, have to, be obliged to, must

  должно́ быть probably

  Ско́лько мы вам должны́? How much do we owe you?

  Я должна́ написа́ть пи́сьма. I must write letters.

до́ллар dollar

*дом house, home

  до́ма at home

  Дом моде́лей house of couture

  домо́й homeward (direction toward)

  из дому out of the house

дополни́тельный additional, supplementary

*доро́га road, way

  в доро́ге on a trip

  да́льняя доро́га long journey

желе́зная доро́га railroad

  Нам с ва́ми по доро́ге. We go the same way.

  по доро́ге туда́ on the way there

до́рого expensively

*дорого́й dear, expensive

  дорого́й мой my dear

  Она́ ему́ дорога́. She is dear to him.

доса́да vexation, annoyance

  с доса́ды out of vexation

доска́ board, blackboard

  от доски́ до доски́ from cover to cover

*достава́ть (доста́ть) to get, obtain, reach

доста́точно enough

доста́ть—see достава́ть

достига́ть (дости́гнуть) to reach, attain (with genitive)

  достига́ть бе́рега to reach land

  достига́ть свое́й це́ли to attain one's objectives

дости́гнуть—see достига́ть

*достиже́ние achievement

досто́инство dignity, value

  моне́та ма́лого досто́инства a coin of small denomination

  чу́вство со́бственного досто́инства self-respect

досто́йный deserving, worthy

досу́г leisure

  на досу́ге at leisure

до́сыта to one's heart's content

  нае́сться (perf.) до́сыта to eat one's fill

*дохо́д profit, return

*дочь (f.) daughter

драгоце́нность (f.) jewel, treasure

драгоце́нный precious

*дра́ма drama

*дра́ться (imp.) to fight

дрема́ть to dose, drowse

дрова́ (pl.) firewood

*дрожа́ть (imp.) to quiver, shake

  дрожа́ть за кого́-либо to tremble for someone's safety

  дрожа́ть от ра́дости to thrill with joy

  дрожа́ть от хо́лода to shiver with cold

*друг friend

друг дру́га   each other
друг дру́гу   to each other
друг о дру́ге   about each other
*друго́й   other, another, different
други́ми слова́ми   in other words
и тот и друго́й   both
оди́н за други́м   one after another
Он мне каза́лся други́м.   He seemed different to me.
с друго́й стороны́   on the other hand
*дру́жба   friendship
дру́жеский   friendly
по-дру́жески   in a friendly way
*ду́мать (поду́мать)   to think, believe
дура́к   fool
ду́рно   badly
дурно́й   evil, ill
*дуть   (imp.) to blow
Ве́тер ду́ет.   It's windy.
Здесь ду́ет.   There's a draft here.
*дух   spirit, courage
быть не в ду́хе   to be out of spirits
злой дух   evil spirit
не в моём ду́хе   not to my taste
па́дать ду́хом   to lose courage
духи́   perfume, scent
духо́вка   oven
духо́вный   spiritual
духо́вная жизнь   spiritual life
душ   shower
*душа́   soul
в глубине́ души́   at heart
всей душо́й   with all one's heart and soul
говори́ть с душо́й   to speak with feeling
ско́лько душе́ уго́дно   to one's heart's content
ду́шно   stuffy
дуэ́т   duet
*дым   smoke
Нет ды́ма без огня́.   Where there's smoke there's fire.
ды́ня   melon
дыра́, ды́рка   hole
дыха́ние   breathing
*дыша́ть   (imp.) to breathe
*дю́жина   dozen
*дя́дя   (m.) uncle

Е Ё

европе́йский   European
*его́, её, его́   his, hers, its
*еда́   food
во вре́мя еды́   while eating
*едва́   hardly, just
Он едва́ на́чал говори́ть.   He had just begun to speak.
Он едва́ не упа́л.   He nearly fell.
Он едва́ подня́л э́то.   He could hardly lift it.
единообра́зие   uniformity
еди́нственно   only
еди́нственно возмо́жный спо́соб   the only possible way
*еди́нственный   only, sole
ежего́дно   annually
ежедне́вно   daily
*е́здить, е́хать   (imp.) to go (ride, travel)
ёлка   fir tree, Christmas tree
ёлочный база́р   Christmas tree market
ерунда́   nonsense!
*е́сли   if
*есте́ственный   natural
*есть (съесть)   to eat
Я хочу́ есть.   I want to eat.
*есть   to be (present tense), is, are
е́хать—see е́здить
*ещё   more, still, yet
Ещё бы!   And how!
ещё по стака́нчику   another glass each
ещё раз   once again
Он ещё не ел.   He hasn't eaten yet.
Он пока́ ещё остаётся здесь.   He'll stay here for the time being.
Хоти́те ещё ко́фе?   Would you like more coffee?
Что ещё?   What else?

Ж

жа́дный   greedy
жа́жда   thirst, craving
возбужда́ть жа́жду   to make thirsty

жа́жда зна́ний   thirst for knowledge

*жале́ть (пожале́ть) to regret, be sorry

жа́лкий   pitiful, wretched

жа́лоба   complaint

жа́лованье   salary

*жа́ловаться (пожа́ловаться) to complain

жа́лость   (f.) pity

*жаль   It is a pity.

   Ему́ жаль куска́ хле́ба.   He grudges a bit of bread.

   Как жаль!   What a shame!

   Очень жаль.   It's a great pity.

жар   heat, fever

   говори́ть с жа́ром   to speak with fervor

   У него́ жар.   He has a fever.

жара́   heat

жа́реный   fried

жа́рить(ся)   to fry

жа́ркий   hot, ardent

   жа́ркий кли́мат   hot climate

   жа́ркий спор   heated discussion

*жа́рко   hot (of weather or room temperature)

жарко́е   roast meat, pot roast

*ждать (подожда́ть) to wait

   Вре́мя не ждёт.   There's no time to be lost.

   Она́ его́ ждёт.   She is waiting for him.

жела́ние   desire, wish

*жела́ть (пожела́ть) to wish, covet

железа́   gland

*желе́зный ferrous

   желе́зная доро́га   railroad

   желе́зная дисципли́на   iron discipline

желе́зо   iron

желто́к   egg yolk

жёлтый   yellow

желу́док   stomach

же́мчуг   pearl

*жена́   wife

жена́тый   married (of men)

*жени́ться (пожени́ться) to marry (of men)

же́нский   feminine, womanish

*же́нщина   woman

же́ртва   sacrifice, victim

жест   gesture

жесто́кий   cruel, brutal

жесто́кость   (f.) cruelty

жечь (сжечь)   to burn (down, up)

жи́во   vividly, with animation

*живо́й   live, animated, vivacious

   жив и здоро́в   safe and sound

   живо́й ум   lively wit

   живо́й язы́к   living language

   живы́е кра́ски   vivid colors

   живы́е цветы́   natural flowers

жи́вопись   (f.) painting

живо́тное   (noun) animal

жи́дкий   liquid, fluid (adj.)

жи́дкость   (f.) liquid, fluid

жи́зненность   (f.) vitality

*жизнь   (f.) life

   борьба́ за жизнь   struggle for existence

   вопро́с жи́зни и сме́рти   matter of life or death

   о́браз жи́зни   way of life

   проводи́ть что́-либо в жизнь   to put something into practice

*жили́ще   dwelling, living quarters

жир   fat, grease

*жи́рный   fat, greasy, rich

   жи́рная земля́   rich soil

   жи́рное пятно́   grease spot

жи́тель   inhabitant, resident

*жить   to live

жре́бий   fate, destiny, lot

   Жре́бий пал на него́.   The lot fell to him.

   тяну́ть жре́бий   to draw lots

жу́лик   rogue, swindler

журна́л   periodical, magazine

журнали́ст   journalist

З

*за   for, behind, beyond—direction (with acc.) behind, beyond, after; for—location (with instrumental)

   бежа́ть за ке́м-либо   to run after someone

   боро́ться за свобо́ду   to fight for freedom

   быть за мир   to be for peace

   день за днём   day after day

За вáше здорóвье To your health (toast)

за обéдом during dinner

за послéднее врéмя recently

Кóшка былá за шкáфом. The cat was behind the bureau.

купúть за дéсять рублéй to buy for ten rubles

Онá пошлá за угол. She went around the corner.

Онá сидúт за столóм. She is sitting at the table.

Он счáстлив за неё. He is happy for her sake.

Он уéхал зá город. He went out of town.

Онú живýт зá городом. They live out of town.

послáть (perf.) **за дóктором** to send for the doctor

садúться за стол to sit down at the table

забáва amusement

забáвный amusing, funny

забастóвка strike

*****заблудúться** to get lost, lose oneself

заблуждáться to err, be mistaken

*****заболéть** (perf.) to fall ill

забóта anxiety, trouble

*****забывáть (забыть)** to forget

забыть—see **забывáть**

завéдовать to manage, to head

Он завéдует шкóлой. He heads the school.

завúдовать (позавúдовать) to envy

Я не завúдую вам. I don't envy you.

завúсеть to depend (on)

Это завúсит от обстоя́тельств. It depends on circumstances.

завúсимость (f.) dependence

завúстливый envious

зáвисть (f.) envy

завлекáть (завлéчь) to entice, seduce

завлéчь—see **завлекáть**

*****завóд** plant, works, factory

*****зáвтра** tomorrow

*****зáвтрак** breakfast

на зáвтрак for breakfast

зáвтракать (позáвтракать) to have breakfast

*****завязáть**—see **завя́зывать**

завя́зывать (завязáть) to tie up, knot.

*****загáдка** riddle

загáр suntan, sunburn

зáговор plot, conspiracy

заговорúть (perf.) to start to talk

загорáть to sunbathe

загорéть (perf.) to get a tan

*****заграница** foreign countries

загрязнéние окружáющей средú pollution of the environment

*****задавáть (задáть)** to give, set

задавáть вопрóс to ask a question

задавáть тон to set the fashion

задáть—see **задавáть**

задáние task, mission

*****задáча** problem

*****задержáть**—see **задéрживать**

задéрживать (задержáть) to detain, delay

Егó задержáли. He was delayed.

задержáть дыхáние to hold one's breath

задержáть уплáту to hold back payment

*****зáдний** back, hind

задóлго long in advance

задýмчивость (f.) pensiveness

задýматься (perf.) to become thoughtful

зажéчь—see **зажигáть**

заживáть (зажúть) to heal

*****зажигáть (зажéчь)** to light, set fire to

зажигáлка cigarette lighter

зажúть—see **заживáть**

заинтересовáться (perf.) to become interested in

зайтú—see **заходúть**

*****закáз** order

*****закáзывать (заказáть)** to order something to be made or done

заказáть—see **закáзывать**

*****закáт** sunset

закипáть (закипéть) to begin to boil

закипéть—see **закипáть**

заключа́ть (заключи́ть) to conclude, infer

заключа́ть догово́р to conclude a treaty

заключа́ть речь to finish a speech

из ва́ших слов я заключа́ю from what you say I can conclude

Из чего́ вы заключа́ете? What makes you think that?

заключа́ться to consist of

тру́дность заключа́ется в том, что the difficulty lies in the fact that

заключе́ние conclusion, inference

заключи́ть—see **заключа́ть**

*зако́н ruling, law

вне зако́на unlawful

Её сло́во для него́ зако́н. Her word is law with him.

по зако́ну according to law

зако́нный legal, legitimate

закружи́ть (perf.) to turn, send whirling

закружи́ть кому́-либо го́лову to turn someone's head

закружи́ться—see **кружи́ться**

*закрыва́ть (закры́ть) to shut, close

закры́ть лицо́ рука́ми to cover one's face with one's hands

закры́ть на ключ to lock

закры́ть собра́ние to close the meeting

закры́ть шко́лу to close down the school

закры́ть—see **закрыва́ть**

закры́тый closed

заку́пка purchase

де́лать заку́пки to buy supplies

закури́ть to light up a cigarette or pipe

заку́сывать (закуси́ть) to have a bite to eat

закуси́ть—see **заку́сывать**

зал hall, reception room

зама́нчивый tempting, alluring

*заме́на replacement, substitution

замени́ть—see **заменя́ть**

*заменя́ть (замени́ть) to substitute

замени́ть мета́лл де́ревом to substitute wood for metal

Не́кому его́ замени́ть. There is no one to take his place.

*замерза́ть (замёрзнуть) to freeze

Река́ замёрзла. The river has frozen up.

замёрзнуть—see **замерза́ть**

*замести́тель (m.) substitute

замести́ть—see **замеща́ть**

заме́тить—see **замеча́ть**

*заме́тно noticeably, it is noticeable

Заме́тно, как он постаре́л. It is noticeable how he has aged.

Он заме́тно постаре́л. He looks much older.

*замеча́ние remark, observation, reproof

сде́лать замеча́ние to reprove

*замеча́тельно remarkable, out of the ordinary

замеча́тельный remarkable

замеча́ть (заме́тить) to notice, observe

замеща́ть (замести́ть) to act as substitute for

замо́к lock

запере́ть на замо́к to lock up

*замолча́ть (perf.) to become silent

замо́лкнуть (perf.) to become silent

заморо́женный frozen

заморо́женные проду́кты frozen foods

*за́муж married (of women)

быть за́мужем за ке́м-либо to be married to someone

вы́ти (perf.) **за́муж за кого́-либо** to get married to someone

за́мужем to be married

за́навес curtain

*занима́ть (заня́ть) to occupy, take up, borrow

Его́ занима́ет вопро́с. He is preoccupied with the question.

занима́ть до́лжность to fill a position

занима́ть кварти́ру to occupy an apartment

занима́ть мно́го ме́ста to take up a lot of room

занима́ть пе́рвое ме́сто to take first place

*занима́ться (заня́ться)   to be occupied with, to study

занима́ться спо́ртом   to go in for sports

занима́ться хозя́йством   to be occupied with one's household duties

Она́ занима́ется.   She is studying.

*заня́тие occupation, employment

за́нятый busy

заня́ть(ся)—see занима́ть(ся)

заостри́ть—see заостря́ть

заостря́ть (заостри́ть)   to sharpen, emphasize

заостри́ть каранда́ш   to sharpen a pencil

заостря́ть противоре́чия   to emphasize the contradictions

за́пад west

за́падный western

*запа́с fund, supply

большо́й запа́с слов   large vocabulary

быть в запа́се   to be in the military reserve

проверя́ть запа́с   to take stock

*за́пах smell, odor

запере́ть—see запира́ть

*запира́ть (запере́ть)   to lock

*запи́ска note

запи́ски   notes, memoirs

запи́сывать(ся) (записа́ть(ся))   to write down, record; to sign up

записа́ться в кружо́к   to join a club

записа́ться к врачу́   to make an appointment with the doctor

запи́сывать на плёнку/пласти́нку   to record

запи́сывать ле́кцию   to take notes on a lecture

записа́ть(ся)—see запи́сывать(ся)

запла́кать   (perf. of пла́кать) to burst into tears, begin to cry

заплати́ть—see плати́ть

заполня́ть (запо́лнить)   to fill in, occupy

заполня́ть анке́ту   to fill in a questionnaire

заполня́ть вре́мя   to occupy time

запо́лнить—see заполня́ть

запомина́ть (запо́мнить)   to memorize

запо́мнить—see запомина́ть

запрети́ть—see запреща́ть

*запреща́ть (запрети́ть)   to forbid, prohibit

запреща́ется   it is forbidden

запу́тать—see пу́тать

*зараба́тывать (зарабо́тать)   to earn

зараба́тывать мно́го де́нег   to earn a lot of money

зарабо́тать—see зараба́тывать

*зара́нее beforehand

заре́зать   to stab to death

зарубе́жный foreign

заря́ daybreak, dawn

заслу́живать (заслужи́ть)   to deserve, merit

заслужи́ть чьё-либо дове́рие   to earn someone's confidence

заслужи́ть—see заслу́живать

засмея́ться   (perf.) to burst out laughing

засну́ть—see засыпа́ть

заста́вить—see заставля́ть

*заставля́ть (заста́вить)   to force, compel

Он заста́вил его́ замолча́ть.   He silenced him.

Он заста́вил нас ждать.   He made us wait.

засте́нчивость   (f.) shyness, bashfulness

засте́нчивый   shy, bashful

засчита́ть—see засчи́тывать

засчи́тывать (засчита́ть)   to take into consideration

*засыпа́ть (засну́ть)   to fall asleep

*зате́м thereupon, subsequently

затеря́нный lost

*зато́   on the other hand

*затрудне́ние difficulty, embarrassment

вы́йти (perf.) из затрудне́ния   to get out of difficulty

де́нежное затрудне́ние   financial difficulty

заходи́ть (зайти́)   to call on, drop in, stop in on the way

захоте́ть to begin wanting something, suddenly want to, get a desire to

захоте́ться—see хоте́ться

*****зачём** why, wherefore, what for

зачёркивать (зачеркну́ть) to cross out

зашто́пать—see што́пать

защити́ть—see защища́ть

*****защища́ть (защити́ть)** to defend, protect

   защища́ть диссерта́цию to defend one's thesis

*****звать** (imp.) to call

   Как вас зову́т? What is your name?

   звать на по́мощь to cry for help

*****звезда́** star

   звезда́ пе́рвой величины́ star of the first magnitude

   звезда́ экра́на film star

   па́дающие звёзды falling stars

звёздочка asterisk, little star

*****зверь** (m.) wild animal, beast

звон peal, ringing

   звон в уша́х ringing in the ears

*****звони́ть (позвони́ть)** to ring

   Вы не туда́ звони́те. You've got the wrong number.

   звони́ть по телефо́ну to telephone

зво́нкий ringing, clear

*****звоно́к** ring

   Я жду ва́шего звонка́. I am waiting for your phone call.

*****звук** sound

   гла́сный звук vowel

   не издава́ть ни зву́ка to never utter a sound

   пусто́й звук merely a name

   согла́сный звук consonant

зву́чно loudly, sonorously

зда́ние building

здесь here

зде́шний of this place, local

   Он не зде́шний. He is a stranger here.

здоро́ваться (поздоро́ваться) to greet, to say, "Hello"

здо́рово well done! magnificently

   Мы здо́рово порабо́тали. We have done good work.

здоро́вый healthy, strong

   здоро́вый кли́мат healthful climate

   здоро́вая пи́ща wholesome food

   Он здоро́вый ма́льчик. He's a healthy youngster.

*****здоро́вье** health

   пить за здоро́вье кого́-либо to drink to someone's health

*****здра́вствуйте** hello, how do you do

зева́ть (зевну́ть) to yawn

зевну́ть—see зева́ть

зелёный green

зе́лень (f.) greens, vegetables

*****земля́** earth, land, soil

*****зе́ркало** mirror

*****зерно́** grain, seed, kernel

*****зима́** winter

   зимо́й in the winter

   Ско́лько лет, ско́лько зим! I haven't seen you in ages!

зли́ться to be in a bad temper, to be angry

зло evil, harm

злой wicked, vicious, angry

змея́ snake, serpent

знак sign, symbol

   вопроси́тельный знак question mark

   дать знак to give a signal

   де́нежный знак bank note

   знак ра́венства sign of equality

*****знако́миться (познако́миться)** to become acquainted with

знако́мый (noun or adj.) acquaintance or familiar

   Он мой знако́мый. He is an acquaintance of mine.

   У него́ знако́мое лицо́. He has a familiar face.

знамени́тый famous

зна́ние knowledge

знато́к expert

*****знать** to know

   дава́ть себя́ знать to make itself felt

   дать (perf.) **знать кому́-либо** to let someone know

   знать в лицо́ to know by sight

   наско́лько я зна́ю as far as I know

не знать поко́я to know no rest
значе́ние significance, meaning
  име́ть ва́жное значе́ние to have
    particular importance
значи́тельно considerably,
  significantly
зна́чить to mean, signify
  Что э́то зна́чит? What does that
    mean?
зо́лото gold
золото́й golden, gilded
зо́нтик umbrella
зре́ние sight
  по́ле зре́ния field of vision
  сла́бое зре́ние weak eyesight
  то́чка зре́ния point of view
зуб tooth
зубно́й dental
  зубно́ врач dentist

И Й

и and, also
  и...и... both...and...
  и так да́лее and so forth
иго́лка needle
  сиде́ть как на иго́лках to be on
    pins and needles
иглотерапи́я acupuncture
игра́ game, acting performance
  аза́ртная игра́ game of chance
  за игро́й at play
  игра́ приро́ды freak of nature
игра́ть (сыгра́ть) to play, perform
  игра́ть в ка́рты, в мяч to play
    cards, play ball
  игра́ть на роя́ле, на скри́пке to
    play the piano, the violin
  игра́ть роль to play a part
  Э́то не игра́ет ро́ли. It is of no
    importance.
игру́шка toy
идеалисти́ческий idealistic
идеа́льный perfect, ideal
иде́йный lofty, high-principled
иде́я idea, conception
  гениа́льная иде́я brilliant idea
  иде́я рома́на theme of a novel
  навя́зчивая иде́я fixed idea
идти́, ходи́ть to go, walk

Вот он идёт. Here he comes.
Де́ло хорошо́ идёт. Business is
  going well.
Дождь идёт. It is raining.
идти́ как по ма́слу to go
  swimmingly
идти́ пешко́м to go by foot
Иду́т перегово́ры. Negotiations
  are going on.
Лес идёт до реки́. The forest goes
  as far as the river.
О чём идёт речь? What are you
  talking about?
По́езд идёт в пять. The train
  leaves at five o'clock.
Фильм идёт. A movie is playing.
Э́тот цвет вам идёт. That color
  becomes you.
из from, out of (with gen.)
из-за because of, from behind
из-под from under
из стра́ха out of fear
лу́чший из всех best of all
оди́н из его́ друзе́й one of his
  friends
пить из стака́на to drink from a
  glass
приезжа́ть из Москвы́ to arrive
  from Moscow
сде́лано из де́рева made of wood
изба́вить—see **избавля́ть**
избавля́ть (изба́вить) to save,
  deliver from
  изба́ви Бог! God forbid!
  избавля́ть от сме́рти to save
    from death
  **Изба́вьте меня́ от ва́ших замеча́-
    ний.** Spare me your remarks.
избало́ванный spoiled (child)
избега́ть (избе́гнуть) to avoid,
  shun
избе́гнуть—see **избега́ть**
избра́ние election
и́збранный selected
изве́стие news, information
изве́стно it is known
  ему́ изве́стно he is aware
  наско́лько мне изве́стно as far
    as I know
изве́стность (f.) reputation, fame
изве́стный well-known, famous
извине́ние apology

извини́ть(ся)—see извиня́ть(ся)

*извиня́ть(ся) (извини́ть(ся)) to forgive, pardon (apologize)

Она́ извини́лась.   She apologized.

издава́ть (изда́ть)   to publish

и́здали   from far away

изда́ние   publication, edition

изда́ть—see издава́ть

издёрганный   harried, worried, run-down

изжо́га   heartburn

*из-за   from behind, because of

вста́ть из-за стола́   to get up from the table

из-за до́ма   from behind the house

Из-за ле́ни она́ не ко́нчила рабо́ту.   Out of laziness she didn't finish her work.

излече́ние   recovery, cure

изле́чивать (излечи́ть)   to cure

излечи́ть—see изле́чивать

изли́шек   surplus, excess

изли́шество   overindulgence

изло́манный   broken

измене́ние   change, alteration

измени́ть—see изменя́ть

изменя́ть (измени́ть)   to change, alter, betray

изнаси́ловать—see наси́ловать

изобража́ть (изобрази́ть)   to depict, portray, imitate

изобрази́ть—see изобража́ть

изоли́рованный   isolated

и́зредка   now and then, seldom

изуми́тельный   amazing, wonderful

изумле́ние   amazement, consternation

изуча́ть (изучи́ть)   to study, learn

изучи́ть—see изуча́ть

изю́м   raisins

изя́щный   refined, elegant, graceful

ико́на   icon, sacred image

икра́   roe, caviar

икс-лучи́   X-rays

*и́ли   or

и́ли . . . и́ли . . .   either . . . or . . .

иллю́зия   illusion

иллюстра́тор   illustrator

имби́рь   (m.) ginger

име́ние   estate

и́менно   namely, exactly, just

Вот и́менно!   Exactly!

Вот и́менно э́то он и говори́л.   That's exactly what he was saying.

и́менно потому́   just because

*име́ть   to have, bear (in mind)

име́йте в виду́, что   keep in mind that

име́ть большо́е значе́ние   to matter very much

име́ть бу́дущность   to have a future

име́ть возмо́жность   to be a possibility

име́ть де́ло с ке́м-либо   to deal with someone

име́ть успе́х   to be a success

и́мидж   image

иму́щество   property, belongings

*и́мя   name

и́мя прилага́тельное   adjective

и́мя существи́тельное   noun

челове́к с и́менем   a well-known man

*и́наче   differently, otherwise

инде́йка   turkey

индивидуали́ст   individualist

индивидуа́льность   (f.) individuality

инжене́р   engineer

инжи́р   fig

инициати́ва   initiative

*иногда́   sometimes

ино́й   different, other

ины́ми слова́ми   in other words

не кто ино́й, как   no other than

тот и́ли ино́й   one or another

инопланетя́нин   alien (n.)

иностра́нец   foreigner

институ́т   institute

инстру́ктор   instructor

инструме́нт   instrument

интеллиге́нтный   cultured, educated

интервью́   interview

интере́с   interest

интере́сный   interesting, attractive

Она́ о́чень интере́сная же́нщина.   She is a very attractive woman.

интересова́ть(заинтересова́ться)   to be interested in

инти́мность   (f.) intimacy

иро́ния   irony

*иска́ть to seek, search
исключа́ть (исключи́ть) to exclude, eliminate
исключе́ние exception
исключи́тельно exceptionally
исключи́ть—see исключа́ть
ископа́емое fossil, mineral
и́скра spark
и́скренний sincere, frank, unaffected
искуси́тель (m.) tempter
искуси́ть—see искуша́ть
иску́сственный artificial
иску́сство art, skill
искуша́ть (искуси́ть) to tempt, seduce
искуше́ние temptation
испа́нец, испа́нка Spaniard (m., f.)
испа́нский Spanish
испари́ться (perf.) to evaporate
испе́чь—see печь
и́споведь (f.) confession
исполне́ние fulfillment, execution
исполни́тель performer
исполнить—see исполня́ть
исполня́ть (исполнить) to carry out, fulfill, to perform
испо́ртить(ся)—see по́ртить(ся)
испо́рченный spoiled, rotten
испра́вить(ся)—see исправля́ть(ся)
исправля́ть(ся) (испра́вить(ся)) to correct, repair, improve
*испу́г fright, scare
испуга́ть(ся)—see пуга́ть(ся)
иссле́дование investigation, research
иссле́довать (imp., perf.) to investigate, explore
и́стина truth
и́стинно truly
истори́ческий historical
*исто́рия history, story, tale
истра́тить—see тра́тить
исчеза́ть (исче́знуть) to disappear, vanish
исче́знуть—see исчеза́ть
италья́нец, италья́нка Italian (m., f.)
италья́нский Italian (adj.)
и т. п. (и тому́ подо́бное) and the like, etc.

*их their, theirs, them (gen. and acc. of они́)
ию́ль (m.) July
ию́нь (m.) June

К

к to, toward, for (with dat.)
заходи́ть к кому́-либо to call on someone
к ва́шим услу́гам at your service
к сожале́нию unfortunately
к сча́стью fortunately
к тому́ же moreover
Он добр к ней. He is kind to her.
он нашёл к свое́й ра́дости, что he found to his joy that
Это ни к чему́. It's of no use.
кабине́т study, consulting room
каблу́к heel
быть у кого́-либо под каблуко́м to be under someone's thumb
кавале́р partner, admirer
кавы́чки quotation marks
*ка́ждый every, each
*каза́ться (показа́ться) to seem, appear
Ка́жется, бу́дет дождь. It looks like rain.
каза́лось бы one would think
ка́жется, что it seems that
мне ка́жется it seems to me
Он ка́жется у́мным. He seems to be intelligent.
*как how, what, as, like
Бу́дьте как до́ма. Make yourself at home.
Вот как! Is that so!
как бу́дто бы as if
как бы не так nothing of the sort
Как вас зову́т? What is your name?
как ви́дно as can be seen
как до́лго how long
Как он э́то сде́лал? How did he do it?
как то́лько as soon as
с тех пор, как since
широ́кий как мо́ре wide as the sea

Это как раз то, что мне ну́жно.
That's exactly what I need.
как-нибу́дь   somehow, anyhow
како́й   what, what a, what kind of
  Кака́я краси́вая де́вушка!   What a pretty girl!
  Како́й он у́мный!   How clever he is!
  како́й-то   a certain
  Каку́ю кни́гу вы чита́ете?   What book are you reading?
какофо́ния   cacophony, noise
*__**ка́к-то**__   somehow
  Он ка́к-то устро́ился.   He arranged it somehow.
календа́рь   (m.) calendar
ка́менный   stony, hard
ка́мень   (m.) stone, rock
  драгоце́нный ка́мень   precious stone
  моги́льный ка́мень   tombstone
  се́рдце как ка́мень   heart of stone
  У него́ ка́мень лежи́т на се́рдце. A weight lies heavy on his heart.
ка́мерный   chamber
  ка́мерная му́зыка   chamber music
ками́н   fireplace, chimney
кандида́т   candidate
кани́кулы   (only pl.) vacation, school holiday
кану́н   eve
  кану́н но́вого го́да   New Year's Eve
канцеля́рия   office
капита́л   capital
капита́н   captain
*__**ка́пля**__   drop
  похо́жи как две ка́пли воды́   like two peas in a pod
  после́дняя ка́пля   the last straw
капри́з   whim, caprice
капри́зничать   to be naughty, cranky
*__**капу́ста**__   cabbage
  цветна́я капу́ста   cauliflower
*__**каранда́ш**__   pencil
карма́н   pocket
карнава́л   carnival
ка́рта   card, map, chart
  коло́да карт   pack of playing cards

карти́на   picture
карто́фель   (m.) potatoes
  карто́фельное пюре́   mashed potatoes
ка́рточка   card, photograph
  ка́рточка вин   wine list
  креди́тная ка́рточка   credit card
карье́ра   career
каса́ться (косну́ться)   to touch, concern
  что каса́ется меня́   as far as I am concerned
  Это его́ не каса́ется.   That is not his business.
ка́сса   box office, cashier's office, window
кассе́ты   cassettes (tapes)
кастрю́ля   pot, pan, saucepan
катало́г   catalogue
ката́ться (поката́ться)   to ride, drive (for pleasure)
  ката́ться на конька́х   to skate
категори́чески   categorically
катего́рия   category
кача́ние   rocking, swinging
кача́ть (качну́ть)   to rock, swing
  Ве́тер кача́ет дере́вья.   The wind shakes the trees.
  Он кача́л голово́й.   He shook his head.
ка́чество   quality, virtue
  в ка́честве наблюда́теля   in the capacity of an observer
  высо́кого ка́чества   of high quality
качну́ть—see **кача́ть**
*__**ка́ша**__   cereal, porridge, jumble
  гре́чневая ка́ша   buckwheat cereal
  завари́ть (perf.) **ка́шу**   to stir up trouble
  У него́ ка́ша во рту́.   He mumbles.
ка́шель   (m.) cough
*__**ка́шлять**__   to cough
квадра́т   square
квалифика́ция   qualification
квалифици́рованный   qualified, skilled
кварта́л   block, quarter of the year
*__**кварти́ра**__   apartment
ке́ды   (pl.) canvas high-tops

кейс   attaché case
кекс   cake
кéпка   cap
кероси́н   kerosene
киломéтр   kilometer
кинó   movies
киóск   kiosk, stand
    кни́жный киóск   book stand
кипéние   boiling
    тóчка кипéния   boiling point
кипéть   (imp.) to boil, seethe
    кипéть злóбой   to boil with
      hatred
    Рабóта кипи́т.   Work is in full
      swing.
кипятóк   boiling water
кисéль   (m.) jellylike pudding,
    dessert
кислорóд   oxygen
кислотá   acid, sourness
    кислóтные дожди́   acid rain
ки́слый   sour
кита́ец, китая́нка   Chinese (m., f.)
кита́йский   Chinese (adj.)
кичли́вый   conceited
кла́дбище   cemetery
кла́няться (поклони́ться)   to bow,
    greet
класс   class
классифика́ция   classification
класси́ческий   classical
*класть (положи́ть)   to lay, put (in
    a horizontal position)
    класть на мéсто   to put
      something in its place
    класть сáхар в чай   to put sugar
      in one's tea
    класть фундáмент   to lay a
      foundation
    положи́ть конéц чемý-либо   to
      put an end to something
    положи́ть себé на тарéлку   to
      help oneself to food
клеветá   slander
клéить   to glue, paste
клéйкий   sticky
кли́мат   climate
кли́чка   nickname
клуб   club
клубни́ка   strawberry
клю́ква   cranberry
ключ   key, clue

*кни́га   book
ковёр   rug
*когдá   when
   когдá-нибудь   sometime
   когдá-то   once, formerly
кóе-кáк   haphazardly
кóжа   skin
кокéтка   coquette
кокéтничать   (imp.) to flirt, pose,
    show off
кóлба   retort (chemical)
*колбасá   sausage
колéно   knee
колесó   wheel
коли́чество   quantity, number,
    amount
коллéга   colleague
коллéдж   college
кóлокол   bell
колоссáльный   colossal
*колхóз   collective farm
колхóзник   collective farmer
колыбéль   (f.) cradle
кольцó   ring
    кольцó ды́ма   ring of smoke
    обручáльное кольцó   wedding
      ring
колю́чий   prickly, thorny
комáнда   team
комáндовать   to give orders,
    command
комбинáт   industrial complex
комбинáция   combination
комéдия   comedy (play)
коми́ссия   committee,
    commission
комáр   mosquito
коммерсáнт   business person
коммéрция   commerce, trade
коммéрческий   commercial
*кóмната   room
комóд   chest of drawers
компанéйский   sociable
компáния   company
    весёлая компáния   lively crowd
компенсáция   compensation
комплимéнт   compliment
композ!тор   composer
компóт   compote
компроми́сс   compromise
компью́тер   computer
конвéрт   envelope

*коне́ц end

в конце́ дня at the close of the day

в конце́ концо́в in the end

приходи́ть к концу́ to come to an end

Пришёл коне́ц. It was the end. The end came.

своди́ть концы́ с конца́ми to make both ends meet

*коне́чно of course, certainly

конкре́тный concrete, specific

конкуре́нт rival, competitor

конкуре́нция competition

консервати́вный conservative

конспе́кт summary, synopsis

конститу́ция constitution

конструкти́вный constructive

ко́нсул consul

ко́нсульство consulate

консульта́нт consultant

контине́нт continent

конто́ра office

контра́кт contract, agreement

контра́ст contrast

контро́ль (m.) control

под контро́лем under the control

конфе́та candy

конфирма́ция confirmation (church)

конфли́кт conflict

конфу́зиться (сконфу́зиться) to become embarrassed

концентра́т concentrated product

пищевы́е концентра́ты food concentrates

конце́рт concert

концерта́нт concert performer

*конча́ть (ко́нчить) to end, finish

конча́ть рабо́ту to finish one's work

конча́ть университе́т to finish college, to graduate

пло́хо ко́нчить to come to a bad end

конча́ться (ко́нчиться) to end, finish

ко́нчиться ниче́м to come to nothing

на э́том всё и ко́нчилось and that was the end of it

Шко́ла конча́ется в середи́не ма́я. School is over in the middle of May.

ко́нчено enough, finished

Всё ко́нчено. All is over.

ко́нчик tip

ко́нчить(ся) — see **конча́ть(ся)**

конь (m.) horse, steed

Дарёному коню́ в зу́бы не смо́трят. Never look a gift horse in the mouth.

коньки́ (pl.) skates

конья́к cognac

кооперати́в cooperative (n.)

коопера́тор cooperator, member of a cooperative

*копе́йка kopeck

до после́дней копе́йки to the last penny

копе́йка в копе́йку exactly

копи́рка carbon paper

копи́ровать (скопи́ровать) to copy, imitate

ко́пия duplicate, copy

снима́ть ко́пию чего́-либо to make a copy of something

кора́ crust, bark

кора́бль (m.) ship, vessel

коренно́й жи́тель native

*ко́рень (m.) root

в ко́рне fundamentally

вырыва́ть с ко́рнем to tear up by the roots

квадра́тный ко́рень square root

красне́ть до корне́й воло́с to blush to the roots of one's hair

пусти́ть ко́рни to take root

смотре́ть в ко́рень чего́-либо to get at the root of something

корзи́на basket

корзи́на для бума́ги wastepaper basket

коридо́р corridor

кори́чневый brown

корми́ть (накорми́ть) to feed

Здесь хорошо́ ко́рмят. The food is good here.

корми́ть обеща́ниями to feed with promises

коро́бка box

коро́ва cow

коро́нка crown

ста́вить коро́нку на зуб   to put a crown on a tooth

коро́ткий   short

  в коро́ткий срок   in a short time

  коро́ткая волна́   short wave

  коро́ткий путь   short cut

коро́тко   briefly

коро́че   shorter

  коро́че говоря́   in short

ко́рпус   body

  дипломати́ческий ко́рпус diplomatic corps

  пода́ться всем ко́рпусом вперёд lean forward

корре́ктор   proofreader

корреспонде́нт   correspondent, reporter

корыстолю́бие   self-interest, greed

кор́ыто   trough

коря́вый   rough, uneven

коса́   braid; scythe

  заплета́ть ко́су   to braid one's hair

косме́тика   cosmetics

  космети́ческий кабине́т   beauty parlor

коснуться—see **каса́ться**

косо́й   slanting, oblique, cross-eyed

костёр   bonfire, campfire

кость   (f.) bone

  игра́ть в ко́сти   to play or throw dice

  промо́кнуть (perf.) до косте́й   to get drenched to the skin

  слоно́вая кость   ivory

костю́м   suit

костя́к   skeleton

кот   tomcat

  котёнок   kitten

котле́та   cutlet

*****кото́рый**   which, who

  в кото́ром часу́   at what time

  его́ мать, кото́рая живёт далеко́ his mother who lives far away

  кото́рый из них   which of them

  Кото́рый час?   What time is it?

  кни́га, кото́рая лежи́т на столе́ the book lying on the table

ко́фе   coffee

кофе́йник   coffeepot

ко́фта, кофто́чка   woman's jacket

ко́шка   cat

кошма́р   nightmare

кра́жа   theft, larceny

край   (m.) border, edge

  на са́мом краю́   on the very brink

  по края́м   along the edges

  по́лный до краёв   filled to the brim

кра́йне   (adv.) extremely

*****кра́йний**   extreme, the last

  в кра́йнем слу́чае   at the worst

  кра́йности   extremes

  кра́йняя необходи́мость   urgency

  по кра́йней ме́ре   at least

краса́вец, краса́вица   handsome man, handsome woman

краси́вый   beautiful, handsome

кра́сить(ся) (покра́сить(ся))   to color, paint

кра́ситься   to put on make-up

кра́ска   paint, dye

  акваре́льная кра́ска   water colors

  ма́сляная кра́ска   oil paint

  писа́ть кра́сками   to paint

красне́ть (покрасне́ть)   to redden, blush

кра́сный   red

красота́   beauty

красть (укра́сть)   to steal

кра́ткий   short, brief

крахма́л   starch

кра́шеный   painted, colored

креве́тка   shrimp

крем   cream

  крем для бритья́   shaving cream

Кремль   Kremlin

*****кре́пкий**   strong, firm

  кре́пкое здоро́вье   robust health

  кре́пкая ткань   strong cloth

  кре́пкий чай   strong tea

кре́пко   fast, strong

  Держи́тесь кре́пко!   Hold tight!

  кре́пко заду́маться   to fall into deep thought

  кре́пко спать   to sleep soundly

кре́сло   armchair

крест   cross

крести́ть (окрести́ть)   to baptize

криво́й   crooked, curved

кри́зис   crisis

крик   cry, shout

  после́дний крик мо́ды   last word in fashion

кри́кнуть—see крича́ть

криста́лл crystal

кристаллиза́ция crystallization

кри́тика criticism

  ни́же вся́кой кри́тики beneath criticism

крити́ческий critical

***крича́ть (кри́кнуть)** to shout, scream

кров shelter

крова́ть (f.) bed

кровь (f.) blood

***кро́ме** besides, except (with gen.)

  кро́ме того́ besides that

  кро́ме шу́ток joking aside

кроссо́вки running shoes, tennis shoes, sneakers

круг circle

  в семе́йном кругу́ in the family circle

  круг знако́мых circle of acquaintances

  пло́щадь кру́га area of a circle

  прави́тельственные круги́ government circles

кру́глый round

  в кру́глых ци́фрах in round numbers

  кру́глый год the whole year round

круго́м (adj.) around, round

  Вы круго́м винова́ты. You alone are to blame.

  Он круго́м до́лжен. He owes money all around.

  поверну́ться круго́м to turn around

кружи́ться (закружи́ться) to spin, go round

  У него́ кру́жится голова́. He feels dizzy.

кру́пный large-scale, big

крути́ть to twist, roll up

круто́й steep

крыло́ wing

  подреза́ть кры́лья кому́-либо to clip someone's wings

крыльцо́ porch

кры́тый sheltered, covered

  кры́тый мост covered bridge

кры́ша roof

кста́ти (adv.) by the way

  Замеча́ние бы́ло сде́лано кста́ти. The remark was to the point.

  Кста́ти, как его́ здоро́вье? By the way, how is he?

***кто** who

  кто́-нибудь anyone

  кто́-то someone

ку́бики children's playing blocks

***куда́** where, in which direction, where to (answer should be in accusative case)

кудря́вый curly

кузе́н, кузи́на cousin (m., f.)

ку́кла doll

  теа́тр ку́кол puppet show

кукуру́за corn

кула́к fist

***культу́ра** culture

культу́рный educated, cultured

купа́льный bathing

купа́льник bathing suit

***купа́ться (искупа́ться)** to bathe

  купа́ться в зо́лоте to roll in money

купи́ть—see покупа́ть

куре́ние smoking

кури́ть to smoke

ку́рица hen, chicken

куро́рт health resort

курс course

куса́ть to bite off, sting

***кусо́чек, кусо́к** piece

ку́хня kitchen

***ку́шать** to eat or take some food

  Пожа́луйста, ку́шайте пиро́г. Please have some pie.

кушётка couch

Л

лаборато́рия laboratory

лавр laurel

  лавро́вый лист bay leaf

  пожина́ть ла́вры to reap laurels

  почи́ть (perf.) **на ла́врах** to rest on one's laurels

ла́герь (m.) camp

***ла́дно** very well, all right

лакони́ческий laconic, short-spoken

ла́мпа lamp
ла́ндыш lily of the valley
ла́ска caress, endearment
ласка́тельный caressing, endearing
  ласка́тельное и́мя pet name
   (diminutive)
ласка́ть to caress, fondle, pet
  ласка́ть себя́ надёждой to flatter
   oneself with hope
ла́сковый affectionate, tender,
   sweet
ла́ять to bark
лгать to lie
лев lion
*__ле́вый__ left
  встать (perf.) **с ле́вой ноги́** to get
   up on the wrong side of the bed
*__лёгкий__ light, easy
  лёгкая инду́стрия light industry
  лёгкая просту́да slight cold
  лёгкая рабо́та light work
  лёгкий слог easy style
легко́ lightly, easily
  Он легко́ отде́лался. He got off
   easy.
легкомы́сленно thoughtlessly,
   light-mindedly
легкомы́сленность (f.) lightness,
   thoughtlessness
ле́гче easier, lighter
лёд ice
  Лёд разби́т. The ice is broken.
ледени́ть to freeze, chill
*__лежа́ть__ to lie
  Го́род лежи́т на берегу́ мо́ря.
   The town is by the seashore.
  Он лежи́т в посте́ли. He lies in
   bed.
лека́рство medicine
ле́ктор lecturer
ле́кция lecture
лени́вый lazy
ле́нта ribbon
лентя́й, лентя́йка lazy person
   (m., f.)
лень (f.) laziness, idleness
лес forest, woods
ле́стница stairway, stairs, ladder
ле́стный flattering,
   complimentary
лесть (f.) flattery
лета́ years

  Они одни́х лет. They are the
   same age.
  Ско́лько вам лет? How old are
   you?
*__лета́ть, лете́ть__ to fly
  лете́ть на всех пара́х to rush at
   full speed
ле́тний summer (adj.)
*__ле́то__ summer
  ле́том in the summer
  на всё ле́то for the whole summer
лету́чий flying (adj.)
  лету́чая мышь bat
лётчик pilot
лече́ние medical treatment
  на лече́нии undergoing medical
   treatment
лечи́ть to treat medically
лечь—see **ложи́ться**
ли whether, if
  ли . . . ли . . . whether . . . or . . .
  сего́дня ли, за́втра ли whether
   today or tomorrow
  Он не по́мнит, ви́дел ли он его́.
   He doesn't remember whether he
   has seen him.
  Посмотри́, там ли де́ти. Go and
   see if the children are there.
ли́бо or
  ли́бо . . . ли́бо . . . either . . .
   or . . .
лигату́ра alloy
ли́лия lily
лило́вый lilac, violet (color)
лимо́н lemon
  лимо́нная кислота́ citric acid
лине́йка ruler
ли́ния line
  крива́я ли́ния curved line
  ли́ния поведе́ния line of policy
  ли́ния наиме́ньшего
   сопротивле́ния the path of least
   resistance
лири́ческий lyrical
лист leaf, sheet
  дрожа́ть как лист to tremble like
   a leaf
  загла́вный лист title page
литера́тор writer, man of letters
литерату́ра literature
*__лить (нали́ть)__ to pour, run (of
   liquid)

Дождь льёт как из ведра́. The rain is coming down in buckets.

лить слёзы to shed tears

лифт elevator

ли́фчик brassiere

лихора́дочный feverish

*лицо́ face

в лице́ кого́-либо in the person of someone

де́йствующие ли́ца cast (of a play)

знать в лицо́ to know by sight

исче́знуть (perf.) **с лица́ земли́** to disappear from the face of the earth

Это ему́ к лицу́. This becomes him.

ли́чно personally

ли́чность (f.) personality

переходи́ть на ли́чности to become personal

ли́чный personal

лиша́ть (лиши́ть) to deprive, rob

лиша́ть кого́-либо насле́дства to disinherit someone

Он лишён чу́вства ме́ры. He lacks a sense of proportion. He doesn't know when to stop.

лише́ние deprivation

лиши́ть—see **лиша́ть**

ли́шний extra, superfluous, unnecessary

лоб forehead

*лови́ть (пойма́ть) to catch

лови́ть ка́ждое сло́во to devour every word

лови́ть моме́нт to seize an opportunity

лови́ть ры́бу to fish

ло́вкий adroit, deft

логи́ческий logical

ло́дка boat

ложи́ться (лечь) to lie down

ложи́ться спать to go to bed

На него́ ложи́тся обя́занность. It is his duty.

ло́жка spoon

столо́вая ло́жка tablespoon

ча́йная ло́жка teaspoon

ложь (f.) lie, falsehood

ло́коть (m.) elbow

лома́ть (слома́ть) to break

ло́паться (ло́пнуть) to break, burst

чуть не ло́пнуть (perf.) **со сме́ху** to burst one's sides laughing

ло́пнуть—see **ло́паться**

лососи́на salmon

лотере́я lottery

ло́шадь (f.) horse

луг meadow

лу́жа puddle, pool

сесть (perf.) **в лу́жу** to get into a mess, to blunder

лужа́йка lawn

лук onion

луна́ moon

луч ray, beam

*лу́чше better

как нельзя́ лу́чше never better

лу́чше всего́ best of all

Лу́чше оста́ться здесь. It is better to stay here.

Мне лу́чше. I am better.

тем лу́чше so much the better

лу́чший better, best

всего́ лу́чшего all the best

к лу́чшему for the better

лы́жи skis

лы́сина bald spot

лы́сый bald, bald-headed

любе́зность (f.) courtesy, kindness

любе́зный polite, amiable, obliging

люби́мец pet, favorite

люби́мый favorite, loved one

люби́тель (m.) amateur, fancier

люби́тельский спекта́кль amateur performance

Он люби́тель цвето́в. He loves flowers.

люби́ть to like, to love

Он её лю́бит. He loves her.

Он лю́бит, когда́ она́ поёт. He likes her singing.

любова́ться to admire

любо́вный loving, amorous

*любо́вь (f.) love

любозна́тельный inquisitive, curious

любо́й every, any

любо́е вре́мя at any time

любопы́тство curiosity

любопы́тный curious

лю́бящий loving, affectionate

*лю́ди (nom. pl. of **челове́к**)
   people, men and women
  лю́ди у́мственного труда́ white-
   collar workers
  лю́ди физи́ческого труда́ blue-
   collar workers
лю́стра chandelier
лягу́шка frog

М

маг magician
*магази́н store, shop
  магази́н гото́вого пла́тья ready-
   made clothing store
  универса́льный магази́н
   department store
магни́т magnet
магнитофо́н tape recorder
ма́зать (imp.) to grease, lubricate,
   spread
  ма́зать хлеб ма́слом to butter the
   bread
мазу́т fuel oil
мазь (f.) ointment
*май (m.) May
ма́йка T-shirt, tank top
майоне́з mayonnaise
ма́кси long skirt
максима́льный maximum, highest
   possible
ма́ксимум maximum, upper limit
  вы́жать (perf.) ма́ксимум из to
   get the most out of
ма́ленький small, little
мали́на raspberries
*ма́ло little, few
  ма́ло изве́стный little-known
  ма́ло наро́ду few people
  ма́ло того́ moreover
  ма́ло того́, что it is not enough
   that
  Мы его́ ма́ло ви́дим. We see little
   of him.
малоду́шие faintheartedness
малоизве́стный little-known, not
   popular
малоле́тний juvenile, under-age
ма́ло-пома́лу gradually, little by
   little

ма́лый small
  Зна́ния его́ сли́шком малы́. His
   knowledge is scanty.
  ма́лый ро́стом short
  са́мое ма́лое the least
*ма́льчик boy, lad
ма́ма mama
манеке́нщица model
мане́ра manner, style
  У него́ хоро́шие мане́ры. He has
   good manners.
ма́рка stamp, mark; make, brand
ма́ркетинг marketing
мармела́д fruit jelly
март March
маршру́т route, itinerary
масли́на olive
*ма́сло butter, oil
  всё идёт, как по ма́слу. Things
   are going swimmingly.
  писа́ть ма́слом to paint in oils
ма́сса mass, a large amount
  в ма́ссе as a whole
  ма́сса рабо́ты a lot of work
ма́стер master
  быть ма́стером своего́ де́ла to
   be an expert at one's job
ма́стерски (adv.) skillfully
матема́тик mathematician
матема́тика mathematics
материа́л material, stuff, fabric
  строи́тельные материа́лы
   building materials
  Это хоро́ший материа́л для
   кинокарти́ны. That would be
   good material for a film.
материали́зм materialism
мате́рия cloth, fabric; matter
матра́с mattress
матро́с sailor
мать (f.) mother
маха́ть (махну́ть) to wave, flap
  махну́ть руко́й to give up as
   hopeless
  Он махну́л мне руко́й. He waved
   his hand to me.
махну́ть—see маха́ть
маши́на car; machine, engine
маши́нально absentmindedly,
   mechanically
машини́стка typist (woman)
маши́нка typewriter

машинопи́сный typewritten

машиностро́е́ние mechanical engineering

мгла haze

мгнове́ние instant, moment

ме́бель (f.) furniture

меблиро́ванный furnished

мёд honey

медве́дь (m.) bear

медици́на medicine (field of)

ме́дленно slowly

ме́длить to linger, hesitate, be slow

ме́дный copper (adj.)

медо́вый honeyed

　медо́вый ме́сяц honeymoon

　медо́вые ре́чи honeyed words

медсестра́ nurse

медь (f.) copper

***ме́жду** between, among (with inst.)

　ме́жду двумя́ и тремя́ between two and three o'clock

　ме́жду на́ми говоря́ just between us

　ме́жду о́кнами between the windows

　ме́жду про́чим by the way

　ме́жду тем meanwhile

　чита́ть ме́жду строк to read between the lines

междунаро́дный international

мезони́н attic

мел chalk

меланхоли́ческий melancholy (adj.)

меланхо́лия melancholy

ме́лкий small, petty, shallow

　ме́лкие де́ньги small change

　ме́лкий дождь drizzling rain

　ме́лкий челове́к petty person

мелоди́ческий melodious

мело́дия melody

ме́лочность (f.) meanness, pettiness

ме́лочь (f.) small things, small change, details

мель (f.) shoal, shallow

мелька́ть (мелькну́ть) to flash, gleam

　У него́ мелькну́ла мысль. An idea flashed across his mind.

мелькну́ть—see **мелька́ть**

ме́неджер manager

ме́нее less

　бо́лее и́ли ме́нее more or less

　Ему́ ме́нее сорока́ лет. He is not forty yet.

　ме́нее всего́ least of all

　тем не ме́нее nevertheless

***ме́ньше** smaller, less

　не бо́льше не ме́ньше как neither more nor less than

ме́ньший lesser, younger

　ме́ньшая часть lesser part

меньшинство́ minority

меню́ menu

меня́ть(ся) (поменя́ть(ся)) to change; to switch

　меня́ть де́ньги to change one's money

　меня́ть пла́тье to change one's clothes

　меня́ть своё мне́ние to change one's opinion

　меня́ться роля́ми to switch roles

ме́ра measure

　в значи́тельной ме́ре in a large measure

　ме́ры длины́ linear measure

　не знать ме́ры to be immoderate, to know no limits

　по кра́йней ме́ре at least

　реши́тельные ме́ры drastic measures

　соблюда́ть ме́ру to keep within limits

мерза́вец villain

мёрзлый frozen

мёрзнуть (замёрзнуть) to freeze

ме́рить (приме́рить, сме́рить) to measure

　приме́рить пла́тье to try on a dress

　сме́рить взгля́дом to measure with one's eyes, to give a dirty look

мероприя́тие arranged event

мёртвый dead, lifeless

　мёртвая тишина́ dead silence

　мёртвая то́чка standstill

　мёртвый язы́к dead language

　спать мёртвым сном to be sound asleep, to sleep like a rock

ме́стный local
  ме́стный жи́тель inhabitant
*ме́сто place, seat, locality
  знать своё ме́сто to know one's
    place
  иска́ть ме́ста to look for a job
  Нет ме́ста. There is no room.
  уступа́ть ме́сто кому́-либо to
    give up one's place to someone
  хоро́шее ме́сто для до́ма an
    excellent site for a house
местоиме́ние pronoun
*ме́сяц month, moon
мета́лл metal
металлу́рг metallurgist
металлу́ргия metallurgy
метла́ broom
ме́тод method
мето́дика methods
методи́ческий systematic,
    methodical
метр meter
метро́ subway
механиза́ция mechanization
механизи́рованный mechanized
меха́ник engineer
меха́ника mechanics
механи́ческий mechanical
меч sword
меч-ры́ба swordfish
мечта́ daydream
мечта́тельный dreamy, pensive
мечта́ть to daydream
*меша́ть to hinder
  е́сли ничто́ не помеша́ет if
    nothing interferes
мешо́к bag, sack
  Костю́м сиди́т на нём мешко́м.
    His clothes are baggy.
  мешки́ под глаза́ми bags under
    one's eyes
миг instant, moment
  ми́гом in a flash
мига́ть (мигну́ть) to blink, wink
  мигну́ть кому́-либо to wink at
    someone
мигну́ть—see мига́ть
микроско́п microscope
микрофо́н microphone
милиционе́р policeman
мили́ция police station
миллиа́рд billion

миллио́н million
милосе́рдие mercy, clemency
ми́лость (f.) favor, grace
  быть в ми́лости у кого́-либо to
    be in someone's good graces
  из ми́лости out of charity
  ми́лости про́сим welcome
  Сде́лайте ми́лость. Do me a
    favor.
*ми́лый dear, lovely
ми́ля mile
ми́мо past, by (prep. with gen.)
мимолётный fleeting
ми́на mine
минда́ль (m.) almond
минера́л mineral
ми́нимум minimum
ми́ни-ЭВМ electronic
    minicomputer
минова́ть (imp., perf.) to escape,
    pass
  Ему́ э́того не минова́ть. He
    cannot escape it.
  Опа́сность минова́ла. The
    danger is past.
  Чему́ быть, того́ не минова́ть.
    What will be, will be.
*мину́та minute
  под влия́нием мину́ты on the
    spur of the moment
  Подожди́те мину́ту. Wait a
    minute.
  сию́ мину́ту this very minute
*мир peace, world
  литерату́рный мир literary world
  Мир победи́т войну́. Peace will
    triumph over war.
  со всего́ ми́ра from every corner
    of the globe
*мири́ться (помири́ться) to
    reconcile
  помири́ться с кем-ли́бо to be
    reconciled with someone
  примири́ться (perf.) со свои́м
    положе́нием to reconcile
    oneself to one's situation
ми́рный peaceful
мировоззре́ние world outlook
ми́ска basin, soup tureen
ми́стика mysticism
мла́дший younger, junior
мне́ние opinion

быть о себе́ сли́шком высо́кого мне́ния to think too much of oneself

Я того́ мне́ния. I am of that opinion.

мно́гие many

во мно́гих отноше́ниях in many respects

*****мно́го** much, many, a lot

мно́го рабо́ты much work

о́чень мно́го very much

прошло́ мно́го вре́мени a long time passed

многозначи́тельно significantly

многокра́тно repeatedly

многообра́зие variety, diversity

многосторо́нний versatile, many-sided

многоуважа́емый respected

многоуго́льник polygon

мно́жество great number

Их бы́ло мно́жество. There were many of them.

моги́ла grave

мо́да fashion, vogue

быть оде́тым по мо́де to be fashionably dressed

модерни́зм modernism

мо́дный fashionable, stylish

мо́жет быть perhaps

Не мо́жет быть. It is impossible.

*****мо́жно** one may, it is possible

е́сли мо́жно if possible

Здесь мо́жно кури́ть. One may smoke here.

как мо́жно скоре́е as soon as possible

Мо́жно откры́ть окно́? May I open the window?

мозг brain

*****мой, моя́, моё, мои́** my

мо́кнуть (промо́кнуть) to become wet

мо́кро It is wet.

На у́лице мо́кро. It is wet outside.

мо́крый wet, moist

моле́кула molecule

молекуля́рный вес molecular weight

моли́тва prayer

моли́ть to pray, entreat

мо́лния lightning

молодёжь (f. collective) youth, young people

*****молоде́ц** fine fellow

вести́ себя́ молодцо́м to behave oneself magnificently

Молоде́ц! Well done!

молодо́й young, youthful, new

мо́лодость (f.) youth

не пе́рвой мо́лодости not in one's first youth

молоко́ milk

мо́лот hammer, mallet

мо́лча (adv.) silently, without a word

молчали́вый taciturn, silent

молча́ние silence

молча́ть to be silent

моль (f.) moth

моме́нт moment, instant

момента́льно instantly

моне́та coin

зво́нкая моне́та hard cash

плати́ть кому́-либо то́й же моне́той to pay someone in his own coin

приня́ть за чи́стую моне́ту to take at its face value

моното́нность (f.) monotony

мора́ль (f.) moral

мора́льный moral, ethical

мо́ре sea

морко́вь (f.) carrot

моро́женое ice cream

моро́женый frozen, chilled

моро́з frost, freezing weather

морска́я сви́нка guinea pig

морщи́на wrinkle (facial)

москви́ч inhabitant of Moscow

моско́вский Moscow (adj.)

мост bridge

мото́р motor, engine

*****мочь (смочь)** to be able

мрак gloom, darkness

мра́мор marble

мра́чный gloomy, somber

мсти́тельность (f.) vindictiveness, vengefulness

*****мстить (отомсти́ть)** to avenge oneself

мудре́ц sage, wise man

му́дрость (f.) wisdom

му́дрый wise, sage

муж husband
му́жество courage, fortitude
мужско́й (grammatical) masculine
  мужско́й портно́й men's tailor
***мужчи́на** (m.) man
музе́й museum
му́зыка music
музыка́льный musical
музыка́нт musician
му́ка torment, torture
мука́ flour
мультипликацио́нный фильм
  cartoon, animated film
му́мия mummy
мураве́й ant
му́скул muscle
му́сор trash, rubbish, refuse
  мусоросжига́тельная печь
  incinerator
му́тный dull, cloudy, muddy
  лови́ть ры́бу в му́тной воде́ to
  fish in troubled waters
му́ха fly
  де́лать из му́хи слона́ to make
  mountains out of molehills
  Кака́я му́ха его́ укуси́ла? What's
  troubling him?
муче́ние torture, torment
му́чить (imp.) to torment, worry
  Это му́чит мою́ со́весть. It lies
  heavily on my conscience.
***мы** we
мы́ло soap
мы́сленно mentally
мы́слить to think, reflect
мысль (f.) thought, idea
  Мысль пришла́ ему́ в го́лову. A
  thought occurred to him.
  предвзя́тая мысль preconceived
  idea
мы́слящий thinking, intellectual
мы́ть(ся) (помы́ть(ся), вы́мыть(ся))
  to wash; to wash (oneself)
мышь (f.) mouse
  летучая мышь bat
мя́гкий soft, gentle
  мя́гкий звук mellow sound
  мя́гкий кли́мат mild climate
  мя́гкое движе́ние gentle
  movement
  мя́гкое се́рдце soft heart
мя́гко softly, mildly

мя́гкость (f.) softness, gentleness
мягчи́ть (смягчи́ть) to soften
мя́со meat
мяч ball
  игра́ть в мяч to play ball

Н

***на** on, onto—direction—(with
  acc.); for extent of time (with
  acc.); on in, at—location—(with
  prep.)
  говори́ть на иностра́нном языке́
  to speak in a foreign language
  е́хать на по́езде to ride on the
  train
  име́ть что́-либо на свое́й со́вести
  to have something on one's
  conscience
  Кни́га лежи́т на столе́. The book
  is lying on the table.
  на э́той неде́ле this week
  на се́вер to the north
  на се́вере in the north
  Он прие́хал на неде́лю. He came
  for a week.
  переводи́ть на друго́й язы́к to
  translate into a different language
  помно́жить пять на три to
  multiply five by three
  ре́зать на куски́ to cut into pieces
  сесть на по́езд to take the train
  уро́к на за́втра lesson for
  tomorrow
  Я положи́л кни́гу на стол. I put
  the book on the table.
на, на́те here, here you are, take it
  (familiar)
набира́ть (набра́ть) очки́ to earn
  points (also in sports)
набира́ться (набра́ться) to
  accumulate, gather
  набра́ться но́вых сил to find new
  strength
  набра́ться ума́ to acquire wisdom
наблюда́тель (m.) observer
наблюда́ть to observe, keep one's
  eyes on, control
на́божность (f.) devotion, piety
набра́ться—see **набира́ться**

набро́сок   sketch, outline

навёк, навёки   forever

*наве́рно   surely, most likely

наве́рх   up, upward (motion toward)

наверху́   above, upstairs

на́волочка   pillowcase

навсегда́   forever

навстре́чу   to meet

    идти́ навстре́чу кому́-либо   to go to meet someone

навы́ворот   inside out

нагиба́ть (нагну́ть)   to bend

на́глость   (f.) impudence, insolence

нагляде́ться   (perf.) to see enough

    не нагляде́ться на кого́-либо   never to be tired of looking at someone

нагну́ть—see **нагиба́ть**

нагоня́ть (нагна́ть) це́ну   to inflate the price, to boost the value

нагото́ве   in readiness, at call

    держа́ть нагото́ве   to keep in readiness

награ́да   reward, prize

нагрева́ть (нагре́ть)   to warm, heat

нагре́ть—see **нагрева́ть**

над, over (with inst.)

    висе́ть над столо́м   to hang over the table

    засыпа́ть над кни́гой   to fall asleep over a book

    рабо́тать над те́мой   to work at a subject

    смея́ться над кем-либо   to laugh about someone

наде́жда   hope

    в наде́жде   in the hope of

    пита́ть наде́жды   to cherish hopes

    подава́ть наде́жды   to offer hope, to show promise

надёжность   (f.) reliability

надёжный   reliable, trustworthy

надели́ть—see **наделя́ть**

наделя́ть (надели́ть)   to allot, provide

наде́яться   to hope

    наде́яться на кого́-либо   to rely on someone

    Я наде́юсь уви́деть вас сего́дня.   I hope to see you today.

на́до   it is necessary, one must

    мне на́до   I need

на́добность   (f.) necessity

    в слу́чае на́добности   in case of need

    Нет никако́й на́добности.   There is no need whatever.

надоеда́ть (надое́сть)   to pester, bore

    Он мне до́ смерти надое́л.   He bored me to death.

надое́сть—see **надоеда́ть**

надо́лго   for a long time

надписа́ть—see **надпи́сывать**

надпи́сывать (надписа́ть)   to inscribe

на́дпись   (f.) inscription

надува́ть (наду́ть)   to inflate, puff out

    наду́ть гу́бы   to pout

наду́ть—see **надува́ть**

паеда́ться (нае́сться)   to eat one's fill

нае́сться—see **наеда́ться**

нажа́ть—see **нажима́ть**

нажима́ть (нажа́ть)   to press, put pressure on

нажива́ться (нажи́ться)   to make a fortune

наза́д   back, backward

    смотре́ть наза́д   to look back

    тому́ наза́д   ago

    мно́го лет тому́ наза́д   many years ago

    шаг наза́д   a step backward

назва́ние   name (inanimate things)

назва́ть(ся)—see **называ́ть(ся)**

назнача́ть (назна́чить)   to appoint, fix, set

    назнача́ть день   to set a day

    назнача́ть це́ну   to fix a price

назна́чить—see **назнача́ть**

называ́ть (назва́ть)   to call, name

    Де́вочку нельзя́ назва́ть краса́-вицей.   The girl cannot be called a beauty.

    Его́ называ́ют Ва́ней.   They call him Vanya.

    называ́ть ве́щи свои́ми имена́ми   to call a spade a spade

называ́ться (назва́ться)   to be called

наибо́лее most
 наибо́лее удо́бный most convenient
наизу́сть by heart
 знать наизу́сть to know from memory
найти́(сь) — see находи́ть(ся)
нака́з order, instruction
наказа́ние punishment
накану́не on the eve of
наклоне́ние inclination, mood (gram.)
накло́нность (f.) inclination, leaning
 име́ть накло́нность к чему́-либо to have an inclination for something
наконе́ц at last, finally
накорми́ть — see корми́ть
накрахма́ленный starched stiff
накрыва́ть (накры́ть) to cover
 накрыва́ть стол ска́тертью to cover the table with a cloth
 накры́ть стол to set the table
накры́ть — see накрыва́ть
нале́во to the left
*налива́ть (нали́ть) to pour out, fill
 нали́ть ча́шку ча́я to pour out a cup of tea
нали́ть — see налива́ть
нали́чный available, on hand
 нали́чные (де́ньги) cash on hand
нало́г tax
намёк hint
 поня́ть намёк to take a hint
 сде́лать намёк to drop a hint
намека́ть (намекну́ть) to hint at, imply
намекну́ть — see намека́ть
наме́рение intention, purpose
наме́ренный intentional, deliberate
наме́тить — see намеча́ть
наме́тка basting
намеча́ть (наме́тить) to plan, outline
намока́ть (намо́кнуть) to get wet
намо́кнуть — see намока́ть
нанима́ть (наня́ть) to rent, hire
наня́ть — see нанима́ть
наоборо́т on the contrary
напева́ть (напе́ть) to hum

напе́ть — see напева́ть
напеча́тать — see печа́тать
написа́ние spelling
написа́ть — see писа́ть
напи́ток drink, beverage
напо́лнить — see наполня́ть
наполня́ть (напо́лнить) to fill
напомина́ние reminder
напомина́ть (напо́мнить) to remind
 напо́мним, что we would remind you that
 Он напомина́ет свою́ мать. He resembles his mother.
напо́мнить — see напомина́ть
напра́вить — see направля́ть
направле́ние direction, trend
 во всех направле́ниях in all directions
 литерату́рное направле́ние literary school, movement
направля́ть (напра́вить) to direct, turn
 Меня́ напра́вили к вам. I was directed to you.
 направля́ть внима́ние to direct attention
 направля́ть свои́ шаги́ to direct one's steps
напра́во to the right
напра́сно in vain, to no purpose, wrongly
 вы напра́сно так ду́маете you are mistaken if you think that
 Его́ напра́сно обвини́ли. He was wrongly accused.
 Напра́сно ждать чего́-либо от него́. It is useless to expect anything of him.
наприме́р for instance
напрока́т for hire (only object, not person)
 взять напрока́т to hire
*напро́тив on the contrary
напряга́ть (напря́чь) to strain
напряже́ние effort, tension; voltage
 высо́кое напряже́ние high tension; high voltage
напряжённый strained, tense
напря́чь — see напряга́ть
напи́сано it is written

напу́ганный   frightened, scared
напуга́ть   (perf.) to frighten
напуга́ться   to become frightened
напу́дриться—see пу́дриться
напуска́ть (напусти́ть)   to fill
  напусти́ть воды́ в ва́нну   to fill a
  bathtub
напусти́ть—see напуска́ть
нараспе́в   in a singsong voice
наре́зать (наре́зать)   to slice, to cut
  into pieces
наре́зать—see нареза́ть, ре́зать
нарисова́ть—see рисова́ть
*наро́д   nation, people
  мно́го наро́ду   crowd, many
  people
наро́дность   (f.) nationality
наро́дный   folk, national
наро́чно   purposely
  как наро́чно   as luck would have
  it
нару́жно   outwardly
нару́жность   (f.) appearance,
  exterior
наруша́ть (нару́шить)   to break,
  disturb
  наруша́ть поко́й   to disturb the
  peace
  наруша́ть сло́во   to break one's
  promise
наруше́ние   breach, violation
нару́шить—see наруша́ть
наря́д   attire, smart clothes
наря́дно   smartly (dressed)
наряду́   side by side, at the same
  time
  наряду́ с э́тим   at the same time
насеко́мое   insect
населе́ние   population
наси́лие   violence, coercion
наси́ловать (изнаси́ловать)   to
  force, violate, rape
наси́льно   by force, under
  compulsion
наскво́зь   through, throughout
  ви́деть кого́-либо наскво́зь   to
  see through someone
  наскво́зь промо́кнуть   (perf.) to
  get wet through and through
наско́лько   how much, as far as
  наско́лько мне изве́стно   as far
  as I know

Наско́лько он ста́рше вас?   How
  much older is he than you?
на́скоро   hastily, carelessly
  де́лать что́-либо на́скоро   to do
  something carelessly
наску́чить   (perf.) to bore, annoy
  Мне наску́чило э́то.   I am bored
  by this.
наслади́ться—see наслажда́ться
наслажда́ться (наслади́ться)   to
  take pleasure in, enjoy
  наслажда́ться му́зыкой   to enjoy
  the music
наслажде́ние   delight, enjoyment
насле́дник   heir, successor
насле́довать (унасле́довать)   to
  inherit, succeed
насле́дственный   hereditary
насле́дство   inheritance, legacy
насмеха́ться   to mock, deride
насме́шка   mocking
на́сморк   head cold
насоли́ть—see соли́ть
насо́с   pump
наста́ивать (настоя́ть)   to insist on,
  persist
  наста́ивать на своём   to insist on
  having one's own way
на́стежь   (adv.) wide
  О́кна бы́ли на́стежь откры́ты.
  The windows were wide open.
настига́ть (насти́гнуть)   to overtake
насти́гнуть—see настига́ть
насто́йчивость   (f.) persistence,
  insistence
насто́йчивый   persistent, urgent
насто́лько   so, this much
настоя́тельность   (f.) urgency
настоя́ть—see наста́ивать
настоя́щее   the present (noun)
настоя́щий   present, real, genuine
  настоя́щее вре́мя   present tense
  настоя́щий друг   true friend
  настоя́щий мужчи́на   real man
настрое́ние   mood, frame of mind
  быть в настрое́нии   to be in good
  spirits
  У меня́ нет для э́того
  настрое́ния.   I am not in the
  mood for that.
наступа́ть (наступи́ть)   to come (of
  time)

наступи́ла весна́. Spring came.
Наступи́ло коро́ткое молча́ние.
  A brief silence ensued.
наступи́ть—see **наступа́ть**
наступле́ние coming, approach,
  offensive attack (military)
насчёт as regards, concerning
  насчёт э́того so far as that matter
    is concerned
насы́пать—see **насыпа́ть**
насыпа́ть (насы́пать) to pour, fill
  (dry products)
насы́тить—see **насыща́ть**
насыща́ть (насы́тить) to saturate,
  satiate
насы́щенность (f.) saturation
насы́щенный saturated
нату́ра nature
  **Он по нату́ре о́чень до́брый
    челове́к.** He is a kind man by
    nature.
  плати́ть нату́рой to pay in kind
  рисова́ть с нату́ры to paint from
    life
  Э́то ста́ло у него́ второ́й нату́рой.
    It became second nature with him.
натура́льный natural
  в натура́льную величину́ life-
    size
  натура́льный шёлк genuine silk
нау́ка science, study
  занима́ться нау́кой to be a
    scientist
  то́чные нау́ки exact sciences
научи́ть (perf.) to teach
  **научи́ть кого́-либо англи́йскому
    языку́** to teach someone
    English
научи́ться (perf.) to learn
  something
нау́чно scientifically
  нау́чно-иссле́довательский (adj.)
    scholarly
нау́чный scientific
  нау́чный сотру́дник research
    assistant
наха́льство impudence
находи́ть (найти́) to find, discover
  Его́ нахо́дят у́мным. He is
    considered clever.
  находи́ть утеше́ние to find
    comfort

**Он ника́к не мог найти́ причи́ну
  э́того.** He never managed to
  discover the cause of it.
находи́ться (найти́сь) to be found
  or situated
  Дом нахо́дится в па́рке The
    house is in a park.
  Он всегда́ найдётся. He is never
    at a loss.
  Рабо́та для всех найдётся. We
    will find work for everyone.
нахму́риться—see **хму́риться**
националисти́ческий
  nationalistic
национа́льность (f.) nationality
на́ция nation
****нача́ло** beginning
  в нача́ле го́да in the beginning of
    the year
  для нача́ла to start with
  с нача́ла from the beginning
нача́льный elementary, initial
  нача́льные гла́вы рома́на
    opening chapters of the novel
  нача́льная шко́ла elementary
    school
нача́ть—see **начина́ть**
начина́ть (нача́ть) to begin, start
  нача́ть пить to start drinking
  начина́ть день прогу́лкой to
    begin the day with a walk
  Он на́чал рабо́тать He began
    working.
нача́ться—see **начина́ться**
начина́ться (нача́ться) (intr.) to
  begin, to start
начина́ющий beginner
начи́нка filling, stuffing
начи́танный well-read
****наш, на́ша, на́ше, на́ши** our
нашива́ть (наши́ть) to sew on
наши́ть—see **нашива́ть**
нашуме́ть (perf.) to make much
  noise
****не** not
  не́ на кого положи́ться no one
    to rely on
  не то́лько not only
  не тру́дный, но и не просто́й not
    difficult but not simple
  Он не мо́жет чита́ть. He cannot
    read.

Э́то не ва́ша кни́га. It is not your book.

Э́то не так. That is not so.

Э́то не шу́тка. It is no joke.

не- negative prefix with adjectives, "un-"

неаккура́тный inaccurate, unpunctual, messy

небе́сный celestial, heavenly

неблагода́рность (f.) ingratitude

неблагоразу́мие imprudence

неблагоскло́нность (f.) unfavorable attitude

*не́бо sky, heaven

  быть на седьмо́м не́бе to be in seventh heaven

  под откры́тым не́бом in the open air

небоскрёб skyscraper

небо́сь it is most likely, one must be

  Он, небо́сь, уста́л. He must be tired.

*небре́жность (f.) carelessness, negligence

небре́жный careless, slipshod

небри́тый unshaven

небыва́лый unprecedented, fantastic

небью́щийся unbreakable

  небью́щееся стекло́ safety glass

нева́жно (interj.) never mind, it is unimportant

нева́жно (adv.) poorly, indifferently

  Он себя́ нева́жно чу́вствует. He doesn't feel well.

  Рабо́та сде́лана нева́жно. The work is poorly done.

неве́дение ignorance

  находи́ться в неве́дении to be in ignorance

неве́домый unknown, mysterious

неве́жество ignorance

неве́жественный ignorant

неве́жливый impolite, rude

неве́рно incorrectly

невероя́тно incredibly, inconceivably

невероя́тность (f.) incredibility

невесо́мость (f.) weightlessness

неве́ста (f.) fiancée, bride

невзго́да (f.) adversity

невзра́чный homely, ill-favored

неви́димый invisible

неви́нность (f.) innocence, naiveté

неви́нный innocent, harmless

невку́сный not tasty

невнима́тельный inattentive, careless

невозвра́тность irrevocability

невоздержанность lack of self-control

невозмо́жно impossible, it is impossible

нево́льно involuntarily, unintentionally

невоспи́танный unmannerly

невреди́мый safe, unharmed

невы́годно disadvantageously, it is not advantageous

невы́годный disadvantageous, not advantageous

  ста́вить в невы́годное положе́ние to place at a disadvantage

*негати́вный negative

*не́где nowhere, no place (plus infinitive)

  Не́где сесть. There is nowhere to sit.

него́дность (f.) unfitness, worthlessness

негодова́ние indignation

негодя́й scoundrel, villain

негра́мотность (f.) illiteracy

неграцио́зный ungraceful

*неда́вно recently, not long ago

*недалеко́ not far

  Им недалеко́ идти́. They have a short way to go.

  недалеко́ то вре́мя, когда́ the time is not far, when

недалёкость (f.) narrow-mindedness, dull-wittedness

неда́ром not without reason, not in vain

  неда́ром говоря́т not without reason is it said

неделика́тный indelicate, rough

*неде́ля week

  ка́ждую неде́лю every week

  че́рез неде́лю in a week

недёшево at a considerable price

  Э́то ему́ недёшево доста́лось. It cost him dearly.

недове́рие distrust

недове́рчивый distrustful
недово́льный dissatisfied
недово́льство dissatisfaction, discontent
недоеда́ние malnutrition
недоко́нченный unfinished
недо́лго not long
  недо́лго ду́мая without a second thought
недооце́нивать (недооцени́ть) to underestimate, undervalue
недооцени́ть—see **недооце́нивать**
недоразуме́ние misunderstanding
недостава́ть (недоста́ть) to lack, be missing
  Ему́ недостаёт слов, что́бы вы́разить ... he cannot find words to express ...
  Нам о́чень недостава́ло вас. We missed you very much.
  Чего́ вам недостаёт? What do you lack?
недоста́ток shortage, defect
  за недоста́тком чего́-либо for want of something
  име́ть серьёзные недоста́тки to have serious shortcomings
недоста́точно insufficiently
недоста́ть—see **недостава́ть**
недостижи́мый unattainable
недосто́йный unworthy
недоуме́ние bewilderment, perplexity
недохо́дный unprofitable
недружелю́бный unfriendly
неду́рно not bad! (interj.), rather well (adv.)
неесте́ственный unnatural, affected
нежена́тый unmarried (of a man)
не́жность (f.) tenderness
не́жный tender, delicate, loving
  не́жный во́зраст tender age
  не́жное здоро́вье delicate health
  не́жный сын loving son
незабыва́емый unforgettable
незави́симость (f.) independence
незави́симый independent
незако́нный illegal
незакономе́рный irregular
незако́нченный incomplete, unfinished

незаме́тно imperceptible, not noticeable
незаму́жняя unmarried (of women)
незаслу́женный undeserved
нездоро́вый unwell, indisposed
знако́мец stranger
незначи́тельный negligible, unimportant
незре́лый unripe, immature
неизве́стно It is not known.
неизве́стный unknown, obscure
неи́скренний insincere
неи́скренность (f.) insincerity
неискушённый inexperienced, unsophisticated
неквалифици́рованный unskilled
*не́который some
  до не́которой сте́пени to a certain extent
  не́которое вре́мя some time
  не́которые из них some of them
некраси́вый unattractive, ugly
некульту́рный uncivilized, uncultured
неле́пость (f.) absurdity
неле́пый ridiculous, incongruous
нелётный (о пого́де) nonflying, unsuitable for flying (about weather)
нелицеме́рный sincere, frank
нело́вкий awkward, clumsy, inconvenient
  нело́вкое молча́ние awkward silence
  оказа́ться (perf.) в нело́вком положе́нии to find oneself in an awkward situation
*нельзя́ it is impossible, one cannot
  Здесь кури́ть нельзя́. Smoking is not permitted here.
  как нельзя́ лу́чше in the best way possible
  Там нельзя́ дыша́ть. It is impossible to breathe there.
нелюбе́зность (f.) coldness, discourtesy
нелюбе́зный ungracious, discourteous
нелюди́мый unsociable
неме́дленно immediately

не́мец, не́мка German (m., f.)

неме́цкий German (adj.)

немилосе́рдный merciless, unmerciful

неминуемо inevitably, unavoidably

*немно́го a little, a few

немно́жко a trifle, a bit

немо́й mute, deathly still

  немо́е обожа́ние mute adoration

  немо́й mute person

ненави́деть (imp.) to hate, detest

не́нависть (f.) hatred

ненадёжный unreliable, untrustworthy

неваадо́лго for a short while

ненаме́ренно unintentionally

необразо́ванный uneducated

необходи́мо it is necessary

  Необходи́мо ко́нчить рабо́ту. It is necessary to finish the work.

необходи́мость (f.) necessity

необходи́мый necessary, indispensable

необыкнове́нный unusual

неограни́ченный unlimited

неодобри́тельный disapproving

неодушевлённый inanimate

неожи́данно unexpectedly

неожи́данность (f.) suddenness, unexpectedness

неопра́вданный unjustified

неопределённый indefinite, indeterminate

нео́пытный inexperienced

неоргани́ческий inorganic (chemistry)

неотврати́мость (f.) inevitability

неотчётливый vague, indistinct

неохо́та reluctance

неохо́тно unwillingly, reluctantly

неплодоро́дный barren, infertile

неплохо́й not bad, quite good

неподви́жно motionlessly

неподви́жный immovable, stationary

неподку́пный incorruptible, someone who can't be bought

неподходя́щий unsuitable, inappropriate

неполноце́нность (f.) inferiority

непо́лный incomplete, imperfect

непонима́ние incomprehension, misunderstanding

непоря́дочный dishonorable, ungentlemanly

непоси́льный beyond one's strength

*непра́вда untruth, falsehood

непра́вильно irregularly, erroneously, incorrectly

*непреме́нно certainly, without fail

непреодоли́мый insurmountable, unconquerable

непреры́вно uninterruptedly, continuously

непреры́вность (f.) continuity

неприве́тливый unfriendly, ungracious

непривлека́тельный uninviting, unpleasant

неприли́чный indecent, unseemly

  Како́е неприли́чное поведе́ние! What disgraceful behavior!

непринуждённо without embarrassment, nonchalantly

  чу́вствовать себя́ непринуждённо to feel at ease

непринуждённый natural, free and easy

  непринуждённая по́за natural attitude, poise

неприя́тно unpleasant, it is unpleasant

неприя́тность (f.) trouble, annoyance

неприя́тный unpleasant, disagreeable

непрости́тельный unpardonable, inexcusable

непрямо́й indirect, hypocritical

нера́венство inequality

неразлу́чный inseparable

неразу́мие foolishness, unreason

неразу́мный unreasonable, unwise

нерасчётливость (f.) extravagance

нерасчётливый extravagant, wasteful

нерв nerve

  де́йствовать кому́-либо на не́рвы to get on someone's nerves

  страда́ть не́рвами to have a nervous disease

не́рвничать to be nervous

не́рвный nervous
нереши́тельность (f.) indecision
перо́вный uneven, rough
несвя́зно incoherently
песгора́емый fireproof
*****не́сколько** several, some, a few
нескро́мный immodest, indiscreet
несло́жный simple, uncomplicated
неслы́шный inaudible
несмотря́ на то́, что despite the fact that
песно́сный unbearable, intolerable
несоверше́нный imperfect, incomplete
несовмести́мый incompatible
несогла́сие dissent, disagreement, difference of opinion
песомне́нно undoubtedly, beyond all question
неспоко́йный restless, uneasy
неспосо́бный incapable, incompetent
несправедли́вость (f.) injustice, unfairness
несправедли́вый unjust, unfair
несравне́нно incomparably, matchlessly
несравни́мый incomparable, unmatched
нестерпи́мый unbearable, intolerable
нести́, носи́ть to bear, carry
нести́ отве́тственность to bear the responsibility
несчастли́вый unfortunate
несча́стный unhappy, unfortunate
песча́стье misfortune
к несча́стью unfortunately
несъедо́бный inedible
*****нет** no, there is (are) not
Бу́дет он там и́ли нет? Will he be there or not?
Его́ нет до́ма. He is not at home.
ещё нет not yet
Почему́ нет? Why not?
совсе́м нет not at all
Там никого́ нет. There is no one there.
нетерпели́во impatiently
нетерпели́вый impatient
нетерпе́ние impatience
нетерпи́мый intolerant

нетре́бовательный unpretentious, modest
неуважи́тельно disrespectfully
неуве́ренный uncertain, hesitating
неуго́дный undesirable
неуда́ча failure
неуда́чный unsuccessful, unfortunate
неудо́бный uncomfortable, inconvenient
неудо́бство inconvenience, discomfort
неудовлетвори́тельный unsatisfactory, inadequate
неудово́льствие displeasure
*****неуже́ли!** Really! Is it possible!
неуклю́жий clumsy, awkward
неутоми́мый tireless
неую́тный bleak, not cozy
нефтяно́й та́нкер oil tanker
не́хотя unwillingly, reluctantly
*****неча́янно** accidentally
нече́стный dishonest
нечи́стый unclean, impure
нечи́стая со́весть guilty conscience
нечи́стое де́ло suspicious affair
*****ни** not a
Не мог найти́ ни одного́ приме́ра. He could not find a single example.
Ни ка́пли не упа́ло. Not a single drop fell.
ни … ни … neither … nor …
Ни ра́зу не ви́дела его́. She never saw him.
*****нигде́** nowhere
*****ни́жний** lower
ни́жнее бельё underwear
ни́жний эта́ж ground floor
*****ни́зкий** low, short, inferior
ни́зкий го́лос deep voice
ни́зкое ка́чество poor quality
*****ника́к** in no way
Ника́к нельзя́. It is quite impossible.
Он ника́к не мог откры́ть я́щик. In no way could he open the box.
*****никогда́** never
никогда́ бо́льше never again
никогда́ в жи́зни never in one's life

почти́ никогда́   hardly ever
*никто́   no one
*никуда́   nowhere
  никуда́ не годи́тся   won't do at all
  никуда́ не го́дный челове́к
    good-for-nothing
*ниско́лько   not at all, not in the
  least
  Э́то ниско́лько не тру́дно.   It is
    not difficult at all.
ни́тка   thread
  вдева́ть ни́тку в иго́лку   to
    thread a needle
  нитра́ты   nitrates
*ничего́   nothing, never mind, it
  doesn't matter
  Ничего́!   It is nothing! No harm
    done.
  Ничего́ не ви́дел.   He saw
    nothing.
  Ничего́ не поде́лаешь.   There's
    nothing that can be done.
  ничего́ подо́бного   nothing of the
    sort
  Э́то ему́ ничего́.   It is nothing to
    him.
  Э́то ничего́ не зна́чит.   It means
    nothing.
ничто́жный   insignificant, worthless
*но   but
нова́торство   innovation
новомо́дный   new-fashioned,
  modern
новосе́лье   housewarming
но́вость   (f.) news
*но́вый   new, modern
  Что но́вого?   What's new?
*нога́   foot, leg
  вверх нога́ми   upside down
  встать с ле́вой ноги́   to get up on
    the wrong side of the bed
  идти́ в но́гу   to keep pace
  со всех ног   as fast as one can run
  стать на́ ноги   to become
    independent
но́готь   fingernail, toenail
*нож   knife
*но́жницы   scissors
*но́мер   number, hotel room
но́рма   standard, norm
норма́льно   normally
норма́льный   normal, same

норма́льные усло́вия   normal
  conditions
*нос   nose
  говори́ть в нос   to speak nasally
  не ви́деть да́льше своего́ но́са   to
    see no further than one's nose
  носово́й плато́к   handkerchief
  перед но́сом   under one's nose
  сова́ть нос во что́-либо   to pry
    into something
  уткну́ться но́сом во что́-либо   to
    bury oneself into something
*носи́ть   to carry (by hand), wear
  (clothes)
носи́ться   to wear
  Э́та мате́рия бу́дет хорошо́
    носи́ться.   This material will
    wear well.
посо́к, носки́   sock, socks
но́ты   music (printed music)
  игра́ть без нот   to play without
    music
*ночева́ть   (imp.) to spend the
  night
*ночь   (f.) night
  но́чью   at night
  споко́йной но́чи   good night
ноя́брь   (m.) November
нрав   disposition, temper
  У него́ весёлый нрав.   He has a
    cheerful disposition.
  Э́то ему́ не по нра́ву.   It goes
    against his grain.
*нра́виться (понра́виться)   to
  please
  Ему́ нра́вится её лицо́.   He likes
    her face.
  Она́ стара́ется понра́виться ему́.
    She tries to make him like her.
  Э́то ему́ не понра́вилось.   He did
    not like it.
нра́вственный   moral
*нра́вы   (pl.) customs, morals and
  manners
ну!   Well, now!
  Ну, и что же да́льше?   Well, and
    what then?
  Ну, коне́чно.   Why, of course.
  Ну так что́ же?   Well, what of it?
нужда́   need
  в слу́чае нужды́   in case of need
нужда́ться   to need, want

*ну́жно it is necessary, one should

  мне ну́жно I need

  Э́то ну́жно сде́лать. It must be done.

ну́жный necessary

нуль (m.) zero, nought

  своди́ть к нулю́ to bring to nothing

ны́не the present

ны́нче today

ню́хать (поню́хать) to smell, sniff

ня́ня nursemaid, nurse

О

*о, об about, concerning (with prep.)

  ду́мать о ко́м-либо to think of someone

  кни́га об а́томной эне́ргии a book about atomic energy

о́ба, о́бе both (m. and n., f.)

обвине́ние charge, accusation

обвини́ть—see обвиня́ть

обвиня́ть (обвини́ть) to accuse, charge

обгоре́лый burnt

обду́манно after long consideration, deliberately

обду́мать—see обду́мывать

обду́мывать (обду́мать) to consider, think over

обе́д dinner

*обе́дать (пообе́дать) to dine

обедне́вший impoverished

обезья́на monkey

обеща́ние promise

обеща́ть to promise

обже́чь—see обжига́ть

обжига́ть (обже́чь) to burn, scorch

обжо́ра glutton

обзо́р survey, review

оби́деть(ся)—see обижа́ть(ся)

оби́дно offensively

обижа́ть(ся) (оби́деть(ся)) to offend, hurt someone's feelings; to be offended

  Не обижа́йтесь. Don't be offended.

Они́ его́ оби́дели. They have offended him.

оби́женный offended

оби́лие abundance, plenty

оби́льный abundant, plentiful

о́блако cloud

о́бласть (f.) sphere, province

  о́бласть зна́ний field of knowledge

облегча́ть (облегчи́ть) to facilitate, make easier, relieve

облегчи́ть—see облегча́ть

обма́н fraud, deception

обману́ть—see обма́нывать

обма́нчивый deceptive, delusive

обма́нывать (обману́ть) to deceive, swindle

обме́н exchange

о́бморок fainting fit

  упа́сть (perf.) в о́бморок to faint

обнима́ть (обня́ть) to embrace

  обнима́ть умо́м to comprehend

обня́ть—see обнима́ть

обогати́ть—see обогаща́ть

обогаща́ть (обогати́ть) to enrich

  обогати́ть свой о́пыт to enrich one's experience

обогрева́ть (обогре́ть) to warm

обогре́ть—see обогрева́ть

ободре́ние encouragement

ободри́ть—see ободря́ть

*ободря́ть (ободри́ть) to encourage, reassure

обожа́ние adoration

обожа́ть to adore, worship

обознача́ться (обозна́читься) to show, appear

обозна́читься—see обознача́ться

обойти́—see обходи́ть

обою́дно mutually

обраба́тывать (обрабо́тать) to work up, process

обрабо́тать—see обраба́тывать

обра́доваться—see ра́доваться

*о́браз image, shape, form

  гла́вным о́бразом most importantly

  о́браз жи́зни way of living

  таки́м о́бразом in this way

*образова́ние education, formation

  дать образова́ние to educate

образова́ние слов word formation

образо́ванный (well)-educated

образова́тельный (о програ́мме) educational

обрати́ть—see обраща́ть

*обра́тно back

идти́ обра́тно to return, go back

туда́ и обра́тно round trip, to and fro

обра́тный reverse

в обра́тную сто́рону in the opposite direction

обраща́ть (обрати́ть) to turn, direct

обраща́ть внима́ние to pay attention

обрати́ть в шу́тку to turn into a joke

обруче́ние betrothal

обслу́живание service, maintenance

обслу́живать (обслужи́ть) to attend, serve

обслужи́ть—see обслу́живать

обста́вить—see обставля́ть

обставля́ть (обста́вить) to furnish, arrange

обстано́вка furniture; conditions, situation, environment

обстоя́тельство circumstance

ни при каки́х обстоя́тельствах under no circumstances

смягча́ющие вину́ обстоя́тельства extenuating circumstances

обсуди́ть—see обсужда́ть

обсужда́ть (обсуди́ть) to discuss

обходи́ть to go around, pass

обхо́дный roundabout

общежи́тие dormitory

общесою́зный all-union

обще́ственный public, social

обще́ственное мне́ние public opinion

обще́ственный строй social system

о́бщество society

о́бщий general, common

не име́ть ничего́ о́бщего to have nothing in common

о́бщее де́ло common cause

о́бщее собра́ние general meeting

о́бщий язы́к common language

объе́кт object

объекти́вный objective (adj.)

объём volume, size

объяви́ть—see объявля́ть

объявле́ние announcement, declaration

объявля́ть (объяви́ть) to declare, announce

объясне́ние explanation

объясни́ть—see объясня́ть

объясня́ть (объясни́ть) to explain

объя́тие embrace

обыкнове́нно usually, as a rule

обыкнове́нный usual, ordinary

обы́чай custom, usage

по обы́чаю according to custom

обы́чно usually

обя́занность (f.) duty, responsibility

исполня́ть свои́ обя́занности to attend to one's duties

обя́занный obliged

быть обя́занным кому́-либо to be indebted to someone

быть обя́занным что́-либо сде́лать to be obliged to do something

*обяза́тельно certainly, without fail

обяза́тельный obligatory, compulsory

о́вощи vegetables

овра́г ravine

овца́ sheep

оглуши́тельный deafening

огово́рка reservation

с огово́ркой with reserve

оголённый nude

*ого́нь (m.) fire

огоро́д vegetable garden

ограбле́ние robbery

ограниче́ние limitation, restriction

ограни́ченность scantiness, narrow-mindedness

ограни́чивать (ограни́чить) to limit, restrict

ограни́чить—see ограни́чивать

огро́мный huge, enormous

*огуре́ц cucumber

о́да ode

одева́ть(ся) (оде́ть(ся)) to dress someone; to dress oneself

оде́жда clothes

оде́ть(ся)—see одева́ть(ся)

одея́ло   blanket, quilt

*оди́н, одна́, одно́, одни́,   one, alone, only (m., f., n., plural)

оди́н за други́м   one after another

оди́н из них   one of them

Оди́н он мо́жет сде́лать э́то. Only he can do it.

оди́н раз   once

Одно́ бы́ло ему́ я́сно.   One thing was clear to him.

Он был совсе́м оди́н.   He was quite alone.

Они́ живу́т в одно́м до́ме.   They live in the same house.

одни́м сло́вом   in a word

Там была́ одна́ вода́.   There was nothing but water.

одина́ково   equally

одина́ковый   identical

оди́ннадцать   eleven

оди́ннадцатый   eleventh

одино́кий   lonely

одино́чество   solitude, loneliness

*одна́жды   once

одна́ко   however, but

одновре́менно   simultaneously

однозву́чный   monotonous (sound)

однообра́зие   monotony

однообра́зный   monotonous

одолжа́ть (одолжи́ть)   to lend, borrow

одолже́ние   favor

одолжи́ть—see одолжа́ть

одушеви́ть(ся)—see одушевля́ть(ся)

одушевле́ние   animation

одушевлённый   animated

одушевля́ть(ся) (одушеви́ть(ся)) to animate (to become animated)

ожере́лье   necklace

оживи́ть(ся)—see оживля́ть(ся)

оживлённо   animatedly

оживля́ться (оживи́ться)   to enliven, revive

ожида́ние   expectation

*ожида́ть   to wait for, expect, anticipate

озабо́ченный   preoccupied, anxious, worried

озаря́ть (озари́ть)   to illuminate, light up

его́ озари́ло   it dawned on him

озари́ть—see озаря́ть

*о́зеро   lake

озлобле́ние   bitterness, animosity

ознако́миться—see ознакомля́ться

ознакомля́ться (ознако́миться) to familiarize oneself (with)

озоносфе́ра   ozone layer

ока́зывать(ся)—see оказа́ть(ся)

ока́зывать(ся) (оказа́ть(ся)) to render, turn out to be, show up

оказа́лось, что   it turned out that

ока́зывать влия́ние   to exert, influence

ока́зывать предпочте́ние   to show a preference

ока́зывать услу́гу   to render (do) a service

Трево́га оказа́лась напра́сной. There proved to be no grounds for alarm.

ока́нчивать (око́нчить)   to finish, end

око́нчить университе́т   to graduate from university

океа́н   ocean

окисле́ние   oxidation

оклика́ть (окли́кнуть)   to hail, call (to)

окли́кнуть—see оклика́ть

*окно́   window

*о́коло   near, approximately, about (with gen.)

говори́ть вокру́г да о́коло   to beat around the bush

О́коло го́рода есть о́зеро.   There is a lake near the town.

Сейча́с о́коло трёх часо́в.   It is now around three o'clock.

У меня́ о́коло трёх до́лларов.   I have approximately three dollars.

оконча́ние   termination, finishing, ending

оконча́тельный   final, definitive

око́нчить—see ока́нчивать

окрести́ть—see крести́ть

окре́стность   (f.) environs, neighborhood

окружа́ть (окружи́ть)   to surround, encircle

окружи́ть—see окружа́ть

окружа́ющая среда́   environment

окру́жность (f.) circumference

октя́брь (m.) October

ола́дьи pancakes

ома́р lobster

омле́т omelette

*__он__ he (used when referring to any masculine noun, animate or inanimate)

*__она́__ she (used to refer to any feminine noun)

*__они́__ they (used to refer to any plural noun)

*__оно́__ it (used when referring to any neuter noun, animate or inanimate)

опа́здывать (опозда́ть) to be late

  Извини́те, что я опозда́л. Pardon me for being late.

  опозда́ть на по́езд to miss a train

опасе́ние fear, apprehension

опа́сно dangerously

опа́сность (f.) danger, peril

опа́сный dangerous, perilous

*__о́пера__ opera

  из друго́й о́перы quite a different matter

опера́тор operator, cameraman

опера́ция operation

  перенести́ опера́цию to undergo an operation

описа́ние description

описа́ть—see **опи́сывать**

опи́сывать (описа́ть) to describe, portray

опозда́ние delay, tardiness

опозда́ть—see **опа́здывать**

оправда́ние justification, excuse

оправда́ть(ся)—see **опра́вдывать(ся)**

опра́вдывать (оправда́ть) to justify, excuse

  опра́вдывать дове́рие кого́-либо to warrant someone's confidence

опра́вдываться (оправда́ться) to justify oneself, excuse

  опра́вдываться пе́ред ке́м-либо to put oneself right with someone

  Тео́рия оправда́лась. The theory proved to be correct.

определе́ние determination, definition

определённо definitely

определённо знать что́-либо to know something definitely

определённый specific, definite

определи́ть—see **определя́ть**

определя́ть (определи́ть) to define, determine

опро́с survey, poll

оптими́ст optimist

оптимисти́ческий optimistic

опубликова́ть—see **публикова́ть**

опуха́ть (опу́хнуть) to swell

опу́хнуть—see **опуха́ть**

о́пыт experiment, test, experience

о́пытный experienced

опя́ть again

ора́нжевый orange (color)

о́рган organ

  о́рганы ре́чи organs of speech

  о́рганы вла́сти organs of government

орга́н organ (musical instrument)

организо́ванный organized

органи́ческий organic

  органи́ческая хи́мия organic chemistry

орёл eagle

оре́х nut

оригина́льный original, eccentric, unusual

ориенти́роваться to orient oneself

орке́стр orchestra

ору́дие instrument, tool

осведоми́ть—see **осведомля́ть**

осведомля́ть (осведоми́ть) to inform

освежа́ть (освежи́ть) to refresh

освежи́ть—see **освежа́ть**

освети́ть—see **освеща́ть**

освеща́ть (освети́ть) to illuminate, light up

освеще́ние lighting, illumination

освободи́ть—see **освобожда́ть**

освобожда́ть (освободи́ть) to liberate, release

освобожде́ние liberation, release

осво́ить to master, assimilate

осво́иться to make oneself familiar with

о́сень (f.) autumn

  о́сенью in the autumn

оскорби́тельный insulting, abusive

оскорби́ть(ся) —see
   оскорбля́ть(ся)

оскорбле́ние insult, outrage

оскорби́ть (оскорби́ть) to insult,
   outrage

оскорбля́ться (оскорби́ться) to
   take offense

ослабе́ть —see слабе́ть

ослепи́тельный dazzling, blinding

ослепи́ть —see ослепля́ть

ослепи́ть (ослепи́ть) to blind,
   dazzle

осле́пнуть (perf.) to lose one's sight

осложне́ние complication

осма́тривать (осмотре́ть) to
   examine, survey

осме́ивать (осмея́ть) to ridicule

осмея́ть —see осме́ивать

осмотре́ть —see осма́тривать

осно́ва base, foundation, basis

   на осно́ве чего́-либо on the basis
     of something

   приня́ть за осно́ву to assume as
     a basis

основа́тель (m.) founder

основно́й fundamental, basic

осо́бенно especially, particularly

осо́бенность (f.) peculiarity

   в осо́бенности in particular

остава́ться (оста́ться) to remain,
   stay

   До шести́ остаётся не́сколько
     мину́т. A few minutes remain
     until six (o'clock).

   остава́ться на ночь to stay the
     night

   Ру́чка оста́лась на столе́. The
     pen remained on the desk.

   Э́то навсегда́ оста́нется в мое́й
     па́мяти. It will always remain in
     my memory.

оста́вить —see оставля́ть

оставля́ть (оста́вить) to leave,
   abandon

   Оставля́ет жела́ть лу́чшего. It
     leaves much to be desired.

   оставля́ть вопро́с откры́тым to
     leave the question unsettled

   оставля́ть наде́жду to give up
     hope

   оставля́ть в поко́е to leave alone

остально́й remaining, the rest of

остана́вливать (останови́ть) to
   stop

*остана́вливаться (останови́ться)
   to stop, come to a stop

   внеза́пно останови́ться to stop
     short

   ни перед чем не остана́вливаться
     to stop at nothing

останови́ть(ся) —see
   остана́вливать(ся)

остано́вка stop, bus or trolley stop

оста́ться —see остава́ться

остолбене́ть (perf.) to be dumb-
   founded

*осторо́жно carefully, cautiously

осторо́жность (f.) care, caution

осторо́жный careful, wary

остри́чься —see стри́чься

о́стро sharply, keenly

о́стров island

острота́ sharpness, pungency

остроу́мный witty

о́стрый sharp, acute

   Он остёр на язы́к. He has a
     sharp tongue.

   о́страя боль acute pain

   о́стрый нож sharp knife

   о́стрый со́ус piquant, hot sauce

остуди́ть —see студи́ть

*от from (with gen.)

   бли́зко от го́рода near the town

   Он получи́л письмо́ от сестры́.
     He received a letter from his
     sister.

   Он узна́л э́то от него́. He
     learned it from him.

   от го́рода до ста́нции from the
     town to the station

   от и́мени on behalf of

   страда́ть от боле́зни to suffer
     from an illness

отве́т answer, reply

отве́тить —see отвеча́ть

отве́тственность (f.) responsibility

*отвеча́ть (отве́тить) to answer,
   reply

   отвеча́ть за себя́ to answer for
     oneself

   отвеча́ть на письмо́ to answer a
     letter

   отвеча́ть на чьё-либо чу́вство to
     return someone's feeling

отвыка́ть (отвы́кнуть) to become
  unaccustomed, grow out of a habit

отвы́кнуть—see отвыка́ть

отгада́ть—see отга́дывать

отга́дывать (отгада́ть) to guess

*отдава́ть (отда́ть) to give back,
  give up

  отдава́ть до́лжное кому́-либо to
  render someone his due

  отдава́ть свою́ жизнь to devote
  one's life

отда́ть—see отдава́ть

отде́л section, department

отделе́ние separation, section,
  department

отдели́ть(ся)—see отделя́ть(ся)

отде́льно separately

отде́льный separate

отделя́ть(ся) (отдели́ть(ся)) to
  separate, detach; to become
  detached

отдохну́ть—see отдыха́ть

о́тдых rest, relaxation

отдыха́ть (отдохну́ть) to rest

*оте́ц father

оте́чество native land, fatherland

отжи́вший obsolete

отка́з refusal, rejection

отказа́ться—see отка́зываться

*отка́зываться (отказа́ться) to
  refuse, decline

  отка́зываться вы́слушать кого́-
  либо to refuse to listen to
  someone

  отка́зываться от борьбы́ to give
  up the struggle

  отка́зываться от свои́х слов to
  retract one's words

открове́нно frankly, openly

открове́нность (f.) frankness,
  openness

открове́нный frank, outspoken

*открыва́ть (откры́ть) to open,
  discover

  открыва́ть пре́ния to open the
  debate

  открыва́ть ду́шу кому́-либо to
  open one's heart to someone

  откры́ть кран to turn on a faucet

*откры́тка postcard

откры́то openly, plainly

откры́тый open, frank

на откры́том во́здухе ...
open air

откры́тое мо́ре open sea

откры́тое пла́тье low-necked
  dress

с откры́той душо́й open-
  heartedly

откры́ть—see открыва́ть

*отку́да where from, whence

  отку́да вы? Where are you from?

  Отку́да вы э́то зна́ете? How do
  you come to know about it?

откуси́ть (perf.) to bite off

отлича́ть (отличи́ть) to distinguish

отлича́ться (отличи́ться) to differ
  from, be notable for

отли́чие difference, distinction

отличи́ть(ся)—see отлича́ть(ся)

отли́чно excellently, it is excellent

  отли́чно понима́ть to understand
  perfectly

отли́чный excellent, perfect

  отли́чное здоро́вье perfect health

  отли́чное настрое́ние high spirits

отложи́ть (perf.) to set aside

  отложи́ть в до́лгий я́щик to
  shelve, hold

  отложи́ть реше́ние to suspend
  one's judgment

отме́тить—see отмеча́ть

отме́тка mark

  хоро́шие отме́тки high grades

отмеча́ть (отме́тить) to mark,
  note, mention

относи́тельно relatively, concerning

  Она́ говори́ла мне относи́тельно
  бра́та. She spoke to me about
  her brother.

относи́ться (отнести́сь) to treat,
  regard

  Как вы отно́ситесь к моему́
  пла́ну? What do you think of
  my plan?

  хорошо́ относи́ться к кому́-либо
  to treat someone well

  Э́то к нему́ не отно́сится. That's
  none of his business. It doesn't
  concern him.

отноше́ние attitude, relationship

  быть в хоро́ших отноше́ниях с
  ке́м-либо to be on good terms
  with someone

в прямо́м отноше́нии   in direct ratio

в э́том отноше́нии   in this respect

име́ть отноше́ние к чему́-либо to have a bearing on something

отойти́—see **отходи́ть**

отомсти́ть—see **мсти́ть**

отопле́ние   heating system

о́тпертый   unlocked

отпере́ть—see **отпира́ть**

отпира́ть (отпере́ть)   to unlock

отпла́та   repayment

отплати́ть—see **отпла́чивать**

отпла́чивать (отплати́ть)   to pay back

отплати́ть кому́-либо за услу́гу to repay someone for his service

отплати́ть кому́-либо той же моне́той   to pay someone in his own coin

отпра́виться—see **отправля́ться**

отправля́ться (отпра́виться) to set out, start

отпра́виться в путь   to set out on a trip

По́езд отправля́ется в пять часо́в.   The train leaves at five o'clock.

о́тпуск   leave, vacation

отпуска́ть (отпусти́ть)   to let go, set free

отпуска́ть во́лосы   to let one's hair grow long

отпуска́ть сре́дства   to allot resources, to budget

отпусти́ть—see **отпуска́ть**

отра́да   delight, joy

отре́зок   piece, segment

отрица́ние   denial, negation

отрица́тельно   negatively

отрица́тельный   negative, unfavorable

отрица́тельное влия́ние   bad influence

отрица́тельные ти́пы в рома́не negative characters in a novel

отрица́тельный отве́т   negative answer

отрица́ть   to deny, disclaim

отстава́ть (отста́ть)   to lag, be slow

Часы́ отстаю́т.   The watch (clock) is slow.

Э́тот учени́к отстаёт.   This pupil lags behind.

отставно́й   retired

отста́ть—see **отстава́ть**

отсу́тствие   absence, lack

в моё отсу́тствие   in my absence

за отсу́тствием де́нег   for lack of money

отсу́тствовать   to be absent

*__отсю́да__   from here, hence

отте́нок   nuance, inflection, trace

отте́нок значе́ния   shade of meaning

*__отту́да__   from there, thence

отхо́д   departure

*__отходи́ть (отойти́)__   to go away from, move away, leave, diverge

отхо́ды   waste products

отча́яние   despair

отча́янно   desperately

отчёркивать (отчеркну́ть)   to mark off

отчеркну́ть—see **отчёркивать**

отчётливость   distinctness

отчётливый   distinct

отъе́зд   departure

официа́нт   waiter

охо́тник   hunter

охо́тно   willingly, readily

охрани́ть—see **охраня́ть**

охраня́ть (охрани́ть)   to guard, protect

оцара́пать   (perf.) to scratch

оцени́ть—see **цени́ть**

очарова́ние   charm, fascination

очаро́ванный   charmed, taken with

очарова́тельный   charming, fascinating

очарова́ть   (perf.) to charm, fascinate

очеви́дно   obviously, apparently, it is obvious

*__о́чень__   very, very much, greatly

о́чередь   (f.) turn

по о́череди   in turn

стоя́ть в о́череди   to stand in line

очки́   (only pl.) eyeglasses

ошиба́ться (ошиби́ться)   to err, make a mistake

ошиби́ться—see **ошиба́ться**

*__оши́бка__   mistake, error

óщупью   gropingly, by sense of touch

ощутить—see **ощущáть**

ощущáть (ощутить)   to feel, sense

ощущéние   sensation

П

***пáдать (упáсть)**   to fall, slump, diminish

  вóлосы пáдают на лоб   hair falls across the forehead

  Отвéтственность за э́то пáдает на вас.   The responsibility for this falls on you.

  пáдать дýхом   to lose courage

пакéт   parcel, package

пакт   pact

палáтка   tent, marquee

***пáлец**   finger, toe

  обвести́ когó-либо вокрýг пáльца   to twist someone around one's finger

  Он пáльцем никогó не трóнет.   He wouldn't hurt a fly.

пáлка   stick, cane

  пáлка о двух концáх   double-edged weapon

пáлуба   deck

пальтó   (not declined) coat, overcoat

пáмятник   memorial, monument

пáмятный   memorable

пáмять   (f.) memory

  люби́ть когó-либо без пáмяти   to love someone to distraction

  подари́ть на пáмять   to give as a keepsake

панк   punk (fashion)

пансиóн   boarding school, boarding house

***пáпа**   papa, daddy

пар   steam

пáра   pair, couple

  на пáру слов   for a few words

  пáра сапóг   pair of boots

  хорóшая пáра   fine couple

парáд   parade

параллéльный   parallel

парапсихóлог   parapsychologist

пáрень   (m.) fellow, lad, chap

пари́   bet

  держáть пари́   to make a bet

пари́жский   Parisian

парикмáхер   barber

парикмáхерская   barbershop

пáрить (вы́парить)   to steam

парк   park

парохóд   steamship

пáртия   party

партнёр   partner

пáрус   sail

пáсмурно   it is cloudy, dull

пáсмурный   cloudy, dull, gloomy

  пáсмурная погóда   dull weather

пáспорт   passport

пассажи́р, пассажи́рка   passenger (m., f.)

пасси́вный   passive

  пасси́вный балáнс   unfavorable balance (economics)

  пасси́вный харáктер   passive temperament

пáста   paste

  зубнáя пáста   toothpaste

пáстбище   pasture

Пáсха   Easter

пáуза   pause, interval

паýк   spider

паути́на   cobweb

пáхнуть   to smell (of)

  Пáхнет бедóй.   This means trouble.

  Пáхнет от негó винóм.   He smells of wine.

пациéнт   patient

пáчка   package

певéц, певи́ца   singer (m., f.)

пейзáж   landscape

пекáрня   bakery

пéкарь   baker

пельмéни   (pl.) meat dumplings

пéние   singing

пéнсия   pension

пéпельница   ashtray

пéрвенство   superiority

первоклáссный   first-rate

первонáчáльно   originally, at first

первонáчáльный   primary, original

  первонáчáльная причи́на   first cause

***пéрвый**   first, earliest

Он зна́ет э́то из пе́рвых рук. He has firsthand information.

пе́рвая по́мощь first aid

пе́рвого января́ on the first of January

пе́рвый эта́ж ground floor

с пе́рвого взгля́да at first sight

перева́ривать (перевари́ть) to overcook, digest

перевари́ть—see **перева́ривать**

перево́д translation

перевести́—see **переводи́ть**

переводи́ть (перевести́) to translate, interpret, transfer

перево́дчик translator, interpreter

перегиба́ться (перегну́ться) to lean over

перегну́ться—see **перегиба́ться**

переговори́ть (perf.) to discuss, talk over

перегово́ры negotiations

вести́ перегово́ры to carry on negotiations

*****пе́ред** before, in front of (place or time) (with inst.)

Они́ ничто́ перед ним. They are nothing compared to him.

Пе́ред на́ми больша́я зада́ча. There is a great task before us.

пе́ред обе́дом before dinner

Стул стои́т пе́ред столо́м. The chair is standing in front of the table.

передава́ть (переда́ть) to pass, give

передава́ть по ра́дио to broadcast

Переда́йте, пожа́луйста, соль. Please pass the salt.

передава́ть приве́т to send regards

переда́ть—see **передава́ть**

переда́ча transmission; broadcast

передвига́ть (передви́нуть) to move, shift

Стол на́до передви́нуть. The table should be moved.

передви́нуть—see **передвига́ть**

переде́лать (perf.) to do again, alter

переде́лать пла́тье to alter a dress

пере́дник apron

пере́дняя entrance room, foyer

передово́й headmost, forward, progressive

передова́я статья́ editorial

передова́я те́хника advanced technique

переду́мать (perf.) to change one's mind

переезжа́ть (перее́хать) to move

переезжа́ть на но́вую кварти́ру to move to a new apartment

перее́хать—see **переезжа́ть**

ережа́ренный overcooked, overfried

пережива́ние experience

пережива́ть (пережи́ть) to experience, endure, outlive

тяжело́ пережива́ть что́-либо to feel something keenly

пережи́ть—see **пережива́ть**

переименова́ть to rename

перейти́—see **переходи́ть**

пе́рекись водоро́да hydrogen peroxide

переку́сывать (перекуси́ть) to have a bite to eat

перелиста́ть—see **перели́стывать**

перели́стывать (перелиста́ть) to turn over pages, leaf through

переломá́ть (perf.) to break

переме́на change

перемени́ть—see **меня́ть**

перемудри́ть (perf.) to be too clever

перенапряже́ние overstrain, overexertion

перенасы́щенный oversaturated

перенести́—see **переноси́ть**

переноси́ть (перенести́) to endure, bear, bring over (by hand)

перено́сный portable

в перено́сном смы́сле figuratively

переночева́ть (perf.) to spend the night

переоде́ть(ся) (perf.) to change (one's) clothes

перепеча́тать (perf.) to reprint, type again

переписа́ть—see **перепи́сывать**

перепи́ска correspondence

перепи́сывать (переписа́ть)   to copy over

перепи́сываться   (imp.) to correspond

переплати́ть—see **перепла́чивать**

перепла́чивать (переплати́ть)   to overpay

переплёт   binding (book cover)

переполнить—see **переполня́ть**

переполня́ть (переполнить)   to overfill

пере́ры́в   interruption, intermission

переста́ть   (perf.) to stop, cease

переступа́ть (переступи́ть)   to overstep, transgress

   переступа́ть грани́цы   to overstep the limits

переступи́ть—see **переступа́ть**

переу́лок   lane, alley

переутомле́ние   overstrain

перехо́д   crossing, transition

переходи́ть (перейти́)   to cross, get over, pass on to

   переходи́ть грани́цу   to cross the frontier

   переходи́ть к друго́му владе́льцу   to change hands

перехо́дный   transitional

пе́рец   pepper

пери́од   period, spell

периоди́ческий   periodical

перпендикуля́рно   perpendicular

пе́рсик   peach

перспекти́ва   perspective, outlook

перча́тка   glove

пёс   dog

*****пе́сня**   song

   тяну́ть всё ту же пе́сню   to harp on one theme

   Э́то ста́рая пе́сня.   It's the same old story.

   песо́к   sand

   са́харный песо́к   granulated sugar

пёстрый   many-colored

пестици́ды   (pl.) pesticides

пе́тля   loop, buttonhole

*****петь (спеть)**   to sing, chant

   петь ба́сом   to sing in a bass voice

   петь сла́ву   to sing the praises

печа́ль   (f.) grief, sorrow

печа́льный   sad, wistful, mournful

печа́тать (напеча́тать)   to print, type

печа́ть   (f.) press, seal

   быть в печа́ти   to be in print

   свобо́да печа́ти   freedom of the press

печёнка   liver

печёный   baked

пече́нье   baking, pastry, cookie

печь   stove, oven

печь (испе́чь)   to bake

пешко́м   on foot

   ходи́ть пешко́м   to go on foot

пиани́но   upright piano

пиани́ст   pianist (m., f.)

пи́во   beer

пиджа́к   suit coat

пижа́ма   pajamas

пика́нтный   piquant, savory

   пика́нтный анекдо́т   spicy story

пикни́к   picnic

пилю́ля   pill

пирами́да   pyramid

пиро́г   pie, cake

пиро́жное   pastry, fancy cake

писа́тель   (m.) writer, author

*****писа́ть (написа́ть)**   to write, paint

   Ру́чка хорошо́ пи́шет.   The pen writes well.

   писа́ть карти́ны   to paint pictures

   писа́ть под дикто́вку   to take dictation

   писа́ть разбо́рчиво   to write plainly

   писа́ть стихи́   to write verses

писа́ться   (imp.) to be spelled

   Как э́то сло́во пи́шется?   How do you spell that word?

пи́сьменно   in writing

пи́сьменный   written

   пи́сьменная рабо́та   written work

   пи́сьменный стол   desk

письмо́   letter

пита́ние   nourishment

пита́ть   (imp.) to feed, nourish

   пита́ть симпа́тию   to have a friendly feeling for

   пита́ть чу́вство   to entertain a feeling

*****пить (вы́пить)**   to drink

   Мне хо́чется пить.   I'm thirsty.

пи́ща   food

горя́чая пи́ща   hot meal

дава́ть пи́щу слу́хам   to feed rumors

духо́вная пи́ща   spiritual nourishment

пла́вание   swimming, sailing

пла́вать (плыть)   to swim, sail

Всё плывёт пе́редо мно́й. Everything is swimming before my eyes.

пла́вки   swimming trunks

пла́кать   (imp.) to cry, weep

го́рько пла́кать   to weep bitterly

Хоть плачь!   It is enough to make one cry!

план   plan, scheme

плане́та   planet

пласти́нка   phonograph record, plate

пласти́ческий   plastic

*****плати́ть (заплати́ть)**   to pay

плати́ть в рассро́чку   to pay in installments

плати́ть добро́м за зло   to return good for evil

*****плато́к**   shawl, kerchief

носово́й плато́к   handkerchief

платфо́рма   platform

*****пла́тье**   dress, clothes

племя́нник, племя́нница   nephew, niece

*****плечо́**   shoulder

выноаси́ть на свои́х плеча́х   to endure, carry on one's shoulders

пожима́ть плеча́ми   to shrug one's shoulders

с плеча́   straight from the shoulder

плодоро́дность   (f.) fertility

пло́ский   flat

пло́ская пове́рхность   plane surface

пло́ская шу́тка   flat joke

пло́скость   (f.) flatness

пло́тник   carpenter

пло́хо   badly, poorly

пло́хо обраща́ться   to ill-treat

пло́хо себя́ чу́вствовать   to feel ill

плохо́й   bad, poor

плоха́я пого́да   bad weather

плохо́е здоро́вье   poor health

пло́щадь   (f.) square, public square, area

плыть — see **пла́вать**

плюс   plus

пляж   beach

*****по**   along, down, about, on, according to, by (with dat.)

говори́ть по-ру́сски   to speak in Russian

е́хать по у́лице   to ride along the street

идти́ по траве́   to walk on the grass

Кни́ги разло́жены по всему́ столу́.   Books are lying all over the table.

по-мо́ему   in my opinion

по оши́бке   by mistake

по приро́де   by nature

по по́чте   by mail

по пять рубле́й   at five rubles each

побе́да   victory

победи́ть — see **побежда́ть**

побежда́ть (победи́ть)   to conquer, win a victory

побли́зости   near at hand

побо́льше   somewhat larger, somewhat more

побужде́ние   motive, incentive

пова́льно   without exception

по́вар   cook, chef

по-ва́шему   in your opinion

поведе́ние   conduct, behavior

пове́рить — see **ве́рить**

поверну́ть(ся) — see **повора́чивать(ся)**

*****пове́рх**   over (with gen.)

пове́рх пла́тья на ней бы́ло наде́то пальто́.   She wore a coat over her dress.

пове́рхностно   superficially

пове́рхность   (f.) surface

по́весть   (f.) story, novella

по-ви́димому   apparently

пови́нность   (f.) duty, obligation

повора́чивать (поверну́ть)   to turn, change

повора́чиваться (поверну́ться)   to turn around

поворо́т   bend, curve, turn

поврежде́ние   damage, injury

повсю́ду   everywhere

повторе́ние repetition

повтори́ть—see **повторя́ть**

повторя́ть (повтори́ть) to repeat

повы́сить—see **повыша́ть**

повыша́ть (повы́сить) to raise, heighten

   повы́сить го́лос to raise one's voice

   повыша́ть по слу́жбе to advance in one's work

   повыша́ть усло́вия жи́зни to raise the standards of living

повы́ше a little higher

погиба́ть (поги́бнуть) to perish

поги́бельный (ги́бельный) disastrous, fatal

поги́бнуть—see **погиба́ть**

погла́дить—see **гла́дить**

погляде́ть—see **гляде́ть**

поговори́ть (perf.) to have a talk

***пого́да** weather

погуля́ть (perf.) to walk a while

***под** under—location (with inst.), under—direction (with acc.)

   Он пошёл под де́рево. He went under the tree.

   Он стоя́л под де́ревом. He stood under the tree.

   под аре́стом under arrest

подава́ть (пода́ть) to give, serve

   подава́ть мяч to serve the ball

   подава́ть наде́жду to give hope

   подава́ть на стол to wait on a table

   пода́ть проше́ние to forward a petition

   пода́ть ру́ку to offer one's hand

подари́ть—see **дари́ть**

пода́рок gift

   в пода́рок as a gift

подборо́док chin

подва́л basement

подгото́вить (perf.) to prepare

   подгото́вить по́чву to pave the way

поддержа́ть—see **подде́рживать**

подде́рживать (поддержа́ть) to support, maintain

   поддержа́ть разгово́р to keep up the conversation

   подде́рживать мора́льно to encourage

подде́ржка backing, support

поде́йствовать—see **де́йствовать**

поде́ржанный secondhand, used

поджа́рить (perf.) to fry, roast, grill

подже́чь (perf.) to set on fire

поджо́г arson

подкла́дка lining

подкрепле́ние confirmation, reinforcement

***по́дле** beside (prep. with gen.)

подле́ц villain

подли́вка sauce, gravy

по́длость (f.) meanness, baseness

подмести́—see **подмета́ть**

подмета́ть (подмести́) to sweep

***поднима́ть (подня́ть)** to lift, raise

   поднима́ть всех на́ ноги to raise an alarm

   поднима́ть ру́ку to raise one's hand

   подня́ть вопро́с to raise a question

поднима́ться (подня́ться) to rise, climb

   поднима́ться на́ гору to climb a mountain

   поднима́ться на́ ноги to rise to one's feet

   Те́сто подняло́сь. The dough has risen.

   Це́ны подняли́сь. Prices went up.

подно́с tray

подня́ть—see **поднима́ть(ся)**

подо́бно like, similarly

подо́бный like, similar

   и тому́ подо́бное (и т. п.) and so on, and so forth

   ничего́ подо́бного nothing of the kind

   Он ничего́ подо́бного не ви́дел. He has never seen anything like it.

***подожда́ть** (perf.) to wait for

подозва́ть (perf.) to call up, beckon

подозрева́ть to suspect

подозре́ние suspicion

подозри́тельно suspiciously

подойти́—see **подходи́ть**

подо́л hem (of a skirt)

подписа́ться (perf.) to sign, subscribe

подписка subscription

подпись signature

подражание imitation

подражать to imitate

подробно in detail, at length

подробность (f.) detail

вдаваться в подробности to go
into detail

подробный detailed

подросток teenager

*подруга female friend

по-дружески in a friendly way

подружиться (perf.) to make
friends

*подряд in succession, in a row

пять часов подряд five hours in
succession, in a row

подсказать (perf.) to prompt

подслушать (perf.) to eavesdrop

подумать—see думать

подушка pillow, cushion

подход approach, point of view

подход к вопросу approach to
the problem

*подходить (подойти) to come up
to, approach, fit

подходить к концу to come to an
end

Это ему не подходит. This won't
do for him.

подходящий suitable, appropriate

подчёркивать (подчеркнуть) to
underline, emphasize

подчеркнуть—see подчёркивать

подчиниться—see подчиняться

подчиняться (подчиниться) to
obey, submit to

подшивать (подшить) to sew
underneath, hem

подшивка hem, hemming

подшить—see подшивать

подъём ascent, raising, instep

*поезд train

поездка journey

*поехать (perf.) to set off, depart
(by vehicle)

Поехали! Come along! Let's go!

пожалеть—see жалеть

пожаловаться—see жаловаться

пожалуй perhaps, very likely

Пожалуй, вы правы. You may be
right.

Пожалуй, он придёт. I think he
will come.

*пожалуйста please; don't
mention it

Дайте мне, пожалуйста, воды.
Give me some water, please.

Спасибо. Пожалуйста. Thank
you. Don't mention it.

пожар fire

пожарная команда fire brigade

пожать—see пожимать

пожелание wish, desire

пожелать—see желать

поживать to get along, fare

пожилой elderly

пожимать (пожать) to press

вместо ответа пожать плечами
to shrug off the question

пожимать плечами to shrug
one's shoulders

пожимать руки to shake hands

поза pose, attitude

позавидовать—see завидовать

позавчера the day before
yesterday

позади behind (adv.), behind (prep.
with gen.)

Всё тяжёлое осталось позади.
Hard times are past.

Позади стола стоит стул. A
chair is behind the table.

позвать—see звать

позволение permission, leave

просить позволения to ask
permission

позволить—see позволять

позволять (позволить) to allow,
permit

позволять себе to indulge, afford

позволять себе вольность to
take liberties

позвонить—see звонить

поздний late, tardy (adj.)

поздний гость late arrival (guest)

спать до позднего утра to sleep
late in the morning

*поздно late, it is late (adj.)

Лучше поздно, чем никогда.
Better late than never.

поздороваться—see здороваться

поздравить—see поздравлять

поздравление congratulations

поздравля́ть (поздра́вить) to congratulate

поздравля́ть с днём рожде́ния to congratultae someone on his birthday

по́зже later, later on

познако́миться—see **знако́миться**

позо́р shame, disgrace

пойма́ть—see **лови́ть**

пои́стине indeed, in truth

пойти́ to set out, go, start

****пока́** while, for the time being

   Пока́ всё. That is all for the time being.

пока́ ... не until

   Он ждал, пока́ она́ не вы́шла. He waited until she came out.

пока́ что meanwhile

показа́тельный model, demonstration (adj.)

показа́ть—see **пока́зывать**

пока́зывать (показа́ть) to show, point to, display

   показа́ть себя́ to put one's best foot forward

   пока́зывать хра́брость to display courage

   Часы́ пока́зывают де́сять. The clock is set at ten.

показа́ться—see **каза́ться**

поката́ться—see **ката́ться** to go for a short drive

покача́ть to rock, swing

   Покача́й ребёнка. Swing the child.

   покача́ть голово́й to shake one's head

поки́нутый abandoned, deserted

поки́нуть (perf.) to abandon, forsake

покло́н bow, greetings

   Переда́йте ему́ покло́н. Give him my regards.

поклони́ться—see **кла́няться**

покло́нник admirer, worshipper

поко́й (m.) rest, peace

   не дава́ть поко́я to give no rest, to haunt

   оста́вить в поко́е to leave alone

поко́йник the deceased

поколе́ние generation

поко́рно humbly, obediently

поко́рный submissive, obedient, resigned

   поко́рный судьбе́ resigned to one's fate

покра́сить(ся)—see **кра́сить(ся)**

покрасне́ть—see **красне́ть**

покрови́тельство patronage, protection

покрыва́ло shawl, veil, bedspread

покрыва́ть (покры́ть) to cover, coat, roof

   покрыва́ть себя́ сла́вой to cover oneself with glory

   покры́ть та́йной to shroud in mystery

покры́ть—see **покрыва́ть**

покры́шка covering

****покупа́ть (купи́ть)** to buy

поку́пка purchase

   де́лать поку́пки to go shopping

покури́ть (perf.) to have a smoke

пол floor

   Она́ сиде́ла на полу́. She was sitting on the floor.

****пол** sex

   же́нского и́ли мужско́го по́ла of female or male sex (gender)

   прекра́сный пол the fair sex

полага́ть to suppose, think

   Полага́ют, что он в Москве́. He is believed to be in Moscow.

полага́ться (положи́ться) to rely on

   Здесь не полага́ется кури́ть. One is not supposed to smoke here.

   полага́ется one is supposed

   Положи́тесь на меня́. Depend on me.

   Так полага́ется. It is the custom.

полго́да half a year

по́лдень midday, noon

по́ле field

   по́ле зре́ния field of vision

   спорти́вное по́ле playground

поле́зно healthful, useful

поле́зный useful, healthy

полете́ть—see **лета́ть**

по́лзать (ползти́) to crawl, creep

   По́езд ползёт. The train is crawling.

Тума́н ползёт. The fog is creeping up.

политехни́ческий polytechnic

поли́тика politics

полице́йский policeman

по́лка shelf

  кни́жные по́лки bookshelves

полне́ть (пополне́ть) to become fat, put on weight

полно́ filled, packed

по́лно enough!, that will do!

по́лностью completely, in full

по́лночь midnight

****по́лный** full, complete, stout

  В ко́мнате полно́ наро́ду. The room is full of people.

  по́лная луна́ full moon

  по́лное разоре́ние utter ruin

  по́лное собра́ние сочине́ний complete works

полови́на half

положе́ние position, situation, condition

  будь он в ва́шем положе́нии if he were in your place

  Он челове́к с положе́нием. He is a man of high standing.

  по положе́нию by one's position

поло́женный fixed, prescribed

поло́жим let us assume

положи́тельно positively, absolutely

положи́тельный positive, sedate

  положи́тельная сте́пень сравне́ния positive degree (grammatical)

  положи́тельный отве́т affirmative answer

****положи́ть (класть)** to lay down, put down, put in a horizontal position

положи́ться—see **полага́ться** to rely on

  не́ на кого положи́ться no one to rely on

полоса́ stripe, strip

полоте́нце towel

полтора́ one and a half

полу- gives meaning of semi- or half-

  полугра́мотный semi-literate

полуоде́тый half-dressed

полусве́т twilight

****получа́ть (получи́ть)** to receive, get, obtain

  получа́ть пре́мию to receive a prize

  получи́ть интере́сные вы́воды to obtain valuable conclusions

****получа́ться (получи́ться)** to come, arrive, turn out

  Результа́ты получи́лись блестя́щие. The results were brilliant.

получи́ть(ся)—see **получа́ть(ся)**

получаса́ half-hour

по́льза use, benefit

  в по́льзу in favor of

  обще́ственная по́льза public benefit

  приноси́ть по́льзу to be of use

  Что по́льзы говори́ть об э́том? What's the use of talking about that?

по́льзоваться (воспо́льзоваться) to make use of

  по́льзоваться дове́рием to enjoy one's confidence

  по́льзоваться слу́чаем to take the opportunity

  по́льзоваться успе́хом to be a success

по́льский Polish (adj.)

полюби́ть (perf.) to fall in love

пома́да pomade, cream

  губна́я пома́да lipstick

пома́зать—see **ма́зать**

поме́длить—see **ме́длить**

поме́ньше somewhat less, somewhat smaller

поменя́ть—see **меня́ть**

помести́ть(ся)—see **помеща́ть(ся)**

помеща́ть (помести́ть) to place, locate

помеща́ться (imp.) to be located; to be accommodated

  Стул туда́ помеща́ется. The chair fits in there.

помеще́ние location, lodging

поме́щик landowner, landlord

помидо́р tomato

поми́ловать (perf.) to pardon, forgive

поми́луй, поми́луйте for goodness' sake

*поми́мо besides, apart from (with gen.)

поми́мо други́х соображе́ний apart from other considerations

помину́тно every minute

помири́ться—see мири́ться

по́мнить (imp.) to remember, keep in mind

Он по́мнит об э́том. He remembers it.

помога́ть (помо́чь) to help, assist

по-мо́ему in my opinion

помо́чь—see помога́ть

помо́щник, помо́щница assistant, helper (m., f.)

по́мощь (f.) help, aid, relief

помы́ть(ся)—see мы́ть(ся)

понаде́яться (perf.) to count on

по-настоя́щему in the right way, as it should be

понево́ле against one's will

понеде́льник Monday

понемно́гу a little at a time, little by little

пониже́ние lowering, reduction

понима́ние understanding, comprehension

*понима́ть (поня́ть) to understand, comprehend

поно́шенный shabby, worn

понра́виться—see нра́виться

по́нчик doughnut

поню́хать—see ню́хать

поня́тие idea, concept

Поня́тия не име́ю. I have no idea.

поня́тно understandable, it is clear

поня́тный clear, understandable

поня́ть—see понима́ть

пообе́дать—see обе́дать

поощри́ть—see поощря́ть

поощря́ть (поощри́ть) to encourage

попада́ть (попа́сть) to get somewhere (by chance), to find oneself

Как попа́сть на вокза́л? How does one get to the railroad station?

попа́сть на по́езд to catch a train

попа́сть в цель to hit the mark

попа́сть—see попада́ть

попола́м in halves

пополне́ть—see полне́ть

попра́виться—see поправля́ться

поправля́ть (попра́вить) to repair, mend, correct

поправля́ть де́нежные дела to better one's financial situation

поправля́ть причёску to smooth one's hair

поправля́ться (попра́виться) to recover, get well, gain weight, improve

по-пре́жнему as before, as usual

попрека́ть (попрекну́ть) to reproach

попро́бовать—see про́бовать

попроси́ть—see проси́ть

попроща́ться—see проща́ться

попуга́й parrot

повторя́ть как попуга́й to parrot someone's words

популя́рность popularity

популя́рный popular

попыта́ться—see пыта́ться

попы́тка attempt, endeavor

пора́ time

Давно́ пора́. It is high time.

до сих пор until now

Пора́ идти́. It is time to go.

с каки́х пор since when

поража́ть (порази́ть) to startle, strike, stagger

поража́ться (порази́ться) to be surprised, astonished

порази́тельный striking, startling

порази́тельное схо́дство striking likeness

порази́ть(ся)—see поража́ть(ся)

поре́зать (perf.) to cut

Он поре́зал себе́ па́лец. He cut his finger.

поро́г threshold

поро́к vice, defect

порт port, harbor

по́ртить (испо́ртить) to spoil, corrupt

Не по́ртите себе́ не́рвы. Don't worry. Don't take it to heart.

по́ртить аппети́т to spoil one's appetite

по́ртиться (испо́ртиться) to deteriorate, decay, become corrupt, become spoiled

портни́ха (f.) dressmaker

портно́й tailor

портре́т portrait

портфе́ль (m.) briefcase

по-ру́сски Russian, in Russian

поруче́ние commission, errand

по́рция portion, helping

поры́в gust, rush

в поры́ве ра́дости in a burst of joy

*поря́док order

алфави́тный поря́док alphabetical order

быть не в поря́дке to be out of order (not working)

Всё в поря́дке. Everything is well.

в спе́шном поря́дке quickly (rush order)

приводи́ть в поря́док to put in order

ста́рый поря́док old regime, order

поря́дочно honestly, decently

поря́дочный sizable, honest, respectable

поса́дочный тало́н boarding stub (airport)

по-сво́ему in one's own way

посети́тель, посети́тельница visitor (m., f.)

посети́ть—see посеща́ть

посеща́ть (посети́ть) to call on, visit

поскака́ть—see скака́ть

поско́льку so far as

поскоре́е somewhat quicker, quick! make haste!

поскрипе́ть—see скрипе́ть

посла́ть—see посыла́ть

*по́сле after (time, with gen.); also: adverb—later, afterward

Он придёт по́сле рабо́ты. He will come after work.

Э́то мо́жно сде́лать по́сле. You can do it afterward.

*после́дний last, latest

за после́днее вре́мя of late, lately

после́дние изве́стия latest news

послеза́втра the day after tomorrow

посло́вица proverb

послужи́ть—see служи́ть

послу́шать—see слу́шать

посме́ть—see сметь

посмотре́ть—see смотре́ть

посове́товать—see сове́товать

посо́л ambassador

посо́льство embassy

поспа́ть (perf.) to take a nap

поспе́шно hastily

поспо́рить—see спо́рить

поспе́шный hasty, thoughtless

сде́лать поспе́шное заключе́ние to draw a hasty conclusion

*посреди́ in the middle of (prep. with gen.)

посре́дством by means of

поста́вить—see ста́вить

постара́ться—see стара́ться

по-ста́рому as before, as of old

посте́ль (f.) bed

постепе́нно gradually

посторо́нний strange, outside, outsider

постоя́нно constantly, always

постоя́нный constant, permanent

пострада́ть—see страда́ть

постро́енный built

постро́ить—see стро́ить

поступа́ть (поступи́ть) to act, join

поступа́ть в произво́дство to go into production

поступа́ть в университе́т to enter the university

поступа́ть на вое́нную слу́жбу to join (enlist) in the military

поступа́ть пло́хо с ке́м-либо to treat someone badly

поступи́ть—see поступа́ть

постуча́ть—see стуча́ть

посу́да dishes

посчита́ться—see счита́ться

посыла́ть (посла́ть) to send, dispatch

пот perspiration

потемне́ть—see темне́ть

поте́рянный lost, embarrassed, perplexed

потеря́ть(ся)—see теря́ть(ся)

поте́ть (вспоте́ть) to perspire, to become misty with steam

О́кна поте́ют. The windows are misty.

потихо́ньку slowly, silently, stealthily

потоло́к ceiling

*потóм then, afterward

потóмство posterity

потолсте́ть—see **толсте́ть**

потому́ that is why

  Потому́ он и прие́хал неме́дленно. That's why he came immediately.

  потому́ что because

потре́бность (f.) want, necessity

потре́бовать—see **тре́бовать**

потрево́жить—see **трево́жить**

потуши́ть—see **туши́ть**

потяну́ть(ся)—see **тяну́ть(ся)**

поу́жинать—see **у́жинать**

похвали́ть—see **хвали́ть**

похва́стать(ся)—see **хва́стать(ся)**

похо́дка walk, step

  лёгкая похо́дка light step

похо́жий resembling, like

  На что вы похо́жи! Just look at yourself!

  Они́ о́чень похо́жи друг на дру́га. They are very much alike.

  Похо́же на то, что пойдёт дождь. It looks as if it will rain.

похорони́ть—see **хорони́ть**

похороше́ть—see **хороше́ть**

похуде́ть—see **худе́ть**

поцелова́ть(ся)—see **целова́ть(ся)**

поцелу́й kiss

по́чва soil, ground

  не теря́ть по́чвы под нога́ми to stand on sure ground

  плодоро́дная по́чва fertile soil

  подгото́вить по́чву to pave the way

*почему́ why

  почему́-то for some reason or other

по́черк handwriting

почеса́ться—see **чеса́ться**

почи́стить—see **чи́стить**

по́чта post office, mail

почте́ние respect, consideration

*почти́ almost, nearly

почти́тельный respectful, deferential

на почти́тельном расстоя́нии at a respectful distance

почу́вствовать—see **чу́вствовать**

пощади́ть—see **щади́ть**

пощекота́ть—see **щекота́ть**

пощёчина slap in the face

поэ́зия poetry

поэ́т poet

поэ́тому therefore

появи́ться—see **появля́ться**

появля́ться (появи́ться) to appear, emerge

по́яс belt, waistband

*пра́вда truth

  иска́ть пра́вды to seek justice

  не пра́вда ли? isn't that so?

пра́вило rule

пра́вильно correctly, you are right

пра́вильный correct, right, regular

прави́тельство government

пра́вить (imp.) to drive, govern

пра́во right, license, law

  води́тельские права́ driver's license

  обы́чное пра́во common law

  по пра́ву by right

*пра́вый right, correct

пра́здник holiday

пра́здновать (отпра́здновать) to celebrate

пра́ктика practice, experience

пребыва́ние stay, sojourn

превосхо́дный excellent, magnificent

пре́данный devoted, staunch

предви́дение foresight

преде́л limit, end

предисло́вие preface, foreword

предлага́ть (предложи́ть) to offer, propose, suggest

предло́г preposition, pretense

предложе́ние offer, suggestion, proposal

предложе́ние sentence, clause

предложи́ть—see **предлага́ть**

предме́т object, subject, theme

преднаме́ренный premeditated

предполага́емый supposed, conjectured

предполага́ть (предположи́ть) to suppose, conjecture

предположе́ние supposition

предположи́ть—see предполага́ть

предпосле́дний   next to the last

предпоче́сть—see предпочита́ть

предпочита́ть (предпоче́сть)   to
  prefer

предпочте́ние   preference

предрассу́док   prejudice

председа́тель   (m.) chairman,
  president

предсказа́ние   prophecy, prediction

предсказа́ть   (perf.) to foretell,
  predict

представи́тель   (m.) representative

предста́вить—see представля́ть

представля́ть (предста́вить)   to
  present, offer

  предста́вить кого́-либо   to
    introduce someone

  представить на рассмотре́ние
    to submit for consideration

  Предста́вьте себе́ моё удивле́ние.
    Imagine my astonishment.

  Что он собо́й представля́ет?
    What kind of person is he?

  Э́то не представля́ет тру́дности.
    It presents no difficulty.

предупреди́ть—see предупрежда́ть

предупрежда́ть (предупреди́ть)   to
  notify, forewarn, prevent, anticipate

предупрежде́ние   notice, warning

предыду́щий   previous

*пре́жде   earlier, before (of time),
  formerly

президе́нт   president

презира́ть   to despise

презре́ние   contempt, disdain

презри́тельный   contemptuous,
  scornful

преиму́щество   preference, priority

прекра́сно   fine, excellently,
  beautiful

прекра́сный   excellent, beautiful

  в оди́н прекра́сный день   one
    fine day

преле́стный   charming, delightful,
  lovely

пре́лесть   (f.) charm, fascination

пре́мия   premium, bonus, prize

премье́р   prime minister, premier

преобража́ть (преобрази́ть)   to
  transform, change

преображе́ние   transformation

преобрази́ть—see преобража́ть

преодолева́ть (преодоле́ть)   to
  overcome, surmount

преодоле́ть—see преодолева́ть

преподава́ние   teaching

преподава́тель, преподава́тельница
  teacher (m., f.)

преподава́ть   to teach

препя́тствие   obstacle, hindrance,
  barrier

прерва́ть—see прерыва́ть

прерыва́ть (прерва́ть)   to interrupt

  прерыва́ть заня́тия   to interrupt
    one's studies

  прерыва́ть молча́ние   to break
    the silence

  прерыва́ть разгово́р   to interrupt
    a conversation

преры́висто   in a broken way

пресле́дование   persecution

пресле́довать   (imp.) to pursue,
  haunt

  пресле́довать цель   to pursue
    one's goal

  Э́та мысль пресле́дует меня́.
    This thought haunts me.

пре́сный   fresh, sweet, insipid

  пре́сная вода́   fresh water

прести́жный   prestigious

престо́л   throne

преступа́ть (преступи́ть)   to
  transgress, violate

преступи́ть—see преступа́ть

преступле́ние   crime, offense

престу́пник   criminal

прете́нзия   claim, pretension

преувеличе́ние   exaggeration,
  overstatement

преувели́ченный   exaggerated

преувели́чивать (преувели́чить)
  to exaggerate

преувели́чить—see
  преувели́чивать

преуменьша́ть (преуме́ньшить)
  to underestimate

преуменьше́ние   underestimation

преуме́ньшить—see приуменьша́ть

*при   in the presence of, at, by
  (with prep.)

  Он Э́то сказа́л при свое́й ма́тери.
    He said it in his mother's
    presence.

при дневнóм свéте by daylight

при Петрé Пéрвом during the reign of Peter the First

При университéте нахóдится цéрковь. There is a church in the university.

При чём тут я? What do I have to do with it?

прибáвить—see **прибавля́ть**

прибáвка addition, supplement

прибавля́ть (прибáвить) to add, increase

прибáвочный additional, supplementary

прибежáть (perf.) to approach running

приближáть (прибли́зить) to draw nearer

приближáться (прибли́зиться) to approach, draw near, approximate

приближáться к и́стине approximate the truth

Шум прибли́зился. The noise drew nearer.

приблизи́тельно approximately

приблизи́тельный approximate

прибли́зить(ся)—see **приближáть(ся)**

прибóр device, apparatus

при́быльный profitable

привезти́—see **привози́ть**

привести́—see **приводи́ть**

привéт greeting

привéтливость (f.) affability

привéтливый friendly

привéтствие greeting, salutation

привéтствовать (perf.) to greet, welcome

привидéние ghost, specter

привлекáтельный attractive, alluring, inviting

привлекáть (привлéчь) to attract, draw to

привлéчь—see **привлекáть**

приводи́ть (привести́) to bring (on foot)

приводи́ть в поря́док to put in order

приводи́ть когó-либо в чу́вство to bring someone to his senses

привози́ть (привезти́) to bring (by vehicle)

привыкáть (привы́кнуть) to become accustomed

Он ужé привы́к к тому́. He has already become used to it.

Ребёнок привы́к к бáбушке. The child became accustomed to his grandmother.

привы́кнуть—see **привыкáть**

привы́чка habit

по привы́чке by force of habit

привя́занность (f.) attachment

привя́занный attached

привязáть—see **привя́зывать**

привя́зывать (привязáть) to attach, to fasten

пригласи́ть—see **приглашáть**

приглашáть (пригласи́ть) to ask, invite

приглашéние invitation

при́город suburb

приготóвить—see **готóвить**

приготовлéние preparation

приготовля́ть(ся) (приготóвить(ся)) to prepare something (also of cooking); to prepare (oneself)

приду́мать—see **приду́мывать**

приду́мывать (приду́мать) to devise, invent

приéзд arrival

приезжáть (приéхать) to arrive

приём reception

приёмный receiving, reception

приёмная мать foster mother

приёмные часы́ office hours (of a doctor)

приéхать—see **приезжáть**

прижимáть (прижáть) to press, clasp

прижимáть к груди́ to clasp to one's breast

прижáть—see **прижимáть**

призвáние vocation, calling

признавáть (признáть) to acknowledge, recognize

признавáть свои́ оши́бки to admit one's mistakes

при́знак sign, indication

признáние acknowledgment, recognition

признáть—see **признавáть**

прийти́сь—see **приходи́ть**

прикáз order, command

приказа́ть—see прика́зывать

прика́зывать (приказа́ть) to order, command

приле́жный diligent

прили́чие decency, decorum

прили́чно decently, properly

прили́чный decent, proper, becoming

*приме́р example

  брать приме́р с кого́-либо to follow someone's example

  наприме́р for example, for instance

  подава́ть приме́р to set an example

приме́рить—see ме́рить

приме́рить—see примеря́ть

приме́рно exemplarily, approximately

  приме́рно вести́ себя́ to be an example, to conduct oneself exemplarily

примеря́ть (приме́рить) to try on, fit

  Семь раз приме́рь, а оди́н отре́жь. (Try it on seven times, cut once.) Look before you leap.

примеча́ние note, comment

примире́ние reconciliation

примиря́ться (примири́ться) to become reconciled, to put up with

принадлежа́ть to belong

принести́—see приноси́ть

*принима́ть (приня́ть) to take, admit

  за кого́ вы меня́ принима́ете? Whom do you take me for?

  принима́ть ва́нну to take a bath

  принима́ть во внима́ние to take into consideration

  принима́ть в шко́лу to admit to the school

  принима́ть госте́й to receive guests

  принима́ть как до́лжное to accept as one's due

  принима́ть на себя́ что́-лнибо to take something on oneself

  принима́ть реше́ние to come to a decision

  принима́ть чью́-либо сто́рону to take someone's side

  приня́ть гражда́нство to become a citizen

  приня́ть уча́стие to take part

приноси́ть (принести́) to bring, fetch

  приноси́ть дохо́д to make profit

  приноси́ть обра́тно to bring back

  Э́то не принесло́ ему́ по́льзы. He got no benefit from it.

принуди́ть—see принужда́ть

принужда́ть (принуди́ть) to compel, coerce

принуждённый constrained, forced

при́нцип principle

при́нятый accepted, adopted

приня́ть—see принима́ть

приобрести́—see приобрета́ть

приобрета́ть (приобрести́) to acquire, gain

припа́док fit, attack

припра́ва seasoning, flavoring

*приро́да nature

  Он лени́в от приро́ды. He is lazy by nature.

  явле́ние приро́ды natural phenomenon

прислу́га servant

присоедине́ние addition, joining

присоедини́ться—see присоединя́ться

присоединя́ться (присоедини́ться) to join, add

при́стально fixedly, intently

при́стальный fixed, intent

прису́тствие presence

прису́тствовать to be present

прихо́д coming, arrival

приходи́ть (прийти́) to come, arrive

  приходи́ть в го́лову to come into someone's mind

  приходи́ть в себя́ to come to one's senses

  приходи́ть к заключе́нию to come to the conclusion

приходи́ться (прийти́сь) to have to, fit

  Ему́ пришло́сь уе́хать. He had to leave.

  Он прихо́дится мне двою́родным бра́том. He is my cousin.

причеса́ть(ся) — see
причёсывать(ся)
причёска coiffure, hairdo
причёсывать(ся) (причеса́ть(ся))
to comb someone's hair; to comb
(one's own) hair
причи́на cause, reason
прия́тель, прия́тельница friend
(m., f.)
*прия́тно (adv.) pleasantly, it's
pleasant
прия́тный pleasant, agreeable
*про about, concerning (with acc.)
Он слы́шал про э́то. He has
heard about it.
про себя́ to oneself
про́ба test, trial
пробега́ть (пробежа́ть) to run
past, run through
про́бирка test tube
про́бка cork, stopper, plug
пробле́ма problem
про́бовать (попро́бовать) to
attempt, try, taste
пробужде́ние awakening
пробы́ть (perf.) to stay, remain
Он про́был там три дня. He
stayed there three days.
прове́рить — see проверя́ть
проверя́ть (прове́рить) to verify,
check
провести́ — see проводи́ть
про́вод wire, conductor
проводи́ть (провести́) to spend
time
Мы хорошо́ провели́ вре́мя. We
had a good time.
проводи́ть — see провожа́ть
провожа́ть (проводи́ть) to
accompany, see someone off
провожа́ть глаза́ми to follow
with one's eyes
провожа́ть до угла́ to accompany
to the corner
програ́мма program
театра́льная програ́мма
playbill
уче́бная програ́мма curriculum
прогре́сс progress
прогу́лка walk, outing
на прогу́лку for a walk, outing
продава́ть (прода́ть) to sell

прода́жа selling, sale
идти́ в прода́жу to be put up for
sale
про́данный sold
*прода́ть — see продава́ть
*продолжа́ть (продо́лжить) to
continue
продолже́ние continuation, sequel
продолжи́тельный long,
prolonged
продо́лжить — see продолжа́ть
проду́кты provisions, foodstuffs
проду́мать (perf.) to think over
прое́зд passage, thoroughfare
проезжа́ть (прое́хать) to pass, go
by, cover a distance
прое́зжий traveler, passerby
прое́хать — see проезжа́ть
про́за prose
прозра́чный transparent
проигра́ть (perf.) to lose (at
playing)
произведе́ние work, production
и́збранные произведе́ния
selected works
музыка́льное произведе́ние
musical composition
произвести́ — see производи́ть
производи́ть (произвести́) to
carry out, make, manufacture
производи́ть впечатле́ние to
make an impression
производи́ть о́пыты to conduct
experiments
произво́дство production,
manufacture
произнести́ — see произноси́ть
произноси́ть (произнести́) to
pronounce, utter
произноси́ть речь to deliver a
speech
произноше́ние pronunciation
произойти́ — see происходи́ть
происходи́ть (произойти́) to
happen, occur, be going on, be
descended from
Что здесь происхо́дит? What's
going on here?
происхожде́ние origin, descent
по происхожде́нию by birth
пройти́ — see проходи́ть
прока́т hire

взять напрока́т   to rent, to hire

прокля́тый   cursed, damned

пролива́ть (проли́ть)   to spill, shed

пролива́ть свет   to throw light

пролива́ть слзы   to shed tears

проли́ть—see пролива́ть

проме́длить   (perf.) to linger, delay

промелькну́ть   (perf.) to flash, pass quickly

промелькну́ть в голове́   to flash through one's mind

Промелькну́ли две неде́ли   Two weeks flew by.

промы́шленность   (f.) industry

пронзи́тельно   (adv.) shrilly, stridently

пронзи́тельный   shrill, sharp, piercing

пропада́ть (пропа́сть)   to be lost, be wasted

Весь день пропа́л у меня́.   The whole day has been wasted.

Где вы пропада́ли?   Where on earth have you been?

Я пропа́л!   I am in trouble!

пропа́сть—see пропада́ть

пропорциона́льно   (adv.) in proportion

обра́тно пропорциона́льно   inversely

пропо́рция   proportion, ratio

пропуска́ть (пропусти́ть)   to let go, let pass, miss, leave out

не пропуска́ть во́ду   to be waterproof

Пропуска́йте подро́бности.   Omit the details.

пропусти́ть ле́кцию   to miss a lecture

пропусти́ть стро́чку   to skip a line

пропусти́ть—see пропуска́ть

проро́к   prophet

просвеще́ние   enlightenment

*проси́ть (попроси́ть)   to ask, beg, request

просма́тривать (просмотре́ть)   to look over, run through

просмотре́ть—see просма́тривать

просну́ться—see просыпа́ться

*прости́ть—see проща́ть

про́сто   simply, it is simple

Ему́ о́чень про́сто э́то сде́лать.   It costs him nothing (It is very simple for him) to do it.

Он про́сто ничего́ не зна́ет.   He simply doesn't know anything.

простоду́шие   openheartedness, artlessness

простоду́шный   openhearted, unsophisticated

*просто́й   simple, common, plain

просто́е любопы́тство   mere curiosity

просты́е лю́ди   unpretentious people

просты́е мане́ры   unaffected manners

простота́   simplicity

просту́да   cold, chill

простуди́ться   (pf.) to catch cold

просыпа́ться (просну́ться)   to wake up

*про́сьба   request

У меня́ к вам про́сьба.   I have a favor to ask of you.

*про́тив   against, opposite, opposed to (with gen.)

друг про́тив дру́га   face to face

Он ничего́ не име́ет про́тив э́того.   He has nothing against it. He doesn't mind.

про́тив его́ ожида́ний   contrary to his expectations

про́тив тече́ния   against the current

спо́рить про́тив чего́-либо   to argue against something

проти́вный   opposite, contrary, adverse, nasty, repulsive

в проти́вном слу́чае   otherwise

проти́вная сторона́   opposite party

противополо́жность   (f.) contrast, opposition

противоре́чие   contradiction, opposition

противоре́чить   to contradict

профе́ссия   profession, occupation

профе́ссор   professor

прохла́да   coolness

прохлади́ться—see прохлажда́ться

прохла́дно   (adv.) cool, chilly, it is cool

прохла́дный   fresh, cool

прохлажда́ться (прохлади́ться)   to refresh oneself

*проходи́ть (пройти́)   to pass, go by, pass through

Доро́га прохо́дит че́рез лес.   The road lies through a wood.

Его́ боле́знь прошла́.   His illness has passed.

Не прошло́ ещё и го́да.   A year has not yet passed.

пройти́ курс   to study a course

пройти́ ми́мо   to go past

проходно́й   connecting

процеду́ра   procedure

проце́нт   percentage, rate

проце́сс   process

про́чий   other

все про́чие   the others

и про́чее (и проч.)   et cetera

ме́жду про́чим   by the way

проче́сть — see чита́ть

прочита́ть — see чита́ть

прочь   away, off

Прочь отсю́да!   Get out of here!

Ру́ки прочь!   Hands off!

проше́дший   past (adj.)

проше́дшее вре́мя   past tense

про́шлое   the past

в недалёком про́шлом   not long ago

про́шлый   last, past

в про́шлом году́   last year

Де́ло про́шлое.   Let bygones be bygones.

проща́й, проща́йте   good-bye, farewell

проща́льный   parting

*проща́ть (прости́ть)   to forgive, pardon

Прости́те!   Forgive me!

проща́ться (попроща́ться)   to say goodbye, take leave

про́ще   simpler, plainer

проще́ние   forgiveness, pardon

проэкзаменова́ть — see экзаменова́ть

прояви́ть — see проявля́ть

проявле́ние   manifestation, development

проявля́ть (прояви́ть)   to display, reveal, develop

проявля́ть плёнку   to develop film

проявля́ть ра́дость   to show joy

проявля́ть себя́   to show one's worth

проявля́ть си́лу   to display strength

проя́снеть   (perf.) to clear up, brighten up

пруд   pond

пры́гать (пры́гнуть)   to jump, spring, leap

пры́гнуть — see пры́гать

прыжо́к   jump, spring

*пря́мо   straight, exactly

держа́ться пря́мо   to hold oneself erect

Он пря́мо геро́й.   He is a real hero.

попада́ть пря́мо в цель   to hit the mark

пря́мо к де́лу   straight to the point

сказа́ть пря́мо   to say frankly

прямоду́шный   straightforward

прямо́й   straight, upright, sincere

прямоуго́льник   rectangle

прямоуго́льный   rectangular, right-angled

пря́ник   gingerbread

пря́ность   (f.) spice

пря́ный   spicy

пря́тать(ся) (спря́тать(ся))   to hide (something); to conceal (oneself)

психиа́тр   psychiatrist

психо́з   psychosis

психо́лог   psychologist

психоло́гия   psychology

*пти́ца   bird, fowl

пу́блика   public, audience

публикова́ть (опубликова́ть)   to publish

публи́чно   (adv.) publicly, openly

пуга́ть (испуга́ть)   to frighten, intimidate

пуга́ться (испуга́ться)   to be frightened, to take fright

пу́говица   button

пу́дра   powder

пу́дреница   powder case, compact

пу́дриться (напу́дриться)   to powder one's face

пузы́рь (m.) bubble, blister, bladder

пульс pulse

пункт point, station
  медици́нский пункт dispensary
  нача́льный пункт starting point
  по пу́нктам paragraph after paragraph

пунктуа́льно (adv.) punctually

пурга́ blizzard

*****пуска́ть (пусти́ть)** to allow, permit, set free, put in action
  Не пуска́йте его́ сюда́. Don't allow him to enter.
  пуска́ть во́ду to turn on the water
  пуска́ть маши́ну to start an engine
  пуска́ть слух to spread a rumor

пусти́ть—see **пуска́ть**

пусто́й empty, hollow
  пуста́я болтовня́ idle talk
  пусты́е мечты́ castles in the air

*****пусть** let (him, her, them)
  Пусть он идёт. Let him go.

пу́таный confused, tangled

пу́тать (запу́тать) to tangle, confuse, mix up

путеше́ственник traveler

путеше́ствовать to travel

пу́тник traveler

путь (m.) trip, road, path
  Друго́го пути́ нет. There is no other way.
  дыха́тельные пути́ respiratory tract
  по пути́ on the way
  стоя́ть на чьём-либо пути́ to stand in someone's way

пу́хленький plump, chubby

пу́хнуть (imp.) to swell

пчела́ bee

пыл ardor, passion

пылесо́с vacuum cleaner

пылесо́сить to vacuum

пы́лкий ardent, passionate
  пы́лкая речь fervent speech

пыль (f.) dust

пыта́ться (попыта́ться) to attempt, try, endeavor

пы́шность (f.) splendor, magnificence

пье́са play
  дава́ть пье́су to give a play
  ста́вить пье́су to stage a play

пья́ница drunkard

пья́ный drunk, tipsy

пя́тка heel

пятна́дцать fifteen

пятна́дцатый fifteenth

*****пя́тница** Friday
  в пя́тницу on Friday

пятно́ spot, stain, blotch

*****пять** five

пятьдеся́т fifty

пятьсо́т five hundred

*****пя́тый** fifth

Р

раб slave

*****рабо́та** work, working
  ажу́рная рабо́та openwork, tracery
  дома́шняя рабо́та homework
  лепна́я рабо́та stucco work
  Она́ за рабо́той. She is at work.
  нау́чная рабо́та scientific work

*****рабо́тать** to work
  рабо́тать над кни́гой to work on a book
  рабо́тать по на́йму to work for hire
  Телефо́н не рабо́тает. The telephone is out of order.

*****рабо́чий** working man

ра́бство slavery

*****ра́венство** equality

*****равно́** (adv.) alike, in like manner
  Всё равно́. It makes no difference. It is all the same.
  Он всё равно́ придёт. He will come anyway.
  Он поступа́ет ра́вно со все́ми. He treats everyone alike.

равнобе́дренный треуго́льник isosceles triangle

равноду́шие indifference

равноду́шный indifferent

равноме́рно (adv.) uniformly,
  evenly
равноси́льный equivalent
ра́вный equal
  на ра́вных усло́виях on equal
    conditions
  относи́ться к кому́-либо как к
    ра́вному to treat someone as
    one's equal
  ра́вное коли́чество equal
    quantity
равня́ть (сравня́ть) to equalize,
  compare
*рад, ра́да, ра́до, ра́ды glad
*ра́ди for the sake of (prep. with
  gen.)
радика́льный drastic
ра́дио radio, wireless
ра́доваться (обра́доваться) to be
  glad, rejoice
ра́достный glad, joyous
ра́дость (f.) gladness, joy
раду́шно cordially, invitingly
*раз time (occasion)
  ещё раз once again
  как раз just exactly
  не раз many a time
  ни ра́зу not once
  раз в год once a year
разбива́ть (разби́ть) to smash,
  break, divide
разби́ть—see разбива́ть
разбира́ть (разобра́ть) to take
  apart, sort out, discuss
  Он не мо́жет разобра́ть её
    по́черк. He cannot make out
    her handwriting.
  разбира́ть пробле́му to discuss
    the problem
разбо́йник robber, bandit
разбо́р analysis, critique
разбуди́ть—see буди́ть
разбо́рчивый fastidious
*ра́зве can it be that, really
  (usually used in amazement)
развива́ть (разви́ть) to develop,
  untwist
разви́тие development
развито́й developed
разви́ть—see развива́ть
развлека́ть (развле́чь) to
  entertain, divert

развлече́ние entertainment,
  amusement
развле́чь—see развлека́ть
разво́д divorce
разводи́ть to breed or cultivate
*разгова́ривать to converse, speak
  with
разгово́р conversation, talk
  И разгово́ра не́ было об э́том.
    There was no question of that.
  перемени́ть разгово́р to change
    the subject
разгово́рчивый talkative
раздава́ть (разда́ть) to distribute,
  give out
разда́ть—see раздава́ть
раздева́ть(ся) (разде́ть(ся)) to
  undress (oneself), strip
разделе́ние division
раздели́ть(ся)—see дели́ть(ся)
разде́льно (adv.) separately
разделя́ть(ся) (раздели́ть(ся)) to
  divide, separate
раздели́ть(ся)—see разделя́ть(ся)
разде́ть(ся)—see раздева́ть(ся)
раздража́ть (раздражи́ть) to
  irritate, annoy, exasperate
раздраже́ние irritation
раздражённый angry, irritated
раздражи́ть—see раздража́ть
разду́мье meditation, thoughtful
  mood
различа́ть (различи́ть) to differ,
  distinguish
различа́ться to differ
  различа́ется длино́й. It differs in
    length.
разли́чие distinction
различи́ть—see различа́ть
разли́чный different
разложе́ние decomposition
разложи́ться—see раскла́дываться
разме́р size, dimension
размышле́ние reflection,
  meditation
*ра́зница difference
разногла́сие difference,
  discordance (of opinion)
разнообра́зие variety, diversity
разнообра́зный various, diverse
ра́зность (f.) difference
ра́зный different, various

разобра́ть—see разбира́ть
разойти́сь—see расходи́ться
разочарова́ние disappointment
разочаро́ванный disappointed
разочарова́ться (perf.) to be
  disappointed
разреша́ть (разреши́ть) to allow,
  permit, authorize, solve
разреше́ние permission, solution
разреши́ть—see разреша́ть
разруша́ть (разру́шить) to
  destroy, demolish
разруше́ние destruction, demolition
разру́шить—see разруша́ть
разры́в break, rupture
  Между ни́ми произошёл разры́в.
  They have come to a breaking
  point.
ра́зум reason, intelligence
*разуме́ется of course
  Само́ собо́й разуме́ется. It goes
  without saying.
рай paradise
райо́н region, district
ра́ма frame
ра́на wound
ра́неный wounded
ра́нний early
  ра́нним у́тром early in the
  morning
  с ра́ннего де́тства from early
  childhood
*ра́но (adv.) early, it is early
ра́ньше earlier, formerly
  как мо́жно ра́ньше as early as
  possible
  Ра́ньше здесь помеща́лась
  шко́ла. There was a school here
  formerly.
раскла́дываться (разложи́ться) to
  unpack
раскрыва́ть (раскры́ть) to open,
  reveal, disclose
раскры́ть—see раскрыва́ть
расписа́ние timetable, schedule
распи́ска receipt
расплати́ться—see распла́чиваться
распла́чиваться (расплати́ться)
  to pay off, get even with
распра́вить—see расправля́ть
расправля́ть (распра́вить) to
  straighten, smooth out

распрода́жа sale
распростране́ние spreading,
  diffusion
распространи́ть—see
  распространя́ть
распространя́ть (распространи́ть)
  to spread, disseminate
рассве́т dawn, daybreak
рассерди́ться—see серди́ться
рассе́янно (adv.) absently, absent-
  mindedly
рассе́янность (f.) absent-
  mindedness, distraction
рассе́янный scattered, diffused,
  absent-minded
расска́з story, tale
рассказа́ть—see расска́зывать
расска́зывать (рассказа́ть) to tell,
  narrate, relate
рассма́тривать (рассмотре́ть) to
  consider, examine, look over
рассмотре́ть—see рассма́тривать
расстёгивать (расстегну́ть) to
  unfasten, unbutton
расстегну́ть—see расстёгивать
расстоя́ние distance, space
  держа́ться на почти́тельном
  расстоя́нии to keep aloof
  на не́котором расстоя́нии at
  some distance
рассу́дочный rational
рассчи́танный deliberate,
  calculated, designed
рассчи́тывать to calculate
  не рассчита́ть свои́х сил to
  overrate one's strength
растая́ть—see та́ять
раство́р solution
расте́рянный confused,
  embarrassed, perplexed
*расти́ (вы́расти) to grow, grow up
растере́ть—see растира́ть
растира́ть (растере́ть) to grind
растя́гивать (растяну́ть) to
  stretch, strain, sprain
  растя́гивать удово́льствие to
  prolong a pleasure
  растяну́ть себе́ му́скул to strain
  a muscle
растя́нутый stretched, long-drawn
  out
растяну́ть—see растя́гивать

*расхо́д expense, expenditure

расходи́ться (разойти́сь) to separate, disperse

Мне́ния расхо́дятся. Opinions vary.

на́ши пути́ разошли́сь. Our ways have parted.

Он разошёлся со свое́й жено́й. He separated from his wife.

расцвести́—see расцвета́ть

расцвета́ть (расцвести́) to blossom, bloom, flourish

*расчёт calculation, estimate

по его́ расчёту according to his calculations

принима́ть в расчёт to take into consideration

расчётливо (adv.) prudently, economically

расчётливость (f.) economy, thrift

расши́рить—see расширя́ть

расширя́ть (расши́рить) to enlarge, widen, expand

расши́тый embroidered

рациона́льно rationally

*рвать (вы́рвать) to tear, rend, pull out

рвать (порва́ть) зу́бы to extract teeth

рвать на себе́ во́лосы to tear out one's hair

рвать (нарва́ть) отноше́ния to break off relations

рвать цветы́ to pick flowers

реаге́нт reagent

реа́кция reaction

реалисти́ческий realistic

*ребёнок baby, infant

ребро́ rib

*ребя́та children, boys

ребя́ческий childish

ревни́вый jealous

ревнова́ть to be jealous

революцио́нный revolutionary

регистри́роваться (зарегистри́роваться) to register

регуля́рный regular

редакти́ровать (отредакти́ровать) to edit

реда́ктор editor

реда́кция editorial staff, editorial office

ре́дкий rare, uncommon, sparse

*ре́дко (adv.) seldom, rarely

ре́дкость (f.) rarity, curiosity

режиссёр producer, director

*ре́зать to cut, slice

*рези́на rubber, elastic

рези́нка eraser

ре́зкий sharp, harsh

ре́зкая кри́тика severe criticism

ре́зкие слова́ sharp words

ре́зкий ве́тер cutting wind

ре́зкое измене́ние пого́ды sharp change in the weather

ре́зко (adv.) sharply, abruptly

результа́т result, outcome

*река́ river, stream

рекла́ма advertisement, publicity

рекла́мное аге́нтство advertising agency

реклами́ровать to advertise, publicize, boost

рекоменда́ция recommendation

рекомендова́ть (порекомендова́ть) to advise, recommend

Тако́й спо́соб не рекоменду́ется. This method is not recommended.

религио́зный religious

рели́гия religion

ремесло́ trade, handicraft, profession

ремо́нт remodeling, repairs

рентге́н, рентге́новские лучи́, икс-лучи́ X-rays

репертуа́р repertoire

репети́тор tutor

репута́ция reputation

по́льзоваться хоро́шей репута́цией to have a good reputation

институ́т restaurant

рето́рта retort (chemical)

рефо́рма reform

реце́нзия review, theater notice

реце́пт recipe, prescription

ре́чка river

речно́й river (adj.)

речь (f.) speech, oration

дар ре́чи gift of speech

засто́льная речь dinner speech

О чём идёт речь? What are you
   talking about?
ча́сти ре́чи parts of speech
реша́ть (реши́ть) to decide, make
   up one's mind, settle
   Он реши́л уе́хать. He decided
      to go.
   реша́ть зада́чу to solve a problem
   Это реша́ет вопро́с. That settles
      the question.
реше́ние decision
реши́тельно (adv.) resolutely,
   decidedly, positively
реши́тельный decisive, resolute,
   firm
реши́ть—see **реша́ть**
ринг (sport) ring
рис rice
риск risk
рискну́ть—see **рискова́ть**
рискова́ть (рискну́ть) to risk,
   venture, take a chance
рисова́ть (нарисова́ть) to draw,
   paint
рису́нок drawing, picture
ритм rhythm
ри́фма rhyme
ро́бкий shy, timid
ро́бот robot
*****ро́вно** (adv.) equally, exactly
ро́вный flat, even, plane
   ро́вный хара́ктер even-tempered
*****род** family, kin, origin, sort, gender
   вся́кого ро́да of all kinds
   из ро́да в род from generation to
      generation
   мужско́го ро́да masculine gender
*****ро́дина** native country
*****роди́тели** (pl.) parents, father and
   mother
роди́ть (imp. and perf.) to give
   birth to
роди́ться (imp. and perf.) to be born
*****родно́й** native, own
   родно́й брат brother by birth
   родно́й язы́к native tongue
ро́дственник relative, kinsman
рожде́ние birth
   день рожде́ния birthday
рождество́ Christmas
ро́за rose
ро́зовый pink

ро́кер rock musician
рок-звезда́ rock star
роль (f.) role, part
рома́н novel, romance
рома́нс song (art song)
романти́ческий romantic
роня́ть (урони́ть) to drop, let fall,
   shed
роса́ dew
ро́скошь (f.) luxury, splendor
Росси́я Russia
рост growth, development, height
ро́стбиф roast beef
*****рот** mouth
роя́ль (m.) grand piano
   игра́ть на роя́ле to play the piano
руба́шка shirt
рубе́ж boundary, borderline
руби́ть chop, hack, slash
ру́бленый minced, chopped
рубль (m.) ruble
руга́ть (отруга́ть) to scold, abuse
руга́ться to swear, call names
   Они́ постоя́нно руга́ются. They
      are always abusing each other.
      They are always quarreling with
      each other.
ружьё gun
*****рука́** hand, arm
   брать себя́ в ру́ки to pull oneself
      together
   быть в хоро́ших рука́х to be in
      good hands
   держа́ть на рука́х to hold in
      one's arms
   из рук в ру́ки from hand to hand
   пода́ть ру́ку по́мощи to lend a
      helping hand
   под руко́й near at hand, handy
   предлага́ть ру́ку кому́-либо to
      offer someone one's hand in
      marriage
   Ру́ки прочь! Hands off!
   умы́ть (perf) **ру́ки** to wash one's
      hands of it
   У него́ ру́ки че́шутся. His
      fingers itch.
   Это не его́ рука́. That is not his
      writing.
рука́в sleeve
руководи́тель (m.) leader
руководи́ть to lead, guide

руково́дство guidance, guiding
  principle
  под руково́дством under the
  leadership
ру́копись (f.) manuscript
*ру́сский, ру́сская Russian (m., f.)
  (noun and adj.)
руча́тельство guarantee
руче́й brook, stream
*ру́чка handle, arm, penholder, pen
  автомати́ческая ру́чка fountain
  pen
ручно́й hand (adj.), tame
*ры́ба fish
  лови́ть ры́бу в му́тной воде́ to
  fish in troubled waters
  ни ры́ба ни мя́со neither fish nor
  fowl
рыда́ние sobbing
рыда́ть to sob
ры́жий red-haired
ры́нок market
ры́сью (adv.) at a trot
ры́царь (m.) knight
рю́мка wineglass
ряд row, line
ря́дом (adv.) side by side, beside
  сиде́ть ря́дом с ке́м-либо to sit
  side by side with someone
  Э́то совсе́м ря́дом. It is close by.

С

*с from, off, since (with gen.), with,
  together with, and (with inst.)
  Брат с сестро́й ушли́. Brother
  and sister went away.
  Он её не ви́дел с про́шлого го́да.
  He hasn't seen her since last year.
  Он пришёл с детьми́. He came
  with the children.
  прие́хать с рабо́ты to come from
  work
  с доса́ды out of vexation
  с пе́рвого взгля́да at first sight
  с удово́льствием with pleasure
  упа́сть (perf.) с кры́ши to fall off
  the roof
  Что с тобо́й? What's the matter
  with you?

*сад garden
  де́тский сад kindergarten
*сади́ться (сесть) to sit down, take
  a seat
  сади́ться (сесть) на дие́ту to go
  on a diet
  сади́ться в лу́жу to get into a fix
  Он сел на по́езд. He took the
  train.
  Он сел на стул. He sat down on
  a chair.
са́жа soot
сала́т lettuce, salad
са́ло fat, lard
салфе́тка napkin
са́льный greasy
*сам, сама́, само́, са́ми self (m., f.,
  n., pl.)
  Он сам хоте́л э́то сде́лать. He
  wanted to do it himself.
  Э́то говори́т само́ за себя́. It
  speaks for itself.
  Я сам себе́ хозя́ин. I am my own
  master.
самова́р samovar
самоде́льный homemade
самоде́ятельность (f.)
  spontaneous activity, amateur
  stage
самодово́льный self-satisfied
самодово́льство self-satisfaction,
  complacency
самозва́нец impostor
самолёт airplane
самолюби́вый proud, touchy
самолю́бие self-respect, pride
  ло́жное самолю́бие false pride
самооблада́ние self-control,
  composure
самостоя́тельно (adv.)
  independently
самостоя́тельный independent
самоуби́йство suicide
самоуве́ренно (adv.) with self-
  confidence
самоуве́ренность (f.) self-
  confidence, self-assurance
самоуправле́ние self-government
*са́мый the very, the same
  в са́мом де́ле! indeed! really!
  в са́мом нача́ле at the very
  beginning

в то же са́мое вре́мя, когда́ just
when

до са́мого до́ма all the way home

на са́мом де́ле actually

та же са́мая кни́га the same
book

in superlatives:

са́мая хоро́шая кни́га the best
book

са́мый тру́дный most difficult

са́ни (only pl.) sleigh

сапо́г high boot

сара́й shed, barn

са́хар sugar

са́харница sugar bowl

сближа́ться (сбли́зиться) to draw
together, approach, become good
friends

сбли́зиться—see **сближа́ться**

сбо́ку (adv.) from one side, on one
side

сбо́рник collection

сва́дьба wedding

све́дение information

све́жий fresh

све́жая ры́ба fresh fish

све́жий во́здух fresh air

свежо́ в па́мяти fresh in one's
mind

сверка́ть to sparkle, twinkle, glitter,
glare

сверкну́ть (perf.) to flash

Сверкну́ла мо́лния. Lightning
flashed.

сверх over, besides, beyond (with
gen.)

сверх ожида́ния beyond
expectation

сверх програ́ммы in addition to
the program

*****све́рху** (adv.) from above, on top

вид све́рху view from above

пя́тая строка́ све́рху fifth line
from the top

све́рху до́низу from top to
bottom

*****свет** light

броса́ть свет на что́-либо to
throw light on something

дневно́й свет daylight

представля́ть что́-либо в
вы́годном све́те to show

something to best
advantage

при све́те луны́ by moonlight

*****свет** world, society

весь свет the whole world

выпуска́ть в свет to publish

вы́сший свет high society

ни за что на све́те not for the
world

тот свет the next world

свети́ть(ся) to shine

Его́ глаза́ свети́лись от ра́дости.
His eyes shone with joy.

Луна́ све́тит. The moon is
shining.

светло́ (adv.) it is light, brightly

На дворе́ светло́. It is daylight.

све́тлый light

све́тлая ко́мната light room

све́тлый ум bright spirit

све́тлое пла́тье light-colored
dress

све́тский secular, worldly

све́тская же́нщина woman of the
world

све́тское о́бщество society

свеча́ candle

*****свида́ние** meeting, appointment;
date, engagement

до свида́ния good-bye

до ско́рого свида́ния see you
soon

свиде́тель (m.) witness

свиде́тельство evidence,
certificate, license

свини́на pork

свинья́ pig, swine

свист whistle

свиста́ть, свисте́ть to whistle,
pipe

сви́тер sweater

свобо́да freedom, liberty

выпуска́ть на свобо́ду to set free

предоставля́ть кому́-либо
по́лную свобо́ду де́йствий to
give someone a free hand

свобо́да печа́ти freedom of the
press

свобо́дно (adv.) freely, fluently,
with ease

говори́ть свобо́дно to speak
fluently

свобо́дный free
  свобо́дное вре́мя free time
  свобо́дные де́ньги spare cash
своевре́менно (adv.) in good time, opportunely
*****свой, своя́, своё, свои́** one's own (m., f., n., pl.)
  Всё придёт в своё вре́мя.
  Everything comes in its time.
  Он признаёт свои́ недоста́тки.
  He acknowledges his faults.
  Он там свой челове́к. He is quite at home there.
сво́йство property, characteristics
свя́занный combined, constrained
связа́ть—see **свя́зывать**
свя́зывать (связа́ть) to bind, tie together, connect
  свя́зывать обеща́нием to bind by a promise
  Э́тот вопро́с те́сно свя́зан с други́ми. This problem is bound up with others.
связь (f.) tie, bond, connection, relation
  в э́той связи́ in this connection
  причи́нная связь casual relationship
  с хоро́шими свя́зями with good connections
святы́ня sacred object or place; place of worship
свяще́нник priest
сгиба́ться (согну́ться) to bend down, stoop
сгора́ть (сгоре́ть) to burn (down)
  Дом сгоре́л. The house burned down.
  сгора́ть от стыда́ to burn with shame
сгоре́ть—see **сгора́ть**
сдава́ть (сдать) to deal (cards), hand over, turn over, surrender, hand in
  сдава́ть буты́лки to recycle bottles
сдать—see **сдава́ть**
*****сда́ча** surrender, renting, deal (in cards)
  Ва́ша сда́ча. It's your deal.
  дать сда́чу to give change
  сда́ча в аре́нду leasing

сде́лано finished
сде́лать(ся)—see **де́лать(ся)**
сде́ржанно (adv.) with restraint, with discretion
сде́ржанность (f.) restraint, reserve
сдержа́ть(ся)—see **сде́рживать(ся)**
сде́рживать (сдержа́ть) to hold in, restrain, contain
  сдержа́ть своё сло́во to keep one's word
сде́рживаться (сдержа́ться) to control oneself
сдружи́ться (perf.) to become friends with
*****себя́** self, oneself (reflexive pronoun)
се́вер north
се́верный northern
*****сего́дня** today
  сего́дня ве́чером this evening
  сего́дня у́тром this morning
сего́дняшний today's
седина́ gray hair
седо́й gray (only of hair)
  Он седо́й. He has gray hair.
седьмо́й seventh
сейф safe, vault, safety-deposit box
*****сейча́с** now, presently, right now
  Где он сейча́с живёт? Where does he live now?
  сейча́с же immediately, at once
секре́т secret
  по секре́ту secretly, in confidence
  секре́т успе́ха secret of success
секрета́рша secretary
секре́тно secretly, covertly
секу́нда second
селёдка herring
село́ village
  ни к селу́ ни к го́роду neither here nor there
сельдере́й celery
се́льский rural
  се́льская жизнь village life
сельскохозя́йственный agricultural
семидеся́тый seventieth
семе́йный domestic, family
  семе́йные свя́зи family ties
  семе́йный челове́к family man
семе́стр term, semester
семна́дцать seventeen

семна́дцатый seventeenth

семь seven

се́мьдесят seventy

семьсо́т seven hundred

семья́ family

се́но hay

сентимента́льный sentimental

сентя́брь (m.) September

серде́чный cordial, hearty, of the heart

    серде́чная боле́знь heart disease

    серде́чный приве́т hearty greetings

серди́тый angry

серди́ться (рассерди́ться) to get angry, be cross

*се́рдце heart

    до́брое се́рдце kind heart

    от всего́ се́рдца from the bottom of one's heart

    принима́ть что́-либо к се́рдцу to take something to heart

    С глаз доло́й, из се́рдца вон. Out of sight, out of mind.

    У него́ отлегло́ от се́рдца. He felt relieved.

    У него́ се́рдца нет. He has no heart.

    У него́ се́рдце упа́ло. His heart sank.

серебро́ silver

сере́бряный silver (adj.)

    сере́бряная посу́да silver plate

*середи́на middle

    в са́мой середи́не in the very middle

    золота́я середи́на golden mean

се́рия series

се́рный sulphuric

    се́рная кислота́ sulphuric acid

се́рый gray

    се́рая жизнь dull life

серьга́ earring

серьёзно (adv.) seriously, earnestly

серьёзный serious, earnest

*сестра́ sister

    двою́родная сестра́ cousin

    медици́нская сестра́ (медсестра́) nurse

сесть—see **сади́тся**

сжать—see **сжима́ть**

сжечь—see **жечь**

сжима́ть (сжать) to squeeze, compress

    сжима́ть гу́бы to compress one's lips

    сжима́ть кулаки́ to clench one's fists

сза́ди (adv.) from behind

    вид сза́ди view from behind

    пя́тый ваго́н сза́ди fifth car from the end

    толка́ть сза́ди to push from behind

сига́ра cigar

сигаре́та cigarette

сигна́л signal

*сиде́ть to sit, be perched, fit

    Пла́тье хорошо́ сиди́т. The dress fits well.

    сиде́ть в тюрьме́ to be imprisoned

    сиде́ть до́ма to stay at home

    сиде́ть за столо́м to sit at the table

си́ла strength, force

    брать си́лой to take by force

    быть ещё в си́лах to be still vigorous enough

    входи́ть в си́лу to come into force

    изо всех сил with all one's strength

    лошади́ная си́ла horsepower

    морски́е си́лы naval force

    си́ла во́ли will power

    си́ла привы́чки force of habit

    си́ла тя́жести gravity

    Э́то сверх сил. This is beyond one's powers.

си́льно (adv.) strongly, very, violently, greatly

    си́льно нужда́ться to be in extreme need

    си́льно пить to drink heavily

    си́льно чу́вствовать to feel keenly

*си́льный strong, powerful, keen, intense, heavy

    силён в матема́тике good at mathematics

    си́льная страсть violent passion

    си́льный за́пах strong smell

си́мвол symbol

симпати́чный sympathetic, likable

симпо́зиум symposium

симфо́ния symphony

си́ний dark blue

сирота́ orphan

систе́ма system

системати́чный systematic

си́то strainer, sieve

ситуа́ция situation

*сказа́ть to say, tell—see
    говори́ть
    Ле́гче сказа́ть, чем сде́лать.
    Easier said than done.
    пра́вду сказа́ть to tell the truth
    Ска́зано-сде́лано. No sooner said
    than done.
    Тру́дно сказа́ть. It's hard to say.

ска́зка fairy tale, story

скака́ть (поскака́ть) to skip, jump,
    hop

скамья́ bench
    посади́ть на скамью́ подсуди́мых
    to put into the dock
    со шко́льной скамьи́ since
    schooldays

сканда́л scandal
    Како́й сканда́л! What a disgrace!

ска́терть (f.) tablecloth

скве́рно (adv.) badly
    Пальто́ скве́рно сиди́т на нём.
    The coat fits him badly.
    па́хнуть скве́рно to smell bad
    скве́рно чу́вствовать себя́ to feel
    bad

скве́рный bad, nasty

сквози́ть to blow through, go
    through
    Здесь сквози́т. There is a draft
    here.

*сквозь through (with acc.)
    говори́ть сквозь зу́бы to speak
    through clenched teeth
    Как сквозь зе́млю провали́лся.
    He disappeared without leaving a
    trace (as though through the
    earth).

скепти́ческий skeptical

ски́дка rebate, reduction, discount
    де́лать ски́дку to give a reduction
    со ски́дкой with rebate, with
    discount

скла́дка fold, pleat, crease, wrinkle

*складно́й folding, collapsible,
    portable

скло́нность (f.) inclination, bent,
    disposition

сковорода́ frying pan

скользи́ть (скользну́ть) to slip,
    slide

ско́льзкий slippery
    говори́ть на ско́льзкую те́му to
    be on slippery ground
    ско́льзкая доро́га slippery road

скользну́ть—see скользи́ть

*ско́лько how much, how many
    не сто́лько ... ско́лько ... not
    so much ... as ...
    Ско́лько мы вам должны́? How
    much do we owe you?
    Ско́лько с меня́? How much do I
    owe?
    Ско́лько сто́ит? How much does
    it cost?
    ско́лько уго́дно as much as you
    like

сконфу́женный abashed,
    disconcerted, embarrassed

сконфу́зить(ся)—see
    конфу́зить(ся)

сконча́ться (perf.) to pass away,
    die

скопи́ровать—see копи́ровать

скорбный sorrowful, mournful

скорбь (f.) sorrow, grief

скоре́е rather, sooner, quicker
    как мо́жно скоре́е as soon as
    possible
    Он скоре́е умрёт, чем сда́стся.
    He would rather die than
    surrender.

ско́ро (adv.) quickly, soon
    Он ско́ро придёт. He will come
    soon.

скоропо́ртящийся perishable

ско́рость (f.) speed, rate
    максима́льная ско́рость top
    speed
    ско́рость движе́ния rate of
    movement

ско́рый fast, rapid
    в ско́ром вре́мени soon, before
    long
    До ско́рого свида́ния. See you
    soon.

скорая помощь first aid
скорый поезд fast train, express
скорый шаг quick step
скот cattle
скреплять (скрепить) to fasten together, strengthen
скрипач violinist
скрипеть (поскрипеть) to squeak, creak
скрипка violin
играть на скрипке to play the violin
скромность (f.) modesty
ложная скромность false modesty
скромный modest, frugal, unpretentious
скрывать (скрыть) to hide, conceal, keep back
не скрывать того, что to make no secret of the fact that
Он засмеялся, чтобы скрыть своё беспокойство. He laughed to cover his anxiety.
скрываться (скрыться) to hide oneself
скрытый secret, latent
скрыть(ся)—see скрывать(ся)
скука boredom, tedium
скульптор sculptor
скупо (adv.) stingily, sparingly
скупой stingy, miserly
скупость (f.) stinginess, miserliness
*****скучать** (imp.) to be bored, to miss
Я скучала по тебе. I missed you.
скучно (adv.) boring, dull
Мне скучно. I am bored.
скучный boring, tiresome
слабеть (ослабеть) to grow weak, grow feeble, slack off
слабо faintly, weakly
слабость (f.) weakness, feebleness
*****слабый** weak, faint, feeble
слабое оправдание lame excuse
слабые глаза weak eyes
слабый ученик poor pupil
слава glory, fame
славный famous, renowned, nice
славный малый nice fellow
*****сладкий** sweet, honeyed
на сладкое for dessert

спать сладким сном to be fast asleep
сладостный sweet, delightful
сладость (f.) sweetness, delight
слегка (adv.) somewhat, slightly
Он слегка устал. He is somewhat tired.
слегка тронуть to touch gently
след track, trace, sign, vestige
*****следить** to watch, follow
внимательно следить to watch closely
следить глазами за кем-либо to follow someone with one's eyes
следить за детьми to look after children
следить за чьими-либо мыслями to follow the thread of someone's thoughts
следовательно consequently, therefore, it follows that
следовать (последовать) to follow, come next
во всём следовать отцу to take after one's father in everything
как следует из сказанного as appears from the above
Лето следует за весной. Summer follows spring.
обращаться куда следует to apply to the proper quarter
следующий following, next
следующий день the next day
слеза tear
до слёз больно enough to make anyone cry
слезать (слезть) to get off, get down
слезть—see слезать
слепо (adv.) blindly
слепой blind
слепое подражание blind imitation
слепота blindness
слива plum
сливки cream
*****слишком** (adv.) too, too much
словарь (m.) dictionary, vocabulary
*****слово** word
давать слово to give the floor, promise
другими словами in other words

одни́м сло́вом   in a word
Помяни́те моё сло́во!   Mark my
  words!
сдержа́ть сло́во   to keep one's
  word
сло́во в сло́во   word for word
че́стное сло́во   word of honor
сложе́ние   adding, addition, build
сло́жно   (adv.) in a complicated
  manner, it is complicated
сло́жный   complicated, intricate
слой   layer
слома́ть(ся) — see лома́ть(ся)
слон   elephant
служа́нка   maid
служа́щий   employee
слу́жба   service, work
  быть на вое́нной слу́жбе   to be
    in the military service
  иска́ть слу́жбу   to look for work
  служе́бный а́дрес   work address
*служи́ть (послужи́ть)   to serve, be
    in use
  служи́ть на фло́те   to serve in the
    navy
  служи́ть кому́-либо ве́рой и
    пра́вдой   to serve someone
    faithfully
  служи́ть приме́ром   to serve as
    an example
  служи́ть це́ли   to serve a purpose
*слух   hearing, rumor
  игра́ть по слу́ху   to play by ear
  Ни слу́ху ни ду́ху.   Nothing has
    been heard.
  о́рган слу́ха   organ of hearing
  по слу́хам   it is rumored
  пусти́ть слух   to set a rumor
    going
*слу́чай   (m.) event, chance, case
  во вся́ком слу́чае   at any event
  воспо́льзоваться удо́бным
    слу́чаем   to seize an opportunity
  на вся́кий слу́чай   in case
  на слу́чай   in case of
  несча́стный слу́чай   accident
  ни в ко́ем слу́чае   on no account
  по слу́чаю чего́-либо   on the
    occasion of something
  при вся́ком удо́бном слу́чае   with
    every opportunity
случа́йно   by chance, accidentally

Вы случа́йно не зна́ете его́?   Do
  you know him, by any chance?
не случа́йно, что   it is no mere
  chance that
случа́йный   accidental, fortuitous
случа́ться (случи́ться)   to happen,
  to take place
  Как э́то случи́лось?   How did it
    happen?
случи́ться — see случа́ться
*слу́шать (послу́шать)   to listen,
  pay attention
*слы́шать (услы́шать)   to hear
слы́шно   (adv.) audibly, one can
  hear, it is said
  Слы́шно как му́ха пролети́т.
    You might have heard a pin drop.
    (One can hear how a fly flies by.)
  Что слы́шно?   What's the news?
слюна́   saliva
слю́ни, слю́нки   (dim. of слюна́)
  used in: У него́ слю́нки теку́т.
    His mouth is watering.
сме́ло   (adv.) boldly, bravely,
  daringly, fearlessly
  говори́ть сме́ло   to speak
    boldly
  я могу́ сме́ло сказа́ть   I can
    safely say
сме́лость   (f.) boldness, courage,
  daring
сме́лый   bold, courageous, daring
  (adj.)
сме́рить — see ме́рить
смерть   (f.) death
  надоеда́ть до́ смерти   to pester to
    death
смета́на   sour cream
сметь (посме́ть)   to dare
смех   laughter
  Ему́ не до сме́ху.   He is in no
    mood for laughter.
  Смех да и то́лько.   It's simply
    absurd.
сме́шанный   mixed, compound
сме́шать — see сме́шивать
сме́шивать (смеша́ть)   to mix, mix
  together, blend
смешно́   (adv.) it is ridiculous, it
  makes one laugh, in a funny
  manner, comically
смешно́й   funny, ridiculous

В э́том нет ничего́ смешно́го.
There is nothing to laugh at.

Как он смешо́н. How absurd
he is.

*смея́ться to laugh

смея́ться исподтишка́ to laugh
up one's sleeve

смея́ться над ке́м-либо to make
fun of someone

Хорошо́ смеётся тот, кто смеётся
после́дним. He who laughs last
laughs best.

смире́ние humility, humbleness

смолка́ть (смо́лкнуть) to grow
silent, fall silent

смо́лкнуть—see смолка́ть

смо́лоду since one's youth

сморо́дина currant

*смотре́ть (посмотре́ть) to look,
look at

Как вы на э́то смо́трите? What
do you think of it?

смотре́ть в о́ба to be on one's
guard

смотре́ть за поря́дком to keep
order

смотри́!, смотри́те! look out!

смотря́ according to

смочь—see мочь

сму́глый swarthy, dark (complexion)

сму́тно (adv.) vaguely, dimly, not
clearly

сму́тный vague, dim

сму́тное вре́мя troubled times

смуще́ние confusion,
embarrassment

смущённый confused, embarrassed

смысл sense, meaning

в по́лном смы́сле э́того сло́ва in
the full sense of the word

В э́том нет смы́сла. There's no
point in it.

здра́вый смысл common sense

Э́то не име́ет никако́го смы́сла.
It makes no sense at all.

прямо́й смысл literal meaning

смягча́ться (смягчи́ться) to
soften, relent, grow mild, ease off

снару́жи from the outside

*снача́ла (adv.) from the
beginning, at first

снег snow

сни́зу from below

*снима́ть (снять) to take, take off,
remove, take pictures

снима́ть кварти́ру to rent an
apartment

снима́ть ко́пию с чего́-либо to
make a copy of something

снима́ть шля́пу to take off one's
hat

сни́мок photograph, snapshot

снисходи́тельный condescending,
lenient

сни́ться (присни́ться) to dream

ему́ сни́лось, что he dreamed that

Ему́ э́то да́же и не сни́лось. He
had never even dreamed of it.

сно́ва (adv.) anew, afresh, again

начина́ть сно́ва to begin again

сновиде́ние dream

снять—see снима́ть

соба́ка dog

*собира́ть (собра́ть) to gather,
assemble, collect

собира́ть свои́ ве́щи to collect
one's belongings

собра́ть всё своё му́жество to
pluck up one's courage

собра́ть мы́сли to collect one's
thoughts

собира́ться (собра́ться) to gather
together, assemble, make up one's
mind

Он собира́ется е́хать в Москву́.
He intends to go to Moscow.

собира́ться в путь to prepare for
a journey

соблазни́тель (m.) tempter, seducer

соблазни́ть (perf.) to entice, allure,
tempt, seduce

собо́р cathedral

собра́ние meeting, gathering

собра́ть(ся)—see собира́ть(ся)

со́бственно (adv.) properly

со́бственно говоря́ as a matter of
fact, strictly speaking

со́бственность (f.) property

ли́чная со́бственность personal
property

со́бственный own, personal

чу́вство со́бственного досто́ин-
ства self-respect

собы́тие event

теку́щие собы́тия current events

Э́то бы́ло больши́м собы́тием.
It was a great event.

соверша́ть (соверши́ть) to
accomplish, perform

соверша́ть по́двиг to accomplish
a feat or deed

соверши́ть сде́лку to strike a
bargain

*__совершенно__ (adv.) absolutely,
quite, totally, utterly

соверше́нно ве́рно quite so, of
course

соверше́нно незнако́мый челове́к
total stranger

соверше́нный absolute, perfect

соверше́нство perfection

соверши́ть—see соверша́ть

со́весть (f.) conscience

по со́вести говоря́ honestly
speaking

*__совет__ council, advice, counsel

сове́товать (посове́товать) to
advise, counsel

сове́тский Soviet

Сове́тский Сою́з Soviet Union

совме́стно (adv.) commonly,
jointly

совме́стный joint, combined

совме́стное обуче́ние
coeducation

совме́стное предприя́тие joint
venture

совпада́ть (совпа́сть) coincide,
concur

совпаде́ние coincidence

совпа́сть—see совпада́ть

совреме́нный contemporary,
modern

*__совсем__ (adv.) quite, entirely,
totally

совсе́м не not in the least

совсе́м не то nothing of the kind

согла́сие consent, assent

согаси́ться—see соглаша́ться

согла́сно (adv.) in accord,
according, in harmony

согла́сный agreeable

быть согла́сным to agree with
something

*__соглашаться (согласиться)__ to
consent, agree, concur

соглаше́ние agreement,
understanding

согну́ться—see сгиба́ться

согрева́ть (согре́ть) to warm, heat

согре́ть—see согрева́ть

содержа́ние maintenance, upkeep,
contents

быть на содержа́нии у кого́-либо
to be supported by someone

содержание кислоро́да в во́здухе
content of oxygen in the air

содержа́ние кни́ги subject matter
of a book

содержа́ть (imp.) to support,
maintain, contain

соедине́ние joining, combination

соединённый united

Соединённые Шта́ты United
States

соедини́ть(ся)—see соединя́ть(ся)

соединя́ть(ся) (соедини́ть(ся)) to
join, unite, connect, combine

*__сожаление__ regret, pity

к сожале́нию unfortunately

создава́ть (созда́ть) to create,
found, originate

создава́ть иллю́зию to create an
illusion

**создава́ть мо́щную промы́ш-
ленность** to create a powerful
industry

созда́ть—see создава́ть

созна́тельно (adv.) consciously,
deliberately, conscientiously

сойти́—see сходи́ть

сок juice, sap

сократи́ть—see сокраща́ть

сокраща́ть (сократи́ть) to
shorten, curtail, abbreviate

Придётся сократи́ться. We'll
have to tighten the purse strings.

сокраще́ние shortening,
abbreviation

сокращённый brief, abbreviated

солда́т soldier

солёный salty, salted

соли́дность (f.) solidity, reliability

соли́дный solid, strong, reliable

соли́дный журна́л reputable
magazine

соли́дный челове́к reliable man

со́лнечный sunny, solar

*со́лнце (n.) sun

солони́на corned beef

*соль (f.) salt
   англи́йская соль Epsom salts
   соль земли́ salt of the earth

*сомнева́ться (imp.) to doubt,
have doubts
   Сомнева́юсь в его́ и́скренности.
   I doubt his sincerity.
   я не сомнева́юсь I don't doubt

сомне́ние doubt

сомни́тельно (adv.) doubtfully, it is
doubtful

*сон dream, sleep
   ви́деть сон to have a dream
   во сне in one's sleep
   кре́пкий сон sound sleep

со́нный sleepy, drowsy

сообща́ть (сообщи́ть) to report,
communicate, inform

сообще́ние report, information

сообщи́ть—see сообща́ть

сопе́рник rival

сопе́рничать to compete with

сопровожда́ть (сопроводи́ть) to
accompany, escort

сопротивля́ться (imp.) to resist,
oppose

сопу́тствовать (imp.) to travel
with

сорва́ть(ся)—see срыва́ть(ся)

со́рок forty

сороково́й fortieth

*сорт sort, kind

*сосе́д, сосе́дка neighbor (m., f.)
   сосе́д (сосе́дка) по ко́мнате
   roommate

сосе́дний neighboring, adjacent

соси́ска sausage (hot dog)

соска́кивать (соскочи́ть) to jump
down, jump off

соскочи́ть—see соска́кивать

сосна́ pine tree

сосредото́чивать(ся)
   (сосредото́чить(ся)) to
   concentrate, focus; to concentrate
   on self.

соста́в composition, structure

соста́вить(ся)—see составля́ть(ся)

составле́ние програ́мм для
   компью́тера computer
   programming

составля́ть (соста́вить) to
compose, compile, formulate
   соста́вить спи́сок to make up a
   list
   соста́вить план to formulate a
   plan

составля́ться (соста́виться) to be
formed

состоя́ние state, condition, fortune
   в хоро́шем состоя́нии in good
   condition
   получи́ть состоя́ние to come
   into a fortune

состоя́ние здоро́вья state of
health

состоя́ть to consist in, of
   Кварти́ра состои́т из трёх
   ко́мнат. The apartment consists
   of three rooms.
   ра́зница состои́т в том, что . . .
   the difference consists of . . .

сосу́д vessel (household)

сострада́ние compassion

со́тый hundredth

со́ус sauce, gravy

софа́ sofa

со́хнуть (вы́сохнуть) to dry, get dry

сохране́ние preservation,
conservation

сохрани́ть—see сохраня́ть

*сохраня́ть (сохрани́ть) to keep,
preserve, retain
   сохрани́ть на па́мять to keep as
   a souvenir
   сохрани́ть хладнокро́вие to keep
   one's head

социали́зм socialism

*сочине́ние composition, work
   по́лное собра́ние сочине́ний
   Пу́шкина complete works of
   Pushkin

сочини́ть—see сочиня́ть

сочиня́ть (сочини́ть) to write,
compose, make up

со́чный juicy, succulent
   со́чное я́блоко juicy apple
   со́чный стиль rich style

сочу́вствие sympathy

сочу́вствовать (imp.) to
sympathize (with), feel (for)

*сою́з union, alliance

спа́льный sleeping

спа́льный ваго́п sleeping car
*спа́льня bedroom
спа́ржа asparagus
*спаса́ть (спасти́) to save, rescue
  спасти́ жизнь to save a life
  спасти́ положе́ние to save the
  situation
спаса́ться (спасти́сь) to save
  oneself, escape
спасе́ние rescue, salvation
*спаси́бо thanks, thank you
  большо́е спаси́бо many thanks
спасти́(сь)—see спаса́ть(ся)
*спать to sleep
  ложи́ться спать to go to bed
  Он спит как уби́тый. He is
  sound asleep. He sleeps like a log.
спекта́кль (m.) play, performance
спектра́льный spectral
спе́лый ripe
сперва́ (adv.) at first, firstly
спе́реди (adv.) from the front
спеть—see петь
специали́ст specialist, expert
специа́льно (adv.) especially
*специа́льный special
*спеши́ть (поспеши́ть) to hurry,
  hasten
  Его́ часы́ спеша́т на де́сять мину́т.
  His watch is ten minutes fast.
спе́шно (adv.) in haste, hastily
спе́шный urgent, pressing
  в спе́шном поря́дке quickly, rush
СПИД (синдро́м приобретённого
  иммуно-дефици́та) AIDS
*спина́ back
спи́сок list
спи́чка match
спле́тник, спле́тница gossip,
  talebearer (m., f.)
спле́тничать to gossip, talk
сплошно́й continuous, entire
  сплошна́я ма́сса solid mass
  сплошно́е удово́льствие sheer
  joy
*сплошь (adv.) entirely, everywhere
  сплошь и ря́дом very often
  сплошь одни́ цветы́ flowers
  everywhere
споко́йно (adv.) quietly
*споко́йный quiet, peaceful,
  tranquil

Бу́дьте споко́йны. Don't worry.
споко́йное мо́ре calm sea
Споко́йной но́чи. Good night.
спор argument, debate
*спо́рить (поспо́рить) to argue,
  dispute
спо́рный questionable, debatable,
  moot, controversial
*спорт sport
спорти́вный sporting, athletic
спо́соб way, method
  спо́соб выраже́ния manner of
  expressing oneself
  таки́м спо́собом in this way
спосо́бность (f.) ability, faculty
спосо́бный able, clever, gifted,
  capable
справедли́вость (f.) justice,
  fairness
справедли́вый just, fair
спра́вочник reference book,
  information book, guidebook
*спра́шивать (спроси́ть) to ask a
  question, demand, inquire
спрос demand
  в большо́м спро́се in great
  demand
  спрос и предложе́ние demand
  and supply
спроси́ть—see спра́шивать
спря́тать(ся)—see пря́тать(ся)
спуска́ть (спусти́ть) to let down,
  lower
  не спуска́ть глаз not to take
  one's eyes off
  спуска́ть флаг to lower the flag
спуска́ться (спусти́ться) to
  descend, go down
  спусти́ться по ле́стнице to go
  downstairs
спусти́ть(ся)—see спуска́ть(ся)
*спустя́ (adv.) after, later
  не́сколько дней спустя́ several
  days later
спу́тник fellow-traveler, satellite,
  one who travels with
  Луна́ спу́тник Земли́. The moon
  is the earth's satellite.
*сравне́ние comparison
  по сравне́нию in comparison
  сте́пени сравне́ния degrees of
  comparison

сравнивать (сравнить) to compare
сравнительно (adv.) comparatively, in comparison
сравнительный comparative
сравнить—see сравнивать
*сразу (adv.) at once, right away
среда Wednesday
  в среду on Wednesday
*среди amongst, amidst (with gen.)
  среди комнаты in the middle of the room
  среди нас among us
средний middle, medium, average
  мужчина средних лет middle-aged man
  ниже среднего below average
  средние способности average ability
  средняя школа secondary school
средство means
  жить не по средствам to live beyond one's means
  местные средства local resources
  средства к существованию means of existence
  средства производства means of production
  средства массовой информации mass media
сровнять—see равнять
срывать (сорвать) to tear away, to tear off
  сорвать маску с кого-либо to tear the mask from someone
срываться (сорваться) to break loose, break away
ссориться (поссориться) to quarrel (with), fall out (with)
*ставить (поставить) to set, place, put in a vertical position
  высоко ставить кого-либо to think highly of someone
  поставить пьесу to produce a play
  ставить всё на карту to stake all
  ставить кому-либо препятствия to put obstacles in one's way
  ставить проблему to raise a problem
  ставить условия to lay down conditions
  ставить часы to set the clock

стадион stadium
стадо herd, flock
стажировка special training
*стакан drinking glass
сталкиваться (столкнуться) to collide, run into
  Автомобили столкнулись. The cars collided.
  Интересы их столкнулись. Their interests clashed.
  Мы вчера случайно столкнулись. We ran into each other yesterday.
стало быть so, thus, consequently, it follows that
сталь (f.) steel
стандарт standard
стандартный standard (adj.)
  стандартный дом prefabricated house
*становиться (стать) to become, grow
  Его не стало. He has passed away.
  Становится холодно. It is getting cold.
  стать учителем to become a teacher
станция station
старательно diligently, assiduously
стараться (постараться) to endeavor, try
  стараться впустую to waste one's efforts
  стараться изо всех сил to do one's utmost
*старик old man
старина olden times
старинный ancient, antique
старомодный old-fashioned
старость (f.) old age
*старуха old woman
старший older, senior
  старший врач head physician
  старший сын oldest son
*старый old
  Всё по-старому. Everything is the same (all as of old).
  старая дева old maid
стать (perf.) to begin, come to be
  Он стал читать. He began to read.

стать — see станови́ться

статья́ article
  передова́я статья́ editorial
  Э́то осо́бая статья́. That's
    another matter.

*стекло́ glass
  око́нное стекло́ window glass
стекля́нный glass (adj.)
стели́ть (постели́ть) spread
  стели́ть посте́ль to make the bed
*стена́ wall
стенографи́стка stenographer (f.)
сте́пень (f.) degree, extent
  возводи́ть во втору́ю сте́пень to
    raise to the second power
  До како́й сте́пени? To what
    extent?
  до после́дней сте́пени to the last
    degree
  сте́пени сравне́ния degrees of
    comparison
  сте́пень до́ктора doctorate, Ph.D.
степь (f.) steppe
стере́ть — see стира́ть
стере́чь to guard, watch over
стесня́ться to feel shy, be ashamed
    of
  Он стесня́ется сказа́ть вам. He
    is ashamed to call you.
стиль (m.) style
  возвы́шенный стиль grand style
сти́мул incentive, stimulus
стипе́ндия stipend, scholarship
стира́ть (стере́ть) to wipe, clean,
    erase
  стира́ть пыль to dust
стира́ть (вы́стирать) to wash,
    launder
стихи́ (pl.) verse, poems, poetry
стихотворе́ние poem
сто hundred
*сто́ить (imp.) to cost, to be worth
  ничего́ не сто́ит to be worthless
  Ско́лько э́то сто́ит? How much
    does it cost?
  Сто́ит проче́сть э́то. It is worth
    reading.
  Э́то сто́ило ему́ большо́го труда́.
    This cost him much trouble.
*стол table
  накрыва́ть на стол to set the
    table

  пи́сьменный стол desk
столе́тие century
столи́ца capital city
столкнове́ние collision, crash
столкну́ться — see ста́лкиваться
столо́вая dining room
столо́вый table (adj.)
  столо́вая ло́жка tablespoon
  столо́вое вино́ table wine
*сто́лько (adv.) so much, so many
  сто́лько вре́мени so much time
  сто́лько, ско́лько as much as
стона́ть to moan, groan
сторгова́ться — see торгова́ться
сто́рож watchman, guard
*сторона́ side
  брать чью́-либо сто́рону to take
    someone's side
  име́ть свои́ хоро́шие сто́роны to
    have one's good points
  ро́дственник со стороны́ отца́
    relative on one's father's side
  с друго́й стороны́ on the other
    hand
  с мое́й стороны́ for my part
  уклоня́ться в сто́рону to
    deviate
  шу́тки в сто́рону joking aside
*стоя́ть to stand
  Пе́ред ним стои́т вы́бор. He is
    faced with a choice.
  Со́лнце стои́т высоко́ на не́бе.
    The sun is high in the sky.
  стоя́ть на коле́нях to kneel
  стоя́ть на я́коре to be at anchor
  Часы́ стоя́т. The watch has
    stopped.
страда́ние suffering
страда́ть (пострада́ть) to suffer
страна́ country
страни́ца page
*стра́нно (adv.) strangely, in a
    strange way
стра́нный strange, queer, odd,
    funny
стра́стно (adv.) passionately
стра́стный ardent, fervent,
    passionate
страсть (f.) passion
стратосфе́ра stratosphere
страх fear, fright
страхо́вка insurance

*стра́шно (adv.) it is terrible, terribly, awfully

стра́шный terrible, frightful, fearful

стре́лка pointer, hand (of a clock)

стри́чься (постри́чься) to have one's hair cut

стро́гий strict, severe

стро́го (adv.) strictly, severely

стро́ить (постро́ить) to build, construct

строй system, order, formation

стро́йный well-proportioned, well-composed

строка́ line

  чита́ть ме́жду строк to read between the lines

студе́нт, студе́нтка student (m., f.)

сту́день aspic

студи́ть (остуди́ть) to cool off

сту́дия studio, workshop

стук knock, tap, noise

сту́кать (сту́кнуть) to knock, rap, pound

сту́кнуть — see сту́кать

*стул chair

стуча́ть (постуча́ть) to knock, rap

  Стучи́т в виска́х. The blood is pounding at my temples.

  стуча́ть в дверь to knock on the door

стыд shame

стыдли́во (adv.) shamefacedly, bashfully, shyly

*сты́дно it is a shame, it is disgraceful

  Как вам не сты́дно! You ought to be ashamed of yourself.

  Мне сты́дно. I am ashamed.

суббо́та Saturday

  в суббо́ту on Saturday

суд law court, justice, judgment

суди́ть to try, referee, judge

  наско́лько он мо́жет суди́ть to the best of his judgment

  суди́ть по вне́шнему ви́ду to judge by appearances

судьба́ fate, destiny, fortune

  искуша́ть судьбу́ to tempt one's fate

судья́ judge

сумасше́дший mad

сумасше́дшая ско́рость breakneck speed

  Э́то бу́дет сто́ить сумасше́дших де́нег. It will cost an enormous sum.

суматоха bustle, turmoil

сумбу́р confusion

*суме́ть (perf.) to know how, be able, succeed, to manage to

  Он не суме́ет э́того сде́лать. He will not be able to do it.

су́мка handbag, pouch, pocketbook

су́мма sum

су́мрак twilight, dusk

сунду́к trunk, box, chest

су́нуть (perf.) to poke, thrust, shove

  су́нуть свой нос to pry

  су́нуть что́-либо в карма́н to slip something in one's pocket

суп soup

супру́г (m.), супру́га (f.) spouse

суро́во (adv.) severely, sternly

суро́вый severe, stern

су́тки twenty-four hours, day

су́хо (adv.) it is dry, dryly

*сухо́й dry, arid

  сухо́й кли́мат dry climate

  сухо́й приём cold reception

суши́ть (вы́сушить) to dry

существо́ being, creature

существова́ние existence

существова́ть to be, exist

  существу́ют лю́ди, кото́рые there are people who

  Э́то существу́ет. It exists.

сфе́ра sphere, realm

  сфе́ра влия́ния sphere of influence

  Э́то вне его́ сфе́ры. It is out of his realm.

сфинкс sphinx

схвати́ть — see хвата́ть

*сходи́ть (сойти́) to go down, get off, alight

  Кра́ска сошла́ со стены́. The paint came off the wall.

  сходи́ть с ума́ to go mad

схо́дный similar, suitable

схо́дство likeness, resemblance

сце́на stage, scene

устра́ивать сце́ну   to make a scene

счастли́вый   happy, fortunate

Счастли́вого пути́!   Have a good trip!

сча́стье   luck, happiness

к сча́стью   fortunately

счесть — see счита́ть

счёт   calculation, score, bill

на счёт   on account

На э́тот счёт вы мо́жете быть споко́йны.   You may be easy on that score.

откры́ть (perf.) **счёт**   to open an account

по его́ счёту   by his reckoning

приня́ть (perf.) **что́-либо на свой счёт**   to take something as referring to oneself

своди́ть ста́рые счёты   to pay off old scores

*счита́ть (счесть)   to count, consider

Он счита́ет его́ че́стным челове́ком.   He considers him an honest man.

счита́ть по па́льцам   to count on one's fingers

счита́ть себя́   to consider oneself (to be)

счита́ться (посчита́ться)   to consider, take into consideration, reckon

Он счита́ется хоро́шим учи́телем.   He is considered a good teacher.

счита́ется, что   it is considered that

Э́то не счита́ется.   It does not count.

сшить — see шить

съедо́бный   edible

съезд   congress, convention, conference

съесть — see есть

сыгра́ть — see игра́ть

сын   son

сыр   cheese

сы́ро   (adv.) damply, it is damp

*сыро́й   damp, raw, uncooked

сыра́я пого́да   damp weather

сыро́е мя́со   raw meat

сыро́й материа́л   raw material

сы́рость   (f.) dampness

сы́тый   satisfied, replete

сэконо́мить — see эконо́мить

*сюда́   here, hither

Иди́те сюда́.   Come this way. Come here.

сюже́т   subject, topic, plot

сюрпри́з   surprise, unexpected present

сюрту́к   frock coat

Т

таба́к   tobacco

табли́ца   table, chart

табли́ца логари́фмов   table of logarithms

таи́нственный   mysterious, secret

таи́ть (утаи́ть)   to hide, conceal

не́чего греха́ таи́ть   it must be confessed

таи́ть зло́бу на кого́-либо   to bear malice, have a grudge against someone

таи́ться   to be hidden, be concealed, hide oneself

Не тайсь от меня́.   Don't conceal anything from me.

тайко́м   (adv.) secretly, surreptitiously

*та́йна   mystery, secret, secrecy

выдава́ть та́йну   to betray a secret

держа́ть что́-либо в та́йне   to keep something secret

не та́йна, что   it is no secret that

под покро́вом та́йны   under the veil of secrecy

та́йно   (adv.) secretly, underhandedly

та́йный   secret, covert, clandestine

*так   so, thus, in this way

Вот так.   That's the right way.

е́сли так   if that's the case

Здесь что́-то не так.   There is something wrong here.

и́менно так   just so

ита́к да́лее (и т.д.)   and so forth, etc.

Как бы не так. Nothing of the sort.

не так ли? Isn't it so?

Она́ так же краси́ва как её сестра́. She is just as pretty as her sister.

Он говори́л так, как бу́дто она́ не зна́ла. He spoke as though she didn't know.

Сде́лайте так, что́бы она́ не зна́ла. Do it so that she won't know.

так ва́жно so important

Так вы его́ зна́ете! So you know him!

так давно́ so long ago

Так ему́ и на́до. It serves him right.

так и́ли и́наче in any event

так как она́ уже́ уе́хала since she has already left

Так ли э́то? Is that really so?

так называ́емый so-called

та́к себе́ so-so, middling

Я так и сказа́л ему́ That's exactly what I told him.

*та́кже also, in addition, either

Он та́кже пое́дет в Москву́. He will also go to Moscow.

Он та́кже не пое́дет в Москву́. He will not go to Moscow, either.

*тако́й such, such a

в тако́й-то час at such and such an hour

Вы всё тако́й же. You are just the same.

таки́м о́бразом in this way

тако́й же как the same as

Что тако́е? What is the matter?

Что э́то тако́е? What is that?

такси́ (n., not declined) taxi

такт tact, bar (in music)

отсу́тствие та́кта tactlessness

челове́к с та́ктом a man of tact

такти́чно tactfully, with tact

тала́нт talent, gift

тала́нтливо (adv.) ably, finely

тала́нтливость (f.) talent, gifted nature

тала́нтливый gifted, talented

та́лия waist

*там there

та́нец dance

пойти́ на та́нцы to go to a dance

танцева́ть to dance

*таре́лка plate

таска́ть, тащи́ть to drag, pull, lag

та́ять (раста́ять) to melt, thaw

Его́ си́лы та́ют. His strength is dwindling.

Зву́ки та́ют. The sounds are fading away.

твёрдость (f.) hardness, solidity, firmness

твёрдый hard, firm, steadfast

стать твёрдо ного́й где́-либо to secure a firm footing somewhere

твёрдые це́ны fixed prices

твёрдое убежде́ние firm conviction

*твой, твоя́, твоё, твои́ your, familiar (m., f., n., pl.)

тво́рческий creative

т. е. (то есть) that is

теа́тр theater

театра́льный theatrical, melodramatic

текст text

телеви́дение television

телеви́зор television set

телегра́мма telegram

телесериа́л television series

телефо́н telephone

звони́ть по телефо́ну to telephone

те́ло body

жи́дкое те́ло (in physics) liquid

твёрдое те́ло (in physics) solid

посторо́ннее те́ло foreign body

теля́тина veal

тем the (not as an article)

тем не ме́нее nevertheless

тем ху́же so much the worse

Чем бо́льше, тем лу́чше. The more, the better.

те́ма subject, topic, theme

темне́ть (потемне́ть) to grow dark

Кра́ски потемне́ли. The colors have darkened.

Темне́ет. It is getting dark.

У него́ потемне́ло в глаза́х. Everything went dark before his eyes.

темно́ (adv.) dark, it is dark

*темнота́   darkness; intellectual ignorance

*тёмный   dark, obscure

темп   rate, speed, pace

температу́ра   temperature

тенде́нция   tendency, purpose

  основна́я тенде́нция   underlying purpose

  проявля́ть тенде́нцию   to exhibit a tendency

те́ннис   tennis

  игра́ть в те́ннис   to play tennis

*тень   (f.) shade, shadow

  боя́ться со́бственной те́ни   to be afraid of one's own shadow

  держа́ться в тени́   to remain in the background

  От него́ оста́лась одна́ тень.   He is a shadow of his former self.

теоре́ма   theorem

теорети́чески   (adv.) in theory, theoretically

тео́рия   theory

*тепе́рь   now, at present, nowadays

тепло́   (adv.) warmly, it is warm

  оде́ться (perf.) тепло́   to dress warmly

  тепло́ встре́тить кого́-либо   to give someone a hearty welcome

теплота́   warmth, cordiality

тёплый   warm, cordial, kindly

  тёплая компа́ния   rascally crew

  тёплые кра́ски   warm colors

  тёплый приём   cordial welcome

тере́ть   to rub, polish, grind

термо́метр   thermometer

терпели́во   (adv.) patiently, with patience

*терпели́вость   (f.) patience, endurance

терпели́вый   patient

терпе́ние   patience, endurance, forbearance

  выводи́ть кого́-либо из терпе́ния   to try someone's patience

  вы́йти из терпе́ния   to lose patience

терпе́ть   to suffer, endure, undergo, bear

  Вре́мя те́рпит.   There's no hurry.

  Он не мо́жет э́того бо́льше терпе́ть.   He can't stand it any longer.

  терпе́ть нужду́   to suffer privation

терпи́мый   tolerant, indulgent

*теря́ть (потеря́ть)   to lose

теря́ться (потеря́ться)   to be lost, get lost, lose one's self-possession

те́сно   (adv.) narrowly, tightly, it is crowded

те́сный   cramped, tight, small, close

  те́сная дру́жба   intimate friendship

  те́сная связь   close connection

  те́сные объя́тия   tight embrace

те́сто   dough

тетра́дь   (f.) notebook, copybook

*тётя   aunt

те́хник   technician

те́хника   technic, technique

те́хникум   technical school

техни́ческий   technical

тече́ние   current (as of water), course, trend, tendency

  в тече́ние неде́ли   in the course of the week, during the week

течь   to flow (as of water), run, glide, leak

  Вре́мя течёт бы́стро.   Time flies.

  Здесь течёт.   There's a leak here.

  Река́ течёт.   The river is flowing.

  У него́ слю́нки теку́т.   His mouth is watering.

ти́гель   (m.) crucible

тип   type, model, species

ти́хий   quiet, still, low, gentle, faint

ти́хо   (adv.) quietly, faintly, gently, it is calm

ти́ше   quieter, hush!

*тишина́   quiet, silence, peace

  наруша́ть тишину́   to disturb the silence

  соблюда́ть тишину́   to make no noise

то   then, in that case, that

  Е́сли вы не пойдёте, то я пойду́.   If you don't go, (then) I will.

  Не то, что́бы мне не хоте́лось . . .   It is not that I don't want to . . .

  то́ есть (т. е.)   that is

*това́рищ   comrade

*тогда́   then, at that time

тогда́ же   at the same time

тогда́шний   of that time

то́же   also, too, likewise, as well

Он то́же пойдёт.   He is going, too (as well).

Он то́же не зна́ет.   He does not know, either.

То́же хоро́ш!   You are a nice one, to be sure.

Я то́же не бу́ду.   Neither will I.

толка́ть (толкну́ть)   to push, shove

толкну́ть — see **толка́ть**

толко́вый   intelligible, clear, sensible

толпа́   crowd, throng

толсте́ть (потолсте́ть)   to become fat

то́лстый   fat, thick, heavy, stout

то́лько   only, merely, solely

Где то́лько он не быва́л!   Where has he not been!

как то́лько   as soon as

Он то́лько хоте́л узна́ть.   He only wanted to know.

то́лько в после́днюю мину́ту   not until the last moment

то́лько что   just now

Ты то́лько поду́май!   Just think!

том   volume

томи́тельно   (adv.) it is wearisome

томи́тельный   wearisome, tedious, trying, painful

томи́ть (утоми́ть)   to weary, tire, wear out

Его́ томи́т жара́.   He is exhausted by the heat.

тон   tone

Не говори́те таки́м то́ном.   Don't use that tone of voice.

то́ном вы́ше   in more excited tones, a tone higher

то́ненький   slender, slim

*__**то́нкий**   thin, fine, delicate, slender

Где то́нко, там и рвётся.   The strength of the chain is determined by its weakest link.

то́нкая фигу́ра   slender figure

то́нкие черты́ лица́   delicate features

то́нкий вкус   delicate taste

то́нкий намёк   gentle hint

то́нкий слой   thin layer

то́нкий слух   keen ear

то́нкое разли́чие   subtle distinction

то́нко   (adv.) thinly, subtly

то́нкость   (f.) thinness, delicacy, subtlety, fine point

тону́ть (утону́ть)   to sink, drown

топи́ть (утопи́ть)   to sink, drown (something else)

топи́ть го́ре в вине́   to drown one's sorrows in drink

топи́ть су́дно   to sink a ship

топи́ться (утопи́ться)   to drown oneself

топо́р   axe

торгова́ться (сторгова́ться)   to bargain

торго́вец   merchant, dealer

торго́вля   trade, commerce

торже́ственный   solemn, festive, triumphant

торжество́   festival, celebration, triumph

торжествова́ть   to celebrate, triumph, exult

то́рмоз   brake, hindrance

тормози́ть   to brake, hinder

торопи́ться (поторопи́ться)   to hurry, be in a hurry

На́до торопи́ться.   You must hurry.

не торопя́сь   leisurely

торопи́ться в теа́тр   to hurry to the theater

торт   cake

тоска́   melancholy, depression, tedium, yearning

тоска́ по ро́дине   homesickness

У него́ тоска́ на се́рдце.   His heart is heavy.

Э́та кни́га — одна́ тоска́.   This book is very boring

тост   toast

*__**тот, та, то, те**   that, those (m., f., n., pl.)

вме́сте с тем   at the same time

де́ло в том, что   the fact is that

и тому́ подо́бное (и т. п.)   and so on

кро́ме того́   besides that

к тому́ же   moreover

несмотря́ на то, что   in spite of the fact that

ни с того́, ни с сего́   for no reason at all

по́сле того́, как   after

с тех пор   since then

*__то́чка__   point, dot, spot, period

попа́сть в то́чку   to strike home, hit the nail on the head

то́чка зре́ния   point of view

то́чка с запято́й   semicolon

то́чно   (adv.) exactly, precisely, accurately

то́чно так   just so, exactly

то́чность   (f.) exactness, precision, accuracy

тошни́ть   to be nauseous

Его́ тошни́т.   He feels sick.

Меня́ тошни́т.   I feel nauseous.

От э́того тошни́т   It is sickening.

трава́   grass

траге́дия   tragedy

траги́чески   (adv.) tragically

траги́ческий   tragic

траги́ческий актёр   tragedian

тради́ция   tradition

тра́ктор   tractor

трамва́й   (m.) streetcar

е́здить на трамва́е   to go by streetcar

*__тра́тить (истра́тить)__   to spend, expend

тра́ур   mourning

тре́бование   demand, request, claim

тре́бовательный   exacting, fastidious, particular

тре́бовать (потре́бовать)   to demand, urge, require

трево́га   alarm, anxiety, uneasiness

ло́жная трево́га   false alarm

трево́жить (потрево́жить)   to disturb, harass, make uneasy

тре́зво   soberly

тре́звый   sober (sensible), abstinent

трепета́ние   trembling, trepidation

трепета́ть   to tremble, quiver, thrill

Трепета́ть от ра́дости   to thrill with joy

трепета́ть при мы́сли   to tremble at the thought

тре́снуть—see **треща́ть**

тре́тий   third

треуго́льник   triangle

треща́ть (тре́снуть)   to crack, crackle

три   three

тривиа́льный   banal, trite

три́дцать   thirty

тридца́тый   thirtieth

трина́дцать   thirteen

трина́дцатый   thirteenth

три́ста   three hundred

тро́гательно   (adv.) pathetically, touchingly

тро́гательный   touching, moving, affecting, pathetic

*__тро́гать (тро́нуть)__   to touch, disturb, trouble

Не тронь его́!   Leave him alone!

Э́то не тро́гает его́.   It does not move him.

тролле́йбус   trolley bus

тро́нуть—see **тро́гать**

тротуа́р   sidewalk

труба́   pipe, chimney, smokestack

*__труд__   labor, difficulty, work

без труда́   without effort

жить свои́м трудо́м   to live by one's own labor

Он с трудо́м её понима́ет.   He understands her with difficulty.

сли́шком мно́го труда́   too much trouble, too much work

тру́дно   (adv.) with difficulty, it is difficult

тру́дный   difficult, hard, arduous

тру́дный вопро́с   difficult question

тру́дный ребёнок   unmanageable child

труп   corpse, dead body

трус   coward

трусли́во   (adv.) apprehensively, in a cowardly manner

трусли́вый   cowardly, timid

трущо́ба   slum

тря́пка   rag, duster, spineless creature

трясти́сь   (imp.) to shake, tremble, shiver

Он весь трясётся.   He is trembling all over.

трясти́сь от хо́лода   to shiver with cold

*туда́ there, thither

  биле́т туда́ и обра́тно round-trip ticket

  Туда́ ему́ и доро́га. It serves him right.

  туда́ и сюда́ here and there

тума́н mist, fog, haze

  быть как в тума́не to be in a fog

  напусти́ть тума́ну to obscure

  Тума́н рассе́ялся. The fog has cleared.

тума́нно (adv.) hazily, obscurely, vaguely

тума́нный misty, foggy, obscure

  тума́нный смысл hazy meaning

тупи́к dead-end street, blind alley

  найти́ вы́ход из тупика́ to find a way out of an impasse

тупо́й blunt, dull, stupid

  тупо́е зре́ние dim sight

  тупо́й учени́к dunce

ту́пость (f.) bluntness, dullness, stupidity

тури́ст tourist

ту́склый dim, dull, lusterless

  ту́склая жизнь dreary life

  ту́склый свет dim light

  ту́склый стиль lifeless style

*тут here

  не тут-то бы́ло nothing of the sort

  тут же there and then

ту́фля shoe, slipper

ту́ча storm cloud, swarm

  смотре́ть ту́чей to lower (look very angry)

  ту́ча мух swarm of flies

тушёный stewed

туши́ть (потуши́ть) to put out, quell, stew

  туши́ть газ to turn off the gas

  туши́ть свет to put out the light

тща́тельный careful, painstaking

тще́тно (adv.) vainly, in vain

тще́тный vain, futile

*ты you (sing., familiar)

ты́сяча thousand

ты́сячный thousandth

тюрба́н turban

тюрьма́ prison

*тяжело́ (adv.) heavily, seriously, gravely

  Ему́ тяжело́. It is hard for him.

  тяжело́ бо́лен dangerously ill

  тяжело́ вздыха́ть to sigh heavily

тяжёлый heavy, severe, difficult, serious

  тяжёлая боле́знь serious illness

  тяжёлая рабо́та hard work

  тяжёлое наказа́ние severe punishment

  тяжёлые времена́ hard times

  У него́ тяжёлый хара́ктер. He is hard to get along with.

тя́жесть (f.) weight, gravity

тяну́ть (потяну́ть) to pull, draw, drag

  Его́ тя́нет домо́й. He longs to go home.

  Не тяни́! Hurry up! Don't drag it out.

  тяну́ть всё ту же пе́сню to harp on the same string

  тяну́ть жре́бий to draw lots

  тяну́ть кого́-либо за рука́в to pull someone by the sleeve

  тяну́ть но́ту to sustain a note

тяну́ться (потяну́ться) to stretch, extend

  Дни тя́нутся однообра́зно. The days drag on monotonously.

  Равни́на тя́нется на сто киломе́тров. The plain extends for 100 kilometers.

  Цвето́к тя́нется к со́лнцу. The flower turns towards the sun.

У

*у by, at near, at the home of, possession (with gen.)

  Он был у меня́. He was at my house.

  стоя́ть у две́ри to stand near, by the door

  у меня́ есть I have

  Я э́то взял у неё. I took it from her.

уба́вить—see **убавля́ть**

убавля́ть (уба́вить) to diminish, reduce, lessen

  Он убавля́ет себе́ го́ды. He makes himself out younger than he is.

  уба́вить в ве́се to lose weight

  убавля́ть це́ну to lower the price

убеди́тельный convincing, persuasive

убега́ть (убежа́ть) to run away

убеди́ть—see **убежда́ть**

убежа́ть—see **убега́ть**

убежда́ть (убеди́ть) to convince, persuade

убежде́ние persuasion, conviction

  Все убежде́ния бы́ли напра́сны. All persuasion was in vain.

  де́йствовать по убежде́нию to act according to one's convictions

убива́ть (уби́ть) to kill, slay

  убива́ть вре́мя to kill time

  убива́ть мо́лодость to waste one's youth

  Хоть убе́й не зна́ю. I couldn't tell you to save my life.

уби́йство murder, assassination

уби́йца killer

*убира́ть to remove, take away, to clean

  убира́ть ко́мнату to clean a room

  убира́ть со стола́ to clear the table

уби́ть—see **убива́ть**

*убо́рная lavatory, dressing room

убра́ть—see **убира́ть**

уважа́емый respected

*уважа́ть to respect, esteem

  глубоко́ уважа́ть to hold in high respect

  уважа́ть себя́ to have self-respect

уваже́ние respect, esteem

  из уваже́ния in deference

  Он досто́ин уваже́ния. He is worthy of respect.

  по́льзоваться глубо́ким уваже́нием to be held in high respect

увеличе́ние increase, extension, expansion, enlargement

увели́чивать (увели́чить) to increase, enlarge, extend

увеличи́тельный magnifying

увели́чить—see **увели́чивать**

увере́ние assurance, protestation

уве́ренно (adv.) confidently, with confidence

уве́ренность (f.) confidence

  с уве́ренностью with confidence

  уве́ренность в себе́ self-reliance

уве́ренный sure, assured, positive, confident

  бу́дьте уве́рены you may be sure

  уве́ренная рука́ sure hand

  уве́ренный шаг confident step

уве́рить—see **уверя́ть**

уверя́ть (уве́рить) to assure, convince

  уверя́ю вас, что I assure you that

уви́деть—see **ви́деть**

увлека́тельный fascinating, captivating

увлека́ть (увле́чь) to fascinate, captivate, allure, entice

увлече́ние enthusiasm, animation

  говори́ть с увлече́нием to speak with enthusiasm

  его́ ста́рое увлече́ние an old flame of his

увле́чь—see **увлека́ть**

увы́! alas!

угада́ть—see **уга́дывать**

уга́дывать (угада́ть) to guess, divine

углублённый deep, profound, absorbed

угова́ривать (уговори́ть) to try to persuade, talk into

угова́риваться (уговори́ться) to arrange (with), agree

  Они́ уговори́лись встре́титься в библиоте́ке. They arranged (agreed) to meet at the library.

уговори́ть(ся)—see **угова́ривать(ся)**

уго́дно (adv.) wished, desired; any-, -ever

  Задава́йте каки́е уго́дно вопро́сы. Ask any questions you like.

  как вам уго́дно as you please

  как уго́дно anyhow

  кто уго́дно anybody

  ско́лько душе́ уго́дно to one's heart's content

у́гол corner, angle

в углý in the corner
за углóм around the corner
зáгнутые углы́ dog-eared pages
имéть свой ýгол to have a home of one's own
под прямы́м углóм at right angles
ýголь coal
угост́ить—see угощáть
угощáть (угости́ть) to treat, entertain
угощéние treating, refreshments
угрю́мый sullen, gloomy, morose
удалённый remote
удали́ться—see удаля́ться
удаля́ться (удали́ться) to move off, away
удаля́ться от бéрега to move away from the shore
удаля́ться от тéмы to wander from the subject
удáр blow, stroke
одни́м удáром уби́ть двух зáйцев to kill two birds with one stone
сóлнечный удáр sunstroke
Э́то для негó тяжёлый удáр. It is a hard blow for him.
ударéние accent, stress, emphasis
удáрить—see ударя́ть
*ударя́ть (удáрить) to hit, strike
Мóлния удáрила. Lightning struck.
удáрить когó-либо по кармáну to cost someone a pretty penny
ударя́ть по столý to bang on the table
удáться (perf.) to turn out well, be a success
Емý удалóсь найти́ э́то. He succeeded in finding it.
Мы хотéли поéхать, но нам не удалóсь. We wanted to go, but it didn't work out.
удáча good luck, success
Емý всегдá удáча. He always has luck.
удáчи и неудáчи ups and downs
удáчно (adv.) successfully, well
*удáчный successful, apt
удáчная попы́тка successful attempt

удáчное выражéние apt expression
удéльный specific
удéльный вес specific gravity
удиви́тельно (adv.) amazingly, astonishingly, it is strange
не удиви́тельно, что no wonder that
удиви́тельный astonishing, surprising, striking, amazing, wondrous
*удиви́ть(ся)—see удивля́ть(ся)
удивлéние astonishment, surprise, wonder, amazement
рази́нуть рот от удивлéния to be open-mouthed with astonishment
удивля́ть (удиви́ть) to astonish, surprise, amaze
удивля́ть(ся) (удиви́ть(ся)) to surprise; to be surprised, wonder at
Вот онá удиви́ться. She will be so surprised.
удóбно (adv.) comfortably, conveniently
Емý удóбно. He feels comfortable.
éсли емý э́то удóбно if it is convenient for him
*удóбный comfortable, handy, convenient
удóбное крéсло comfortable armchair
удóбный момéнт opportune moment
удóбный слýчай opportunity
удóбство comfort
удовлетворéние satisfaction, gratification
находи́ть удовлетворéние to find satisfaction
получáть пóлное удовлетворéние to be fully satisfied
удовлетвори́тельно (adv.) satisfactorily
удовлетвори́тельный satisfactory, satisfying
удовлетвори́ть—see удовлетворя́ть
удовлетворя́ть (удовлетвори́ть) to satisfy, content, comply with
удовóльствие pleasure
жить в своё удовóльствие to enjoy one's life

получи́ть удово́льствие от чего́-
либо to enjoy something
с удово́льствием with pleasure,
gladly
уедине́ние solitude, seclusion
уединённо (adv.) solitarily
уезжа́ть (уе́хать) to leave, go away,
depart (by conveyance)
уе́хать—see уезжа́ть
у́жас terror, horror
быть в у́жасе to be horrified
Како́й у́жас! How terrible!
У́жас как хо́лодно. It is terribly
cold.
ужа́сно (adv.) terribly, horribly,
awfully, it is terrible
ужа́сный terrible, horrible
уже́ already, no longer
Он уже́ не ребёнок. He is no
longer a child.
Он уже́ ко́нчил. He has already
finished.
уже́ давно́ long time ago
уже́ не раз more than once
*у́жин supper
за у́жином at supper
у́жинать (поу́жинать) to have
supper
у́зел knot, bundle
завя́зывать у́зел to tie a knot
*у́зкий narrow, tight
у́зкие взгля́ды narrow views
*узнава́ть (узна́ть) to recognize,
find out
Он узна́л её по го́лосу. He knew
her by her voice.
Он узна́л мно́го но́вого. He
learned much that was new to him.
Узна́йте по телефо́ну, когда́
начало́ спекта́кля. Call to find
out when the play begins.
узна́ть—see узнава́ть
уйти́—see уходи́ть
ука́з decree, edict
указа́тельный indicating,
indicatory
указа́тельный па́лец forefinger
указа́ть—see ука́зывать
ука́зывать (указа́ть) to show,
indicate, point out
укла́дываться (уложи́ться) to
pack

укра́сть—see красть
укрепи́ть—see укрепля́ть
укрепле́ние strengthening,
fortifying
укрепля́ть (укрепи́ть) to fortify,
strengthen
у́ксус vinegar
уку́с bite, sting
укуси́ть (perf.) to bite, sting
Кака́я му́ха его́ укуси́ла? What
possessed him?
ула́дить (perf.) to settle, arrange
ула́дить спо́рный вопро́с to
settle a controversial question
*у́лица street
на у́лице on the street, out of
doors
уложи́ться—see укла́дываться
уло́женный packed
улучша́ть(ся) (улу́чшить(ся)) to
improve (something); to improve
(itself), make better
Его́ здоро́вье улу́чшилось. His
health has improved.
улу́чшить(ся)—see улучша́ть(ся)
*улыба́ться (улыбну́ться) to smile
Жизнь ему́ улыба́лась. Life
smiled on him.
не улыба́ясь unsmilingly
улы́бка smile
улыбну́ться—see улыба́ться
*ум mind, wit, intellect
в здра́вом уме́ in one's right
senses
ему́ пришло́ на ум it occurred to
him
сходи́ть с ума́ to go mad
Ум хорошо́, а два лу́чше. Two
heads are better than one.
уменьша́ть(ся) (уме́ньшить(ся))
to diminish, decrease, lessen; to be
diminished
уменьши́тельный diminutive
уме́ньшить(ся)—see
уменьша́ть(ся)
уме́ренность (f.) moderation,
temperance
уме́ренный moderate, temperate
умере́ть—see умира́ть
уме́ть to know how, be able
Он сде́лает э́то как уме́ет. He'll
do it to the best of his ability.

умира́ть (умере́ть)   to die
  умира́ть от ску́ки   to be bored to
  death
умно́   (adv.) cleverly, wisely,
  sensibly
умноже́ние   multiplication, increase
*у́мный   clever, intelligent
умолка́ть (умо́лкнуть)   to fall
  silent
умо́лкнуть—see умолка́ть
умоля́ть   to entreat, implore
умоля́ющий   pleading, suppliant
у́мственный   mental, intellectual
умыва́ть(ся) (умы́ть(ся))   to wash
  (something); to wash (oneself)
умы́ть(ся)—see умыва́ть(ся)
унести́—see уноси́ть
универса́льный   universal
университе́т   university
униже́ние   humiliation
уничтожа́ть (уничто́жить)   to
  destroy, crush, wipe out
  Ого́нь всё уничто́жил.   The fire
  has destroyed everything.
уничто́жить—see уничтожа́ть
уноси́ть (унести́)   to take away,
  carry off
  Воображе́ние унесло́ его́ далеко́.
  He was carried away by his
  imagination.
уны́ло   despondently, dolefully
уны́лый   sad, dismal, despondent
упа́док   decline, breakdown
  приходи́ть в упа́док   to fall into
  decay
  упа́док ду́ха   low spirits
упако́ван   packed
упа́сть—see па́дать
упое́ние   rapture, ecstasy
упомина́ть (упомяну́ть)   to
  mention, refer to
  упомина́ть вско́льзь   to mention
  in passing
упомяну́ть—see упомина́ть
упо́рный   persistent, stubborn
употреби́тельный   common,
  generally used
употреби́ть—see употребля́ть
употребля́ть (употреби́ть)   to
  make use of
  употреби́ть власть   to exercise
  one's authority

употреби́ть все уси́лия   to exert
  every effort
употребля́ться (употреби́ться)   to
  be in use
  широко́ употребля́ется   to be in
  common usage
управле́ние   management, control,
  conducting
управля́ть   to govern, rule, manage,
  conduct
управля́ться (упра́виться)   to
  manage to
  упра́вится с дела́ми   to finish up
  business
упражне́ние   exercise
упражня́ться   to practice
упрёк   reproach, reproof
упрека́ть (упрекну́ть)   to reproach,
  upbraid
упрекну́ть—see упрека́ть
упроще́ние   simplification
упря́мство   stubbornness,
  obstinacy
*упря́мый   obstinate, stubborn
уравне́ние   equalization, equation
  (math.)
ура́внивать (уровня́ть)   to
  equalize, level
урага́н   hurricane
у́ровень   (m.) level, standard
  жи́зненный у́ровень   standard of
  living
  у́ровень воды́   water level
уровня́ть—see ура́внивать
*уро́к   lesson
ус, усы́   (pl.) mustache, whiskers
  мота́ть что́-либо себе́ на ус   to
  observe something silently
усе́рдие   zeal, diligence
усе́рдный   zealous, diligent
уси́лие   effort
уско́рить—see ускоря́ть
ускоря́ть (уско́рить)   to hasten,
  quicken, expedite
усла́ть—see усыла́ть
*усло́вие   condition, term
  ни при каки́х усло́виях   under no
  circumstances
  обяза́тельное усло́вие
  indispensable condition
  при усло́вии, что   on condition
  that

усло́вия догово́ра   terms of the
  treaty
усло́вия жи́зни   conditions of life
ста́вить усло́вия   to lay down
  terms
усложне́ние   complication
услу́га   service, good turn
  к ва́шим услу́гам   at your service
  ока́зывать кому́-либо услу́гу   to
  do someone a service
  Услу́га за услу́гу.   One good turn
  deserves another.
услу́живать (услужи́ть)   to render
  a service, do a good turn
услужи́ть—see услу́живать
услы́шать—see слы́шать
усмотре́ние   discretion, judgment
*успе́ть   (perf.) to have time
  Ему́ уже́ не успе́ть на по́езд.   He
  cannot be on time for the train.
  Он успе́л ко́нчить уро́к.   He had
  time to finish the lesson.
*успе́х   success, good luck
  де́лать успе́хи   to make progress
  Жела́ю вам успе́ха.   I wish you
  good luck.
  по́льзоваться успе́хом   to be a
  success
успе́шно   (adv.) successfully
успе́шный   successful
успока́ивать(ся) (успоко́ить(ся))
  to calm, soothe, appease
  успока́ивать свою́ со́весть   to
  salve one's own conscience
  Успоко́йтесь.   Compose yourself.
  Calm yourself.
успоко́ить(ся)—see
  успока́ивать(ся)
*устава́ть (уста́ть)   to get tired
уста́лость   (f.) tiredness, weariness,
  fatigue
уста́лый   tired, weary, fatigued
  У вас уста́лый вид.   You look
  tired.
уста́ть—see устава́ть
у́стный   oral, verbal
устра́ивать (устро́ить)   to arrange,
  organize, establish
  устра́ивать сканда́л   to make a
  row
  устра́ивать свои́ дела́   to settle
  one's affairs

устро́ить так, что́бы   to arrange
  so as to
  устро́ить ребёнка в шко́лу   to get
  a child into school
  Э́то меня́ вполне́ устра́ивает.
  That suits me completely.
устра́иваться (устро́иться)   to
  settle
  Всё устро́илось.   Everything has
  turned out all right.
  Он хо́чет устро́иться в Москве́.
  He wants to settle in Moscow.
  устра́иваться в но́вой кварти́ре
  to settle in a new apartment
устремле́ние   aspiration
у́стрица   oyster
устро́ить(ся)—see устра́ивать(ся)
усту́пка   concession
  идти́ на усту́пки   to make
  concessions
усыла́ть (усла́ть)   to send away
утаи́ть—see таи́ть
утверди́тельно   (adv.) affirmatively
утверди́ть—see утвержда́ть
утвержда́ть (утверди́ть)   to affirm,
  maintain, assert, confirm
утвержде́ние   assertion, statement
утере́ть—see утира́ть
утеша́ть (уте́шить)   to comfort,
  console
утеше́ние   comfort, consolation
утеши́тельный   comforting,
  consoling
уте́шить—see утеша́ть
утира́ть (утере́ть)   to wipe, dry
у́тка   duck
утоми́тельный   tiresome, tiring,
  wearing
утоми́ть—see томи́ть, утомля́ть
утомле́ние   tiredness, weariness
утомля́ть (утоми́ть)   to tire, weary
утону́ть—see тону́ть
утопи́ть(ся)—see топи́ть(ся)
у́тренний   morning (adj.)
у́тро   morning
  в де́вять часо́в утра́   at nine
  o'clock in the morning
  До́брое у́тро.   Good morning.
  у́тром   in the morning
утю́г   iron (for clothes), flatiron
уха́живать   to nurse, look after,
  court

уха́живать за ребёнком   to tend to a child

у́хо (pl. **у́ши**)   ear

влюби́ться по́ уши   to be head over heels in love

в одно́ у́хо вошло́, в друго́е вы́шло   in one ear and out the other

Он уша́м не ве́рил.   He could not believe his ears.

уходи́ть (уйти́)   to leave, depart (on foot)

Все си́лы ухо́дят на э́то.   One's whole energy is spent on it.

От э́того не уйдёшь.   You can't get away from it.

уходи́ть в отста́вку   to retire

уходи́ть в себя́   to withdraw into oneself

уча́ствовать   to take part in, participate

уча́стие   participation, collaboration

принима́ть уча́стие в чём-либо   to take part in something

уче́бник   textbook, manual

уче́бный   educational, school

уче́бное заведе́ние   educational institution

уче́бный год   school year

уче́ние   studies, learning

ко́нчить уче́ние   to finish one's studies

учени́к, учени́ца   student (m., f.)

учёный   learned, learned person, scholar, scientist

учи́тель, учи́тельница   teacher (m., f.)

учи́ть (вы́учить, научи́ть)   to learn, study, teach

Она́ у́чит му́зыку.   She is studying music.

Он у́чит её му́зыке.   He teaches her music.

учи́ться   to learn, study

Век живи́—век учи́сь.   Live and learn.

учи́ться в университе́те   to attend the university

учи́ться на со́бственных оши́бках   to profit by one's own mistakes

ую́т   comfort, coziness

ую́тно   comfortably, cozily

ую́тный   cozy, comfortable

ую́тная ко́мната   cozy room

Ф

фа́брика   factory, mill

фабрика́нт   manufacturer

фабри́чный   industrial, manufacturing

фабри́чная ма́рка   trademark

фабри́чный го́род   industrial city

фа́була   plot, story

фа́за   phase, period

фа́зы луны́   phases of the moon

факт   fact

го́лые фа́кты   bare facts, naked facts

факт то, что   the fact is that

Фа́кты-упря́мая вещь.   You can't fight facts.

факти́чески   (adv.) practically, actually, in fact

факти́ческий   actual, factual, virtual

фа́ктор   factor

вре́менные фа́кторы   transitory factors

факульте́т   department of a university

быть на юриди́ческом факульте́те   to be a student in the law school

медици́нский факульте́т   medical school

фальсифици́рованный   counterfeited, forged, adulterated

фальши́вый   false, artificial, counterfeit

фальши́вая но́та   false note

фальши́вые зу́бы   false teeth

фами́лия   surname, family name

фамилья́рно   (adv.) unceremoniously

фамилья́рный   unceremonious, familiar

фанати́ческий   fanatic

фантази́ровать   to daydream, dream, let one's imagination run

фанта́зия fancy, fantasy,
imagination
фантасти́ческий fantastic,
fabulous
Фаренге́йт Fahrenheit
фа́ртук apron
фарфо́р porcelain, china
фарш stuffing
фарширо́ванный stuffed
фарширо́ванная ры́ба gefilte
fish
фасо́н fashion, style
на друго́й фасо́н in a different
fashion
фата́льный fatal
фа́уна fauna
февра́ль (m.) February
федера́ция federation
фейерве́рк fireworks
фен hairdryer
феномена́льный phenomenal
фе́рма farm
моло́чная фе́рма dairy farm
фе́рмер farmer
фе́тровый felt
фе́тровая шля́па felt hat
фехтова́ние fencing
фе́я fairy
фиа́лка violet
фи́га fig
фигу́ра figure
кру́пная фигу́ра outstanding
figure
представля́ть собо́ю жа́лкую
фигу́ру to cut a poor figure
У неё хоро́шая фигу́ра. She has
a good figure.
фигу́рка statuette, figurine
фи́зик physicist
фи́зика physics
физи́ческий physical
физи́ческая си́ла physical
strength
физи́ческий кабине́т physics
laboratory
фикти́вный fictitious
фи́кция fiction
филантро́п philanthropist
филантропи́ческий philanthropic
филе́ fillet
филе́й sirloin
филиа́л subsidiary, branch office

фило́соф philosopher
филосо́фски (adv.) philosophically
филосо́фия philosophy
фильм film
снима́ть фильм to make a film
цветно́й фильм color film
фина́л finale
финанси́рование financing
фина́нсовый financial
фина́нсы finances, financial
position
фи́ник date (fruit)
фиоле́товый violet (color)
фи́рма firm, company
флаг flag
флане́ль (f.) flannel
фле́йта flute
игра́ть на фле́йте to play the
flute
фли́гель (m.) wing of a building,
annex
флиртова́ть to flirt
фло́ра flora
флот fleet, the navy
возду́шный флот air force
фойе́ (n., not declined) foyer, lobby
фо́кус trick; focus
фона́рь (m.) lantern, lamp
подста́вить фона́рь кому́-либо
to give someone a black eye
у́личный фона́рь street light
фонд fund, stock, reserve
фо́ндовая би́ржа stock
exchange
фонта́н fountain
фонта́н красноре́чия fountain of
eloquence
фо́ра odds
дать фо́ру to give odds
фо́рма form, shape, uniform
в пи́сьменной фо́рме in written
form
в фо́рме ша́ра in the form of a
globe
граммати́ческие фо́рмы
grammatical forms
надева́ть фо́рму to put on a
uniform
оде́тый не по фо́рме not
properly dressed
форма́льность (f.) formality
фо́рмула formula

фортепиа́но piano

фотографи́ровать
  (сфотографи́ровать) to take a
  photograph

фотогра́фия photography

фра́за phrase, sentence
  пусты́е фра́зы mere words

франт dandy

францу́з, францу́женка
  Frenchman, woman (m., f.)

францу́зский French

фрукт fruit

фунда́мент foundation,
  groundwork

фундамента́льный fundamental,
  solid, substantial

фуникулёр funicular (railway)

функциона́льный functional

фу́нкция function

фунт pound

фуро́р furor
  произвести́ фуро́р to create a
  furor

фут foot
  длино́ю в два фу́та two feet
  long

футбо́л football, soccer
  футболи́ст football player

футуристи́ческий futuristic

фуфа́йка jersey, sweater

фы́ркать (фы́ркнуть) to snort,
  sniff
  презри́тельно фы́ркнуть to sniff
  scornfully

фы́ркнуть—see **фы́ркать**

X

хала́т dressing gown, bathrobe

хандра́ the blues
  На него́ напа́ла хандра́. He has
  the blues.

*ха́ос chaos

*хара́ктер disposition, temper,
  character
  име́ть твёрдый хара́ктер to have
  a strong will or character
  тяжёлый хара́ктер difficult
  nature

характери́стика characteristics

характе́рно (adv.)
  characteristically

характе́рный typical, distinctive,
  characteristic

ха́та hut
  Моя́ ха́та с кра́ю. It's no concern
  of mine. (My hut is on the
  outskirts.)

*хвали́ть (похвали́ть) to
  commend, praise

хва́стать(ся) (похва́стать(ся)) to
  brag, boast

хвата́ть (схвати́ть) to snatch,
  seize, grasp, grab
  хвата́ть кого́-либо за́ руку to
  seize someone by the hand
  хвата́ть чтó-либо на лету́ to be
  very quick at something
  хвата́ться за соло́минку to grasp
  at a straw

хвата́ть (хвати́ть) to suffice, be
  enough, last out
  Ему́ хвати́ло вре́мени. He had
  the time.
  На сего́дня хва́тит. That will do
  for today.
  Э́того ему́ хва́тит на ме́сяц. It
  will last him for a month.

хвати́ть—see **хвата́ть**

хвост tail, train
  бить хвосто́м to lash the tail
  хвост коме́ты tail of a comet

хи́мик chemist

хими́ческий chemical

хи́мия chemistry

хиру́рг surgeon

хи́тро (adv.) slyly, cunningly

*хи́трый cunning, artful, sly

хладнокро́вие coolness,
  composure, equanimity
  сохраня́ть хладнокро́вие to keep
  one's head

хладнокро́вный cool, composed

*хлеб bread, grain
  жить на чужи́х хлеба́х to live at
  someone else's expense
  зараба́тывать себе́ на хлеб to
  earn one's living
  отби́ть (perf) **у кого́-либо хлеб**
  to take the bread out of
  someone's mouth

хле́бница breadbasket

хлеб-соль hospitality (bread and salt)

хлопотáть (похлопотáть) to bustle about, take the trouble, solicit

  Не хлопочúте! Don't bother!

  хлопотáть о мéсте to seek a job

хлóпоты trouble, cares, fuss

  несмотря́ на все егó хлóпоты in spite of all the trouble he has taken

  Не стóит хлопóт. It is not worth the trouble.

хмýриться (нахмýриться) to frown, lower, be overcast

хмýрый gloomy, sullen

*ход motion, run, course, speed, entry

  быть в ходý to be in vogue

  зáдний ход backward motion

  знать все хóды и вы́ходы to know all the ins and outs

  лóвкий ход clever move

  тúхий ход slow speed

  ход мы́слей train of thought

  ход собы́тий course of events

*ходúть to go, walk (habitual action)

  Пóезд хóдит кáждый день. There is a train every day.

  Слýхи хóдят. Rumors are afloat.

  Тýчи хóдят по нéбу. Storm clouds are drifting across the sky.

  ходúть вокрýг да óколо to beat around the bush

  ходúть в шкóлу to attend school

  ходúть на лы́жах to ski

  ходúть по магазúнам to go shopping

  ходúть пóд руку to walk arm in arm

ходьбá walking

  полчасá ходьбы́ half an hour's walk

*хозя́ин master, boss, proprietor, owner, host, landlord

  Он хорóший хозя́ин. He is thrifty and industrious.

  хозя́ин положéния master of the situation

хозя́йка mistress, owner, hostess, landlady

  домáшняя хозя́йка housewife

*хозя́йничать (imp.) to keep house, manage a household, play the boss

хозя́йство economy, household

  занимáться хозя́йством to keep house

  плáновое хозя́йство planned economy

  сéльское хозя́йство agriculture

холм hill, mound

хóлод cold

холодéц jellied meat

холодúльник refrigerator

хóлодно (adv.) coldly, it is cold

  Мне хóлодно. I am cold.

  хóлодно встрéтить когó-либо to receive someone coldly

*холóдный cold, cool

холостóй unmarried (of men)

холостя́к bachelor

хор chorus

хоронúть (похоронúть) to bury

хорóшенький pretty, nice

  хорóшенькая истóрия a pretty kettle of fish

хорошéть (похорошéть) to grow prettier, better-looking

*хорóший good

  Всегó хорóшего. Goodbye. (All of the best.)

  Онá хорошá собóй. She is good-looking.

  хорóшая погóда good weather

  Что хорóшего? What's new?

  Это дéло хорóшее. That's a good thing.

*хорошó (adv.) good, well, nice

  Вот хорошó. That's fine.

  Вы хорошó сдéлаете, éсли придёте. You would do well to come.

  Емý хорошó здесь. He is comfortable here.

  óчень хорошó very well

  хорошó скáзано well said

  Хорошó то, что хорошó кончáется. All's well that ends well.

хотéть (захотéть) to wish, want

как хоти́те just as you like

Он не хо́чет мне зла. He means no harm to me.

Он о́чень хо́чет её ви́деть. He wants to see her very much.

хоте́ть спать to want to sleep

хо́чешь, не хо́чешь willy-nilly

хоте́ться (захоте́ться) to want, feel like

Ему́ хо́чется поговори́ть с ва́ми. He wants to talk with you.

Мне хо́чется пить. I am thirsty.

не так, как хоте́лось бы not as one would like it

*хоть even, if you wish, at least

Ему́ ну́жно хоть два дня. He ought to have at least two days.

Не могу́ сде́лать э́то, хоть убе́й. I can't do this for the life of me.

Хоть бы он поскоре́е пришёл. If only he would come.

хоть сейча́с at once if you like

хотя́ although, though

хотя́ бы if only, even if, at least

Мы должны́ говори́ть хотя́ бы на двух языка́х. We should speak at least two languages.

хотя́ бы и так even if it were so

хохота́ть to laugh boisterously

хра́брый brave, valiant, gallant

храни́тель (m.) keeper, guardian

храни́ть to keep, retain

храни́ть в па́мяти to keep in one's memory

храни́ть в та́йне to keep something secret

храни́ть де́ньги в сберка́ссе to keep one's money in a savings bank

храпе́ть to snore

хребе́т spinal column, backbone

хрен horseradish

христиа́нство Christianity

хрома́ть to limp

хрома́ть на пра́вую но́гу to be lame in the right leg

У него́ хрома́ет орфогра́фия. His spelling is poor.

хромо́й lame, limping

хро́ника news summary

хрони́ческий chronic

хруста́ль (m.) cut glass, crystal

ху́денький slender, slim

худе́ть (похуде́ть) to grow thin

ху́до (adv.) ill, badly

худо́жественный art, artistic

худо́жественный фи́льм movie (feature film)

худо́жество art

худо́жник artist

худо́й lean, thin, bad, worn-out

на худо́й коне́ц if worse comes to worst

*ху́же worse

Пого́да сего́дня ху́же, чем вчера́. The weather is worse today than yesterday.

тем ху́же so much the worse

ху́же всего́ worst of all

Ц

цара́пать (цара́пнуть) to scratch, claw, scribble

цара́пина scratch, abrasion

цара́пнуть—see цара́пать

цари́ть to reign

Цари́л мрак. Darkness reigned.

цвет color

Како́го цве́та? What color?

цвет лица́ complexion

цветно́й colored

цвето́к flower

целеустремлённость purposefulness

целико́м (adv.) as a whole, wholly

целова́ть(ся) (поцелова́ть(ся)) to kiss (each other)

це́лый whole, entire, intact

по це́лым неде́лям for weeks on end

це́лая дю́жина a whole dozen

цел и невреди́м safe and sound

це́лые чи́сла whole numbers

*цель (f.) aim, goal, object, purpose

дости́чь це́ли to achieve one's goal

отвеча́ть це́ли to answer the purpose

попа́сть в цель to hit the mark

с како́й це́лью? for what purpose?

*цена́ price, worth, cost
  знать себе́ це́ну to know one's
    own value
  любо́й цено́й at any price
  твёрдые це́ны fixed prices
  Э́то не име́ет цены́. It is
    priceless.
цензу́ра censorship
цени́ть (оцени́ть) to value,
    estimate, appreciate
  высоко́ цени́ть себя́ to think
    much of oneself
  Его́ не це́нят. He is not
    appreciated.
це́нный valuable
цент cent
центр center
центра́льный central
цепь (f.) chain, bonds
  го́рная цепь mountain range
  спусти́ть с це́пи to let loose
церемо́ниться to stand on
    ceremony
церемо́ния ceremony
  без церемо́ний informally
це́рковь (f.) church
цивилиза́ция civilization
ци́ник cynic
цини́ческий cynical
цинк zinc
цирк circus
цита́та quotation
цити́ровать to quote, cite
ци́фра figure, cipher
цыга́нский (adj.) gypsy

Ч

*чай (m.) tea
ча́йка seagull
ча́йник teapot
ча́йная ло́жка teaspoon
ча́йная ро́за tea rose
*час hour
  в кото́ром часу́ at what time
  в час дня at 1:00 P.M.
  Кото́рый час? What time is it?
  приёмные часы́ reception or
    visiting hours
  че́рез час in an hour

часово́й clock, watch (adj.), sentry
    (noun)
  дви́гаться по часово́й стре́лке to
    move clockwise
  часова́я опла́та payment by the
    hour
части́ца fraction, little part, particle
ча́стный private
*ча́сто (adv.) often, frequently
часть (f.) part, share, portion
  бо́льшая часть greater part
  бо́льшей ча́стью for the most
    part
  запасны́е ча́сти spare parts
  по частя́м in parts
  ча́сти те́ла parts of the body
часы́ (plural only) watch, clock,
    time-piece
  поста́вить часы́ to set a watch
  Часы́ отстаю́т. The watch is slow.
  Часы́ спеша́т. The clock is fast.
чахо́тка consumption
ча́шка cup
*ча́ще more often
ча́яние expectation, hope
  сверх ча́яния beyond
    expectations
*чей, чья, чьё, чьи whose (m., f.,
    n., pl.)
чек check
*челове́к (pl. лю́ди) man, person,
    human being
челове́ческий human
  челове́ческая приро́да human
    nature
челове́чество humanity, mankind
*чем than
  ме́ньше чем less than
  Чем бо́льше, тем лу́чше. The
    more, the better.
  **Чем писа́ть, вы бы ра́ньше
    спроси́ли.** You'd better ask first
    and write afterward.
чемода́н valise, suitcase
чемпио́н champion
чепуха́ nonsense
  говори́ть чепуху́ to talk
    nonsense
чередова́ть(ся) to take turns,
    alternate
*че́рез over, across, through (with
    acc.)

перейти́ че́рез доро́гу   to walk
across the street

писа́ть че́рез стро́чку   to write on
every other line

че́рез неде́лю   in a week

че́реп   skull

чересчу́р   too

чересчу́р мно́го   much too much

Э́то уже́ чересчу́р.   That's going
too far.

чере́шня   cherry

черни́ла   (pl.) ink

*****чёрный**   black

на чёрный день   against a rainy
day

ходи́ть в чёрном   to wear black

чёрные мы́сли   gloomy thoughts

чёрный как смоль   jet-black,
pitch-black

чёрный ры́нок   black market

чёрт   devil, deuce

Како́го чёрта он там де́лает?
What the blazes is he doing
there?

Чёрт возьми́!   The devil take it!

Чёрт зна́ет что!   It's
outrageous!

черта́   trait, line

черты́ лица́   features

Э́то фами́льная черта́.   It is a
family trait.

чертёнок   imp

чертовщи́на   devilry

чеса́ться (почеса́ться)   to scratch
oneself, itch

У него́ че́шется нос.   His nose
itches.

У неё ру́ки че́шутся э́то сде́лать.
Her fingers itch to do it.

чесно́к   garlic

че́стно   (adv.) honestly, fairly,
frankly

че́стность   (f.) honesty

*****че́стный**   honest, fair

дать че́стное сло́во   to give one's
word of honor

Че́стное сло́во!   Upon my word!

честолюби́вый   ambitious

честь   (f.) honor

в честь кого́-либо   in honor of
someone

де́ло че́сти   matter of honor

Не име́ю че́сти знать вас.   I do
not have the honor of knowing
you.

Счита́ю за честь.   I consider it an
honor.

Э́то де́лает ему́ честь.   It does
him credit.

четве́рг   Thursday

в четве́рг   on Thursday

че́тверть   (f.) one-fourth, a quarter

че́тверть ча́са   a quarter of an
hour

четвёртый   fourth

четы́ре   four

четы́реста   four hundred

четы́рнадцать   fourteen

четы́рнадцатый   fourteenth

чин   rank, grade

чини́ть (почини́ть)   to repair, mend

чино́вник   official, functionary

*****число́**   number, date

в большо́м числе́   in great
numbers

в пе́рвых чи́слах ию́ня   in the
first days of June

Како́е сего́дня число́?   What is
today's date?

неизве́стное число́   unknown
quantity

чи́стить (почи́стить)   to clean,
scour, scrub

чи́сто   (adv.) cleanly, neatly, purely,
it is clean

чистота́   cleanliness, purity

*****чи́стый**   clean, neat, tidy, pure

бриллиа́нт чи́стой воды́   a
diamond of the first water

чи́стая рабо́та   neat job

чи́стое безу́мие   sheer madness

чи́стый вес   net weight

чи́стый слу́чай   pure chance

чита́ть (прочита́ть, проче́сть)   to
read

чита́ть ле́кцию   to give a lecture

чиха́ть (чихну́ть)   to sneeze

чихну́ть—see чиха́ть

чи́ще   cleaner

член   member, limb

член парла́мента   member of
parliament

член уравне́ния   term of an
equation

чрезвыча́йно (adv.)
extraordinarily, extremely

чрезвыча́йный extraordinary,
extreme

чте́ние reading

*что what, that

всё, что он знал all that he
knew

Мне что́-то не хо́чется. I
somehow don't feel like it.

Ну и что́ же? Well, what of it?

потому́ что because

Что вы! You don't say so!

Что де́лать? What is to be done?

Что зна́чит э́то сло́во? What
does this word mean?

что́-нибудь anything

Что с ва́ми? What is the matter
with you?

что́-то something, somehow

*чтобы that, in order that

Невозмо́жно, чтобы он сказа́л
э́то. He could not possibly have
said that.

Он говори́л гро́мко, чтобы все
слы́шали. He spoke loudly so
that all would hear.

Он не мо́жет написа́ть ни
стро́чки без того́, чтобы не
сде́лать оши́бки. He can't write
a line without making a mistake.

Он ра́но встал, что́бы быть там
во́время. He got up early in
order to be there on time.

Он хоте́л, чтобы она́ слы́шала.
He wanted her to hear.

чувстви́тельность (f.) sensitivity,
perceptibility, sentimentality

чувстви́тельный sensible,
perceptible, painful, sensitive

*чу́вство sense, feeling

обма́н чувств delusion, illusion

прийти́ в чу́вство to come to
one's senses

пять чувств the five senses

чу́вство ме́ры sense of
proportion

чу́вство прекра́сного feeling for
the beautiful

чу́вство ю́мора sense of humor

*чу́вствовать (почу́вствовать) to
feel, sense

Как вы себя́ чу́вствуете? How
do you feel?

чу́вствовать го́лод to be hungry

чу́вствовать ра́дость to feel joy

чу́вствовать свою́ вину́ to feel
one's guilt

чу́дно (adv.) beautifully,
wonderfully, it is beautiful

чу́дный wonderful, marvelous,
beautiful

чу́до miracle, wonder, marvel

чужо́й someone else's, strange,
alien

в чужи́е ру́ки into strange hands

на чужо́й счёт at someone else's
expense

под чужи́м и́менем under an
assumed name

чужи́е края́ foreign lands

чуло́к stocking

чума́зый dirty-faced, smudgy

чу́ткий sensitive, keen, tactful,
delicate

чу́ткий подхо́д tactful approach

чу́ткий сон light sleep

чу́ткость (f.) sensitiveness,
keenness, tactfulness, delicacy

чуть hardly, slightly, just

Он чуть ды́шит. He can hardly
breathe.

Он чуть не упа́л. He nearly fell.

чуть-чуть a little

Ш

*шаг step, stride, footstep

в двух шага́х a few steps away

ло́вкий шаг clever move

на ка́ждом шагу́ at every step

сде́лать пе́рвый шаг to take the
first step

шаг за ша́гом step by step

ша́гом at a walking pace

*шали́ть to play pranks, be
naughty

шалу́н, шалу́нья playful person,
mischievous child (m., f.)

шаль (f.) shawl

шампа́нское champagne

шанс chance

имéть мнóго шáнсов to have
many chances

ни малéйшего шáнса not the
ghost of a chance

шáпка cap

шар ball, sphere, globe

воздýшный шар balloon

шарф scarf, muffler

шáткий unsteady, shaky, tottering

шáхматы chess

игрáть в шáхматы to play chess

швéдский Swedish

швéйный sewing

швéйная машúна sewing
machine

швейцáрский Swiss

швея seamstress

шевелúть (шевельнýть) to stir,
move

Он пáльцем не шевельнёт. He
won't stir a finger.

шевельнýть—see шевелúть

шедéвр masterpiece

шёлк silk

шёлковый silken

Он стал, как шёлковый. He has
become as meek as a lamb.

шепнýть—see шептáть

шёпот whisper

шёпотом in a whisper, under one's
breath

шептáть (шепнýть) to whisper

шерсть wool

шерстянóй woolen

шестидесятый sixtieth

шестнáдцать sixteen

шестнáдцатый sixteenth

шестóй sixth

шесть six

шестьдесят sixty

шестьсóт six hundred

шея neck

бросáться комý-либо на шéю to
throw one's arms around
someone's neck

получúть по шéе to get it in the
neck

по шéю up to the neck

сидéть у когó-либо на шéе to be
a burden to someone

шикáрный chic, smart

шúна tire

шинéль (f.) overcoat (uniform)

шúре broader, wider

ширинá width, breadth

*ширóкий wide, broad

в ширóком смúсле in the broad
sense

жить на ширóкую ногý to live in
grand style

ширóкая пýблика general public

ширóкое обобщéние sweeping
generalization

ширóко (adv.) widely, broadly

смотрéть ширóко to take a
broad view of things

ширóко толковáть to interpret
loosely

широтá width, breadth, latitude

широтá умá breadth of mind

шить (сшить) to sew

шитьё sewing, needlework

шкаф cupboard, closet, wardrobe

шкóла school

вýсшая шкóла college,
university

начáльная шкóла elementary
school

романтúческая шкóла литерату́ры romantic school of
literature

срéдняя шкóла secondary, high
school

ходúть в шкóлу to attend school

человéк стáрой шкóлы man of
the old school

шкýра skin, hide

дрожáть за свою́ шкýру to
tremble for one's life

спасúть свою́ шкýру to save
one's own skin

Я не хотéл бы быть в егó шкýре.
I would not like to be in his place.

шляпа hat

Дéло в шляпе. It's in the bag.

шнур cord

шоколáд chocolate

шóрох rustle

шотлáндский Scottish

шóу show

шофёр chauffeur, driver

шпагáт string, cord, twine

шпúлька hairpin

шпинáт spinach

шприц syringe

шрифт print, type font

штаны́ (pl.) trousers, breeches

штат state

шта́тский civil

штопать (зашто́пать) to darn

што́пор corkscrew

што́ра blind, shade

  спусти́ть (perf.) што́ры to draw the blinds

штраф fine, penalty

шту́ка piece, thing

  Вот так шту́ка! That's a fine thing!

  В том-то и шту́ка! That's just the point.

  штук де́сять about ten pieces

шту́чный piece

шту́чная рабо́та piecework

шу́ба fur coat

шу́лер cheat, cardsharp

*__шум__ noise, uproar

  мно́го шу́ма из ничего́ much ado about nothing

  шум и гам hue and cry

шуме́ть to make a noise, be noisy

шу́мный noisy, loud

шурша́ние rustling

шурша́ть to rustle

шути́ть (пошути́ть) to joke, jest

  Не шути́! Don't trifle with this!

  Он не шу́тит. He is serious.

*__шу́тка__ joke, jest

  в шу́тку in jest

  шу́тки в сто́рону joking aside

  Э́то не шу́тки. It is not a laughing matter.

шутя́ (adv.) in jest, for fun, easily

  не шутя́ seriously

Щ

щади́ть (пощади́ть) to spare

  Не щади́те расхо́дов. Do not spare expenses.

  не щадя́ себя́ without sparing oneself

  щади́ть чью́-либо жизнь to spare someone's life

ще́дрость (f.) generosity, liberality

ще́дрый generous, liberal

  ще́дрой руко́й lavishly

щека́ cheek

щекота́ть (пощекота́ть) to tickle

  У меня́ в го́рле щеко́чет. My throat tickles.

  щекота́ть чьё-либо самолю́бие to tickle someone's vanity

щекотли́вый ticklish, delicate

  щекотли́вый вопро́с ticklish point

щено́к puppy

щётка brush

  зубна́я щётка toothbrush

Э

эволюцио́нный evolutionary

эгои́зм selfishness

эгои́ст egoist, selfish person

эгоисти́ческий selfish, egotistical

экза́мен examination

  вы́держать экза́мен to pass an exam

  держа́ть экза́мен to take an exam

  провали́ться на экза́мене to fail at an exam

экзаменова́ть (проэкзаменова́ть) to examine

экземпля́р copy, specimen

экипа́ж carriage, crew

эконо́мика economics

экономи́ст economist

эконо́мить (сэконо́мить) to economize, save

экономи́ческий economical

эконо́мия economy

  для эконо́мии вре́мени to save time

  полити́ческая эконо́мия political economy

  соблюда́ть эконо́мию to save, economize

экра́н screen

экску́рсия excursion, trip

экспанси́вный effusive

экспа́нсия expansion

экспеди́ция expedition

эксперимент experiment

экспериментáльный experimental
экспéрт expert
экспéртный expert (adj.)
эксплуатáция exploitation
э́ксport export
экспрессúвный expressive
экспрéссия expression
экстáз ecstasy
экстенсúвный extensive
экстравагáнтный extravagant
экстрáкт extract
э́кстренно urgently
эксцентрúческий eccentric
эксцéсс excess
элевáтор grain elevator
элегáнтность (f.) elegance
элегáнтный elegant
элéгия elegy
электрúческий electric
электрúчество electricity
элемéнт element (chemistry)
элементáрный elementary
эликсúр elixir
эмáлевый enamel (adj.)
эмáль (f.) enamel
эмансипáция emancipation
эмоционáльный emotional
эмóция emotion
эмфатúческий emphatic
энергúчный energetic
энéргия energy
энтузиáзм enthusiasm
энциклопéдия encyclopedia
эпидéмия epidemic
эпóха age, era, epoch
э́ра era
эротúческий erotic
эскалáтор escalator
эскúз sketch, study, outline
эстетúческий aesthetic
*****этáж** floor, story
э́тика ethics
этúческий ethical
*****э́то** this, it, that
  Как э́то возмóжно? How is it
  possible?
  Кто э́то? Who is that?
  пóсле э́того after that
  при всём э́том in spite of all this
  Что э́то? What is that?
  Это моя́ кни́га. This is my
  book.

Это хорошó. That's good.
э́тот, э́та, э́то, э́ти this, these, (m.,
  f., n., pl.)
этю́д study, sketch
эффéкт effect
эффéктный spectacular, effective
э́хо echo

Ю

юбилéй anniversary, jubilee
ю́бка skirt
юг south
ю́жный southern
ю́мор humor
  чу́вство ю́мора sense of humor
юмористúческий humorous,
  comic
ю́ность (f.) youth
ю́ноша (m.) youth, lad
юридúческий juridical, legal
юрúст lawyer

Я

*****я** I
я́блоко apple
я́блочный apple (adj.)
  я́блочный пирóг apple pie
яви́ться—see ЯВЛЯ́ТЬСЯ
явлéние appearance, occurrence
  обы́чное явлéние everday
  occurrence
  явлéние прирóды natural
  phenomenon
явля́ться (яви́ться) to appear,
  present oneself, occur
  как тóлько я́вится подходя́щий
  слу́чай as soon as an
  opportunity presents itself
  явля́ться в укáзанное врéмя to
  present oneself at a fixed time
  явля́ться кстáти to arrive
  opportunely
я́вно (adv.) it is evident, evidently,
  obvious
я́вный evident, obvious, manifest
я́года berry

  одного́ по́ля я́годы birds of a
    feather

яд poison, venom
  яд его́ рече́й the venom of his
    words

я́дерный nuclear

ядови́тый poisonous, toxic

я́зва ulcer, sore

*язы́к language, tongue
  ~~владе́ть каки́м-то языко́м~~ to
    ~~know a language~~

  копчёный язы́к smoked
    tongue

  литерату́рный язы́к literary
    language

  о́бщий язы́к common language

  о́стрый язы́к sharp tongue

  показа́ть язы́к to stick out one's
    tongue

  родно́й язы́к mother tongue

  ру́сский язы́к Russian
    language

  У него́ отня́лся язы́к. He
    became speechless. (His tongue
    failed him.)

  чеса́ть язы́к to wag one's tongue.

  Язы́к до Ки́ева доведёт. You can
    get anywhere if you know how to
    use your tongue. (The tongue will
    take you as far as Kiev.)

языково́й linguistic

язы́ческий heathen, pagan

яи́чница omelet
  яи́чница-болту́нья scrambled
    eggs

яи́чный egg (adj.)

*яйцо́ egg
  яйцо́ в мешо́чек poached egg
  яйцо́ всмя́тку soft-boiled egg

я́корь (m.) anchor

я́мочка dimple

янва́рь (m.) January

янта́рь (m.) amber

япо́нский Japanese

я́ркий bright, vivid, brilliant
  я́ркое описа́ние vivid description
  я́ркий приме́р striking example
  я́ркий свет bright light

я́рко brightly, strikingly, vividly

я́ркость (f.) brightness, brilliance,
    vividness

я́рмарка fair

я́рость (f.) fury, rage
  вне себя́ от я́рости beside
    oneself with rage

я́сно (adv.) clearly, distinctly, it is
    clear

  ко́ротко и я́сно in a nutshell
    (short and clear)

я́сность clearness, lucidity

я́сный clear, lucid, distinct

я́щик box, drawer, chest
  откла́дывать в до́лгий я́щик to
    shelve, procrastinate

GLOSSARY OF GEOGRAPHICAL NAMES

Австра́лия Australia
А́встрия Austria
Адриати́ческое мо́ре Adriatic Sea
Азербайджа́н Azerbaijan
А́зия Asia
Алба́ния Albania
Алжи́р Algeria
А́льпы The Alps
Аля́ска Alaska
Аме́рика America
А́нглия England
Ара́вия Arabia
Аргенти́на Argentina
А́страхань Astrakhan
Атланти́ческий океа́н Atlantic Ocean
А́фрика Africa
Байка́л Baikal (Lake)
Баку́ Baku
Белору́ссия Belarus
Бе́льгия Belgium
Болга́рия Bulgaria
Бонн Bonn
Бо́стон Boston
Брази́лия Brazil
Брюссе́ль Brussels
Вашингто́н Washington
Великобрита́ния Great Britain
Ве́нгрия Hungary
Владивосто́к Vladivostok
Во́лга Volga (River)
Волгогра́д Volgograd
Га́мбург Hamburg
Герма́ния Germany
Гру́зия Georgia
Да́ния Denmark
Детро́йт Detroit
Днепр Dnieper (River)
Дон Don (River)
Дуна́й Danube (River)
Евро́па Europe
Еги́пет Egypt
Жене́ва Geneva
Иерусали́м Jerusalem
Изра́иль Israel
И́ндия India
Иорда́ния Jordan
Ира́к Iraq

Ира́н Iran
Ирла́ндия Ireland
Испа́ния Spain
Ита́лия Italy
Кавка́з The Caucasus (Mountains)
Карпа́тские го́ры The Carpathian Mountains
Каспи́йское мо́ре Caspian Sea
Ки́ев Kiev
Кита́й China
Копенга́ген Copenhagen
Коре́я Korea
Крым Crimea
Лама́нш English Channel
Ло́ндон London
Лос-А́нджелес Los Angeles
Магнитого́рск Magnitogorsk
Мадри́д Madrid
Ме́ксика Mexico
Москва́ Moscow
Мю́нхен Munich
Нева́ Neva (River)
Нидерла́нды The Netherlands
Норве́гия Norway
Нью-Йо́рк New York
Оде́сса Odessa
Пана́мский кана́л Panama Canal
Пари́ж Paris
Пирене́и Pyrenees (Mountains)
По́льша Poland
Португа́лия Portugal
Рейн Rhine (River)
Рим Rome
Росси́я Russia
Сан-Франци́ско San Francisco
Санкт-Петербу́рг Saint Petersburg
Се́верная Аме́рика North America
Се́на Seine (River)
Сиби́рь Siberia
Си́рия Syria
Скали́стые го́ры Rocky Mountains
Слова́кия Slovak Republic
Соединённые Шта́ты Аме́рики United States of America
Содру́жество Незави́симых Госуда́рств Commonwealth of Independent States
Средизе́мное мо́ре Mediterranean Sea
Стокго́льм Stockholm

Таджикиста́н Tajikistan	**Фра́нция** France
Ташке́нт Tashkent	**Хе́льсинки** Helsinki
Тбили́си Tbilisi	**Чёрное мо́ре** Black Sea
Те́мза Thames (River)	**Че́хия** Czech Republic
Ти́хий океа́н Pacific Ocean	**Чика́го** Chicago
То́кио Tokyo	**Чи́ли** Chile
Ту́рция Turkey	**Швейца́рия** Switzerland
Узбекиста́н Uzbekistan	**Шве́ция** Sweden
Украи́на Ukraine	**Шотла́ндия** Scotland
Ура́л Urals (Mountains)	**Югосла́вия** Yugoslavia
Филаде́льфия Philadelphia	**Ю́жная Аме́рика** South America
Финля́ндия Finland	**Япо́ния** Japan

GLOSSARY OF
PROPER NAMES

Ага́фья   Agatha
Агне́са   Agnes
Аделаи́да, Аде́ль   Adelaide,
   Adelle
Алексе́й   Alexei
Алекса́ндр   Alexander
Алекса́ндра   Alexandra
Али́са   Alice
Альфре́д   Alfred
Анастаси́я   Anastasia
Анато́лий   Anatole
Андре́й   Andrew
А́нна   Anna
Анто́н   Anthony
Арту́р   Arthur
Бори́с   Boris
Вади́м   Vadim
Валенти́н   Valentin
Валенти́на   Valentina
Ва́льтер   Walter
Варва́ра   Barbara
Васи́лий   Vassily
Ве́ра   Vera
Ви́ктор   Victor
Вильге́льм   William
Влади́мир   Vladimir
Владисла́в   Vladislav
Гео́ргий   George
Ге́рман   Herman
Григо́рий   Gregory
Дави́д   David
Дани́ил   Daniel
Дими́трий   Dimitry
Дороте́я   Dorothy
Е́ва   Eva
Евге́ний   Eugene
Екатери́на   Catherine
Еле́на   Helen
Елизаве́та   Elizabeth
Заха́р   Zachary
Ива́н   John, Ivan
Илья́   Elias, Ilya

Ио́сиф   Joseph
Ири́на   Irene, Irina
Карл   Carl
Кла́вдия   Claudia
Константи́н   Constantine
Лавре́нтий   Lawrence
Лёв   Leo, Lou
Леони́д   Leonid
Луи́за   Louise, Louisa
Лука́   Luke, Luka
Любо́вь   Amy, Lyubov
Людми́ла   Ludmilla
Мака́р   Macar, Mark
Макси́м   Maxim
Маргари́та   Margaret
Мари́на   Marina
Мари́я   Marie, Mary
Ма́рфа   Martha
Матве́й   Matthew
Михаи́л   Michael
Наде́жда   Nadezhda
Ната́лия   Natalia
Ники́та   Nikita
Никола́й   Nicholas, Nikolai
Оле́г   Oleg
О́льга   Olga
Па́вел   Paul, Pavel
Пётр   Peter
Самуи́л   Samuel
Святосла́в   Sviatoslaff
Серге́й   Sergei
Симео́н   Simon
Со́фья   Sofia
Суса́нна   Susan, Suzanna
Татья́на   Tatyana
Тимофе́й   Timothy
Фёдор   Theodore, Fyodor
Фили́пп   Philip
Фома́   Thomas
Шарло́тта   Charlotte
Эдуа́рд   Edward
Элеоно́ра   Eleanore
Ю́лия   Julia
Ю́рий   Yury
Я́ков   Jacob, Yakov

ENGLISH–RUSSIAN

A

abandon (to) оставлять, покинуть
abbreviate (to) сокращать
abbreviation сокращение
ability способность (f.)
able (to be) мочь
able способный
abortion аборт (m.), выкидыш (m.)
about о (prep.), около (gen.), про (acc.)
above наверху, над (inst.)
abruptly резко
absence отсутствие
absent (to be) отсутствовать
absent-minded рассеянный
absent-mindedly машинально, рассеянно
absolute абсолютный, совершенный
absolutely безусловно, совершенно
absorb (to) всасывать, впитывать
absorbed углублённый
abstain (to) воздерживаться
abstinent трёзвый
abstract абстрактный
absurd абсурдный
absurdity абсурд, нелепость (f.)
abundant обильный
abuse (to) ругать
abusive оскорбительный
academy академия
accent акцент
accepted принятый
accident несчастный случай
accidental случайный
accidentally печаянно, случайно
accommodate (to) приспосабливать, устраивать
accommodated (to be) помещаться
accompany (to) провожать, сопровождать, аккомпанировать
accomplish (to) совершать, выполнять
according согласно, по (dat.)
accumulate (to) набирать(ся)
accuracy аккуратность (f.), точность (f.)

accusation обвинение
accuse (to) обвинять
accustomed (to become) привыкать
ache (to) болеть
achievement достижение
acid rain кислотный дождь
acknowledge (to) признавать
acknowledgement признание
acquaintance знакомый
acquainted (to become) знакомиться
acquire (to) приобретать
across через (acc.)
act (to) действовать, играть (on stage)
act акт (of a play); дело (deed); документ (legal document)
action действие
actively активно
actor актёр, артист
actress актриса, артистка
actual фактический
actually действительно, фактически
acupuncture иглотерапия
acute острый
add (to) прибавлять, присоединять
add to (to) добавлять, прибавлять
addition сложение, добавление, прибавка
additional дополнительный, прибавочный
address (to) адресовать, обращаться, выступать
address адрес
adjacent соседний
administration администрация
administrator администратор
admire (to) любоваться
admirer кавалер, поклонник
admit (to) впускать, принимать
adopted принятый
adoration обожание
adore (to) обожать
adroit ловкий
adult взрослый
advance аванс
advantage преимущество
  to take advantage of воспользоваться

advantageously вы́годно

adventure приключе́ние

adversity невзго́да

advertise (to) реклами́ровать

advertisement рекла́ма,
 объявле́ние

advertising agency рекла́мное
 аге́нтство

advice сове́т

advise (to) рекомендова́ть,
 сове́товать

affected неесте́ственный

affectionate ла́сковый, лю́бящий

affirm (to) утвержда́ть

affirmatively утверди́тельно

afresh сно́ва

after за (inst.), по́сле (gen.)

afterward по́сле, пото́м, спустя́

again опя́ть

against про́тив (gen.)

age во́зраст

agency аге́нтство

agent де́йствующая си́ла, аге́нт,
 представи́тель

aggression агре́ссия

aggressive агресси́вный

agitation агита́ция, волне́ние

ago тому́ наза́д

 long ago давно́

agony аго́ния

agree (to) соглаша́ться

agreeable прия́тный, согла́сный

agreement догово́р, контра́кт,
 соглаше́ние

agriculture се́льское хозя́йство

ah ах

ahead вперёд, впереди́

aid по́мощь (f.)

aim цель (f.)

aimless бесце́льный

air во́здух

airfield аэродро́м

airplane савмолёт

airy возду́шный

alarm трево́га

alarm clock буди́льник

alas! увы́!

album альбо́м

alcohol алкого́ль (m.)

algebra а́лгебра

alien чужо́й

alike равно́

all весь (вся, всё, все)

alley переу́лок

alliance сою́з

allot (to) наделя́ть

allow (to) позволя́ть, пуска́ть,
 разреша́ть

allure (to) увлека́ть, соблазни́ть

alluring привлека́тельный,
 зама́нчивый

ally (to) соединя́ть(ся)

almond минда́ль

almost почти́

alone оди́н, одино́кий

 to leave alone оста́вить в поко́е

along вдоль (gen.), по (dat.)

alongside ря́дом

aloud вслух

alphabet а́збука, алфави́т

already уже́

also и, то́же, та́кже

altar алта́рь (m.)

alter (to) изменя́ть, переде́лать

alteration измене́ние

alternate (to) чередова́ть(ся)

although хотя́

altitude высота́

altruism альтруи́зм

always всегда́

amaze (to) удивля́ть

amazement удивле́ние, изумле́ние

amazing изуми́тельный,
 удиви́тельный

ambassador посо́л

amber янта́рь (m.)

ambition амби́ция

ambitious честолюби́вый

America Аме́рика

American америка́нский

amiable любе́зный

among ме́жду (inst.), среди́ (gen.)

amorous любо́вный

amount коли́чество

amusement заба́ва, развлече́ние

analysis разбо́р, ана́лиз

anatomy анато́мия

anchor я́корь (m.)

ancient стари́нный

and и, да

anew сно́ва

angel а́нгел

anger гнев

angle у́гол

angry (to be) зли́ться, рассерди́ться, серди́ться
angry злой, раздражённый, серди́тый
animal живо́тное
animated живо́й, одушевлённый
animatedly оживлённо, жи́во
animation одушевле́ние, увлече́ние
animosity озлобле́ние
anniversary годовщи́на
announce (to) обьявля́ть
announcement обьявле́ние
announcer ди́ктор (radio or TV)
annoy (to) раздража́ть
annoyance доса́да, неприя́тность (f.)
annually ежего́дно
another друго́й
answer (to) отвеча́ть
answer отве́т
ant мураве́й
anticipate (to) ожида́ть
antique стари́нный (adj.)
anxiety трево́га, забо́та
anxious озабо́ченный
any вся́кий, любо́й
anybody кто уго́дно, кто́-нибудь
anyhow как уго́дно, ка́к-нибудь
apartment кварти́ра
apology извине́ние
apparatus аппара́т
apparently ви́дно, очеви́дно, по-ви́димому
appear (to) обозначаться, появля́ться, явля́ться
to appear каза́ться
appearance вид, нару́жность, явле́ние
appease (to) успока́ивать
appetite аппети́т
appetizing аппети́тный
applaud (to) аплоди́ровать
apple я́блоко
appoint (to) назнача́ть
appreciate (to) цени́ть
approach (to) бли́зиться, подходи́ть, приближа́ться
approach подхо́д
approximate приблизи́тельный
approximate (to) приближа́ться

approximately о́коло (gen.), приблизи́тельно
apricot абрико́с
April апре́ль (m.)
apron пере́дник, фа́ртук
architect архите́ктор
ardent жа́ркий, пы́лкий, стра́стный
ardor пыл
area пло́щадь
argue (to) спо́рить
argument спор, аргуме́нт
arid сухо́й
arithmetic арифме́тика
arm рука́
armchair кре́сло
army а́рмия
aroma арома́т
aromatic аромати́ческий
around вокру́г (gen.), круго́м
arouse (to) возбужда́ть
arrange (to) аранжи́ровать, ула́дить, устра́ивать
arrangement устро́йство
arrest аре́ст
to arrest взять под аре́ст
arrival прие́зд, прихо́д
arrive (to) приезжа́ть, приходи́ть
arson поджо́г
art иску́сство
article статья́
artificial фальши́вый, иску́ственный
artist худо́жник
artistic артисти́ческий, худо́жественный
as как
  as far as до
  as if как бу́дто
  as soon as как то́лько
  as though бу́дто
ascent подъём
ashamed (to be) стесня́ться
ashtray пе́пельница
ask (to) проси́ть, спра́шивать
asleep (to fall) засыпа́ть
asparagus спа́ржа
aspiration устремле́ние
aspirin аспири́н
assemble (to) собира́ть(ся)
assent согла́сие

assert (to) утвержда́ть, дока́зывать
assertion утвержде́ние
assimilate (to) осво́ить
assist (to) помога́ть
assistant помо́щник
association ассоциа́ция
assortment ассортиме́нт
assurance увере́ние
assure (to) уверя́ть
assured уве́ренный
asterisk звёздочка
astonish (to) удивля́ть
astonishment (to be) поража́ться
astonishment удивле́ние
at в (ргер.), у (gen.)
   at first внача́ле
   at last наконе́ц
athlete атле́т
athletic спорти́вный
atlas а́тлас
atmosphere атмосфе́ра
atomic а́томный
attach (to) привя́зывать
attache case кейс
attached привя́занный
attachment привя́занность, приспособле́ние
attack припа́док
attain (to) достига́ть
attempt (to) про́бовать, пыта́ться
attempt попы́тка
attend (to) прису́тствовать
attention внима́ние
attentively внима́тельно
attic мезони́н, черда́к
attitude отноше́ние
attract (to) привлека́ть
attractive интере́сный, привлека́тельный
auction аукцио́н
audibly слы́шно
audience пу́блика
August а́вгуст
aunt тётя
author а́втор, писа́тель
authority авторите́т, власть, влия́ние
autobiography автобиогра́фия
autocracy автокра́тия
automatic автомати́ческий
auto mechanic's shop автосе́рвис

automobile автомоби́ль (m.)
autonomy автоно́мия
autumn о́сень (f.)
available нали́чный, предоста́вленный в распоряже́ние
avenue бульва́р
aversion антипа́тия
aviation авиа́ция
avoid (to) избега́ть
awaken (to) разбуди́ть, просну́ться
awakening пробужде́ние
away! прочь!
awfully стра́шно, ужа́сно
awkward нело́вкий, неуклю́жий

B

baby ребёнок
bachelor холостя́к
back за́дний (adj.), обра́тно, наза́д (adv.)
backbone хребе́т
backing подде́ржка
backward наза́д
bacon беко́н
bad плохо́й, скве́рный
badly ду́рно, пло́хо, скве́рно
bag мешо́к
baggage бага́ж
bake (to) печь
baked печёный
balance бала́нс
balcony балко́н
bald (headed) лы́сый
ball мяч, шар
ballet бале́т
banana бана́н
bandage (to) бинтова́ть
bank банк (savings)
bar (to) устра́ивать препя́тствие, прегражда́ть
bar полоса́, брусо́к
barber парикма́хер
barbershop парикма́херская
bare (to) обнажа́ть, раскрыва́ть
bare (to) го́лый
bargain (to) торгова́ться
bark (to) ла́ять

bark кора́

barren неплодоро́дный

barrier барье́р

base осно́ва, ба́зис

baseball (adj.) бейсбо́льный

baseball player бейсболи́ст

basement подва́л

baseness по́длость

bashful засте́нчивый

bashfulness засте́нчивость

basin ми́ска

basis ба́за, осно́ва

basket корзи́на

bath ва́нна

bathe (to) купа́ться

bathrobe хала́т

bathroom ва́нная

be (to) быть, быва́ть (to be
   sometimes)

beach пляж

beam луч

bear (to) носи́ть, терпе́ть

bear медве́дь

beard борода́

beast зверь

beat (to) бить, би́ться

beautiful краси́вый, прекра́сный

beauty красота́, краса́вица

because потому́ что

beckon (to) подзыва́ть

become (to) де́латься,
   станови́ться, ста́ться

bed крова́ть (f.), посте́ль (f.)

bedroom спа́льня

bee пчела́

beer пи́во

beet свёкла

before впереди́ (adv.), до (gen.),
   пе́ред (inst.)

beforehand зара́нее

beg (to) проси́ть

begin (to) начина́ть, стать

beginner начина́ющий

beginning нача́ло
  from the beginning снача́ла

behavior поведе́ние

behind за (acc., inst.), позади́
   (gen.) позади́ (adv.)

belief ве́ра

believe (to) ве́рить, ду́мать

bell ко́локол

belong (to) принадлежа́ть

below внизу́

belt по́яс

bench скамья́

bend (to) гнуть, нагиба́ть

bend поворо́т

berry я́года

beside по́дле (gen.), ря́дом с (inst.)

besides кро́ме (gen.), поми́мо
   (gen.), сверх (gen.)

best лу́чший

best-seller бестсе́ллер

betray (to) изменя́ть

better лу́чший (adj.), лу́чше (adv.)

between ме́жду (inst.)

beyond по ту сто́рону, по́зже

Bible Би́блия

bicarbonate бикарбона́т

bicycle велосипе́д

big большо́й, кру́пный

bill счёт, законопрое́кт

billion биллио́н, миллиа́рд

bind (to) свя́зывать

binding переплёт

biochemist биохи́мик

biography биогра́фия

biologist био́лог

biology биоло́гия

birch tree берёза

bird пти́ца

birth рожде́ние

birthday день рожде́ния

bite (to) куса́ть, укуси́ть

bite уку́с

bitter го́рький

bitterness озлобле́ние

black чёрный

blanket одея́ло

blend (to) сме́шивать

blessing благослове́ние

blind слепо́й

blindness слепота́

bliss блаже́нство

blizzard пурга́

block кварта́л

blood кровь (f.)

bloom (to) расцвета́ть

blouse блу́зка, ко́фточка

blow (to) дуть

blow уда́р

blue голубо́й, си́ний

blush (to) красне́ть

board, blackboard доска́

boardinghouse пансио́н
boat ло́дка
body ко́рпус, те́ло
boil (to) кипе́ть
boiled варёный
bold сме́лый
boldly сме́ло
bone кость (f.)
book кни́га
bookstore кни́жный магази́н
bore (to) наску́чить, надоеда́ть
bored (to be) скуча́ть
boring ску́чный
born (to be) роди́ться
borrow (to) брать; брать взаймы́ (money)
both о́ба (m., n.), о́бе (f.)
bottle буты́лка
bottom дно
boulevard бульва́р
boundary грани́ца, рубе́ж
bow (to) кла́няться
box коро́бка, сунду́к, я́щик
boy ма́льчик
brag (to) хва́стать(ся)
braid коса́
brain мозг
brake (to) тормози́ть
brake то́рмоз
brand ма́рка
brassiere ли́фчик
brave хра́брый
bravely хра́бро, сме́ло
bread хлеб
break (to) лома́ть, наруша́ть
break разры́в, перело́м; переры́в (lunch, coffee)
breakfast за́втрак
   to have breakfast за́втракать
breast грудь (f.)
breathe (to) вздыха́ть, дыша́ть
breeze ве́тер
bridge мост
brief кра́ткий, сокращённый
briefcase портфе́ль
bright я́ркий, све́тлый
brighten (to) проясне́ть
brilliance блеск
brilliantly блестя́ще
bring (to) приводи́ть, привози́ть, приноси́ть
brisk бо́дрый, живо́й

broad широ́кий
broken ло́манный, сло́манный
brook руче́й
broom метла́, ве́ник
brother брат
brown кори́чневый
brush щётка, кисть
brutal жесто́кий
bubble пузы́рь (m.)
budget бюдже́т
build (to) стро́ить
building зда́ние
bundle у́зел, паке́т
burn (to) горе́ть, жечь, сгора́ть
burst (to) ло́паться
bury (to) хорони́ть
bus авто́бус
bus stop остано́вка (авто́буса)
business де́ло
businessman коммерса́нт, бизнесме́н
busy за́нятый
but а, да, но, одна́ко
butter ма́сло
butterfly ба́бочка
button пу́говица
buttonhole пе́тля
buy (to) покупа́ть
by у (gen.), по (dat.), ми́мо (gen.)
   by the way кста́ти

C

cab такси́
cabbage капу́ста
cake кекс, торт
calamity бе́дствие
calculate (to) рассчи́тывать
calculation расчёт, счёт
calendar календа́рь
call (to) звать, оклика́ть
   to call on заходи́ть
calm (to) успока́ивать
cameraman опера́тор
camp ла́герь (m.)
can (to be able) мочь
candidate кандида́т
candle свеча́
candy конфе́та

cane па́лка
canvas high-tops ке́ды
cap ке́пка, ша́пка
capable спосо́бный
capacity объём, вмести́мость
capital city столи́ца
capitalist капитали́ст
captain капита́н
car маши́на (f.)
card ка́рточка
care забо́та, осторо́жность
career карье́ра
carefree беззабо́тный
careful аккура́тный, осторо́жный,
    тща́тельный
carefully внима́тельно, осторо́жно
careless небре́жный,
    невнима́тельный
caress (to) ласка́ть
caress ла́ска
carnival карнава́л
carpenter пло́тник
carrots морко́вь (f.)
carry (to) вози́ть (by conveyance)
    носи́ть (on foot)
carry out (to) исполня́ть,
    производи́ть
cartoon мультипликацио́нный
    фильм
case слу́чай
cashier касси́р
cassettes (tapes) кассе́ты
cat ко́шка
catch (to) лови́ть, пойма́ть
category катего́рия
cathedral собо́р
cattle скот
cause причи́на
    without cause беспричи́нно
cautiously осторо́жно
caviar икра́
cease (to) переста́ть
ceiling потоло́к
celebrate (to) пра́здновать
celery сельдере́й
cemetery кла́дбище
censorship цензу́ра
cent цент
center центр
central центра́льный
century век, столе́тие
cereal ка́ша

ceremony церемо́ния
certain уве́ренный, определённый
certainly коне́чно, непреме́нно,
    обяза́тельно
chain цепь (f.)
chair стул
chairman председа́тель (m.)
chalk мел
challenge (to) вызыва́ть
champagne шампа́нское
champion чемпио́н
chance слу́чай, шанс
    by chance случа́йно
change (to) изменя́ть, меня́ть(ся),
    преобража́ть
    to change one's clothes
        переоде́ть(ся)
    to change one's mind переду́мать
change измене́ние, переме́на,
    ме́лочь (f.) (money)
chapter глава́
character хара́ктер (personality)
characteristic характери́стика
charge (to) обвиня́ть, назнача́ть
    це́ну
charge обвине́ние
charm очарова́ние, пре́лесть (f.)
charming очарова́тельный,
    преле́стный
chart ка́рта
chat (to) болта́ть
cheap дешёвый
cheat шу́лер (at cards), обма́нщик
check (to) проверя́ть
check чек
cheek щека́
cheerful весёлый
cheese сыр
chemical хими́ческий
chemist хи́мик
chemistry хи́мия
cherry ви́шня, чере́шня
chess ша́хматы
chest грудь (f.) (part of the body);
    сунду́к, я́щик, комо́д
chic шика́рный
chicken ку́рица
chief глава́
chief (adj.) гла́вный
child ребёнок, дитя́
childish ребя́ческий
children де́ти, ребя́та

chimney труба́
chin подборо́док
china фарфо́р
chocolate шокола́д
choice вы́бор
choose (to) выбира́ть
chop (to) руби́ть
chopped ру́бленый
chord акко́рд
chorus хор
Christianity христиа́нство
Christmas Рождество́
church це́рковь
cigar сига́ра
cigarette сигаре́та
circle круг
circumstance обстоя́тельства
circus цирк
citizen гражда́нин (m.), гражда́нка (f.)
city го́род
civil шта́тский
civilization цивилиза́ция
claim прете́нзия, тре́бование
clap (to) аплоди́ровать
class класс
classical класси́ческий
classification классифика́ция
clause предложе́ние (gram.)
clean (to) стира́ть, чи́стить
clean чи́стый
cleanliness чистота́
clear зво́нкий, я́сный
clear up (to) проясня́ть
clever у́мный
climate кли́мат
climb поднима́ться
clinic амбулато́рия, кли́ника
clock часы́
close (to) закрыва́ть
close те́сный
close бли́зко от
closed закры́тый
cloth мате́рия
clothes оде́жда
cloud о́блако, ту́ча
cloudy па́смурный
club клуб
clumsy неуклю́жий, нело́вкий
coal у́голь
coarse гру́бый
coat пальто́

cobweb паути́на
coffee ко́фе
coffeepot кофе́йник
cognac конья́к
coin моне́та
coincide (to) совпада́ть
coincidence совпаде́ние
cold на́сморк, просту́да, холо́дный
to catch cold простуди́ться
coldness хо́лод
collar воротни́к
colleague колле́га
collect (to) собира́ть(ся)
collection сбо́рник
college ко́лледж
collide (to) ста́лкиваться
collision столкнове́ние
color (to) кра́сить
color цвет
colored кра́шеный, цветно́й
colossal колосса́льный
comb (to) причёсывать(ся)
comb гребешо́к
combination комбина́ция, соедине́ние
combine (to) объединя́ть, сочета́ть
combined свя́занный, совме́стный
comedy коме́дия
comfort (to) утеша́ть
comfort удо́бство, утеше́ние, ую́т
comfortable удо́бный, ую́тный
comic смешно́й, юмористи́ческий
command (to) кома́ндовать, прика́зывать
command прика́з
commerce торго́вля, комме́рция
commercial комме́рческий
commission поруче́ние
commit (to) доверя́ть, соверша́ть
committee коми́ссия
common о́бщий, просто́й
communicate (to) сообща́ть
compact пу́дреница
company компа́ния, фи́рма
compare (to) сра́внивать
comparison сравне́ние
compel (to) принужда́ть, заставля́ть
compensation компенса́ция
compete (to) сопе́рничать
competition конкуре́нция
compile (to) составля́ть

complain (to) жа́ловаться
complaint жа́лоба
complete по́лный
complexion цвет лица́
complicated сло́жный
complication осложне́ние, усложне́ние
compliment комплиме́нт
compose (to) сочиня́ть
composer компози́тор
composition сочине́ние
composure хладнокро́вие
compote компо́т
compromise компроми́сс
compulsory обяза́тельный
computer компью́тер
  minicomputer ми́ни-ЭВМ
comrade това́рищ
conceal (to) пря́тать(ся), скрыва́ть(ся), таи́ть(ся)
conceited кичли́вый
concentrate (to) сосредото́чивать
concept иде́я, поня́тие
concern (to) каса́ться
concerning относи́тельно, насчёт, о (prep.), про (acc.)
concert конце́рт
conclude (to) заключа́ть
conclusion заключе́ние
condition положе́ние, состоя́ние, усло́вие
conduct (to) води́ть (lead), дирижи́ровать (orchestra); управля́ть (rule)
conduct поведе́ние
conductor дирижёр (orchestra), проводни́к (wire), конду́ктор (on train)
confession и́споведь
confidence дове́рие, уве́ренность
confident уве́ренный
confirm (to) утвержда́ть
conflict конфли́кт
confused пу́танный, расте́рянный, смущённый
confusion смуще́ние, сумбу́р
congratulate (to) поздравля́ть
congratulation поздравле́ние
connect (to) свя́зывать, соединя́ть(ся)
connection связь
conquer (to) побежда́ть

conscience со́весть (f.)
conscious сознаю́щий, созна́тельный
consciously созна́тельно
consent (to) соглаша́ться
consent согла́сие
conservation сохране́ние
conservative консервати́вный
consider (to) засчи́тывать, обду́мывать, счита́ть(ся)
consist (to) заключа́ться, состоя́ть
constant постоя́нный
constitution конститу́ция
constructive конструкти́вный
consul ко́нсул
consulate ко́нсульство
consultant консульта́нт
consumption потребле́ние; чахо́тка
contain (to) содержа́ть
contemporary совреме́нный
contempt презре́ние
contemptuous презри́тельный
content (to) удовлетворя́ть
contents содержа́ние
continent контине́нт
continuation продолже́ние
continue (to) продолжа́ть
continuity непреры́вность
continuously непреры́вно
contract контра́кт
contradict (to) противоре́чить
contradiction противоре́чие
contrary проти́вный
  on the contrary наоборо́т, напро́тив
contrast контра́ст, противополо́жность (f.)
control контро́ль
control oneself (to) сде́рживаться
convenient удо́бный
convention съезд
conversation бесе́да, разгово́р
converse (to) бесе́довать, разгова́ривать
conviction убежде́ние
convince (to) уверя́ть, убежда́ть
cook (to) гото́вить
cook по́вар
cookie пече́нье
cool прохла́дный, хладнокро́вный (person)

cooperative кооперати́в
copper медь
copy (to) копи́ровать, перепи́сывать
copy ко́пия, экземпля́р
coquette коке́тка
cord верёвка, шнур, шпага́т
cordial серде́чный, тёплый
cork про́бка
corkscrew што́пор
corn кукуру́за, мозо́ль
corned beef солони́на
corner у́гол
corpse труп
correct (to) исправля́ть, поправля́ть
correct ве́рный, пра́вильный
correspond (to) перепи́сываться
correspondence перепи́ска
correspondent корреспонде́нт
corridor коридо́р
cosmetics косме́тика
cost (to) сто́ить
cost цена́
cotton бума́жный
couch куше́тка
cough (to) ка́шлять
counsel (to) сове́товать
counsel сове́т
country дере́вня, страна́
  country house да́ча
couple па́ра
courage дух, му́жество, сме́лость (f.), хра́брость (f.)
courageous сме́лый
course курс
courteous ве́жливый
courtesy ве́жливость (f.), любе́зность (f.)
cousin кузе́н (m.), кузи́на (f.), двою́родный брат, двою́родная сестра́
cover (to) накрыва́ть, покрыва́ть
covered кры́тый
covering покры́шка
cow коро́ва
coward трус
cozy ую́тный
crackle (to) треща́ть
cradle колыбе́ль
cranberry клю́ква

cranky капри́зный
  to be cranky капри́зничать
craving жа́жда, жела́ние
creak (to) скрипе́ть
cream крем, сли́вки
crease скла́дка
create (to) создава́ть
creative тво́рческий
creep (to) по́лзать
crime преступле́ние
criminal престу́пник
crisis кри́зис
critical крити́ческий
criticism кри́тика
crooked криво́й
cross (to) переходи́ть
  to cross out зачёркивать
cross крест
crossing перехо́д
crowd толпа́
crown коро́на, коро́нка (dental)
cruel жесто́кий
cruelty жесто́кость (f.)
crush (to) уничтожа́ть
crust кора́
cry (to) пла́кать
cry крик
cucumber огуре́ц
cultural интеллиге́нтный, культу́рный
culture культура́
cunning хи́трый
cup ча́шка
cupboard шкаф
cure (to) изле́чивать
cure излече́ние, сре́дство
curiosity любопы́тство
curious любозна́тельный, любопы́тный
curly кудря́вый
current тече́ние, ток
cursed прокля́тый
curtail (to) сокраща́ть
curtain за́навес
curved криво́й
cushion поду́шка
custom нра́вы, обы́чай
cut (to) нареза́ть, ре́зать, поре́зать
cutlet котле́та
cynic ци́ник
cynical цини́чный

D

daily ежедне́вно
dam плоти́на
damage поврежде́ние
damned прокля́тый
damp сыро́й
dampness сы́рость (f.)
dance (to) танцева́ть
dance бал, та́нец
danger опа́сность (f.)
dangerous опа́сный
dare (to) сметь
daring де́рзкий, сме́лый
dark тёмный
darken (to) темне́ть
darkness темнота́
darn (to) што́пать
data да́нные
data base ба́за да́нных
data crunching сжа́тие да́нных
date число́ (of time); фи́ник
 (fruit); свида́ние (engagement)
daughter дочь (f.)
dawn заря́, рассве́т
day день (m.), су́тки (24 hours)
 day after tomorrow послеза́втра
 day before yesterday позавчера́
daydream (to) фантази́ровать,
 мечта́ть
daydream мечта́
dazzle (to) ослепля́ть
dazzling ослепи́тельный
dead мёртвый
deaf глухо́й
dealer торго́вец
dear дорого́й, ми́лый
death смерть
debate диску́ссия, спор
debt долг
decay (to) по́ртиться
deceased (the) поко́йник
deceive (to) обма́нывать
December дека́брь (m.)
decency прили́чие
decent поря́дочный, прили́чный
deceptive обма́нчивый
decide (to) реша́ть
decision реше́ние
deck па́луба
declaration заявле́ние, деклара́ция

decline (to) отка́зываться
decline упа́док
decrease (to) уменьша́ть
decree ука́з, прика́з
deep глубо́кий
defect дефе́кт, недоста́ток, брак
defend (to) защища́ть
defenseless беззащи́тный
define (to) определя́ть
definite определённый
definition определе́ние
deft ло́вкий
defy (to) вызыва́ть
degree гра́дус, сте́пень (f.)
 (extent)
delay (to) заде́рживать, ме́длить
delay опозда́ние
delegate делега́т
deliberate наме́ренный,
 рассчи́танный
delicacy то́нкость (f.), чу́ткость
 (f.)
delicate то́нкий, чу́ткий
delicious вку́сный
delight восто́рг, отра́да,
 наслажде́ние
delightful восхити́тельный,
 преле́стный
delirium бред
demand (to) тре́бовать
demand спрос, тре́бование
denial отрица́ние
dense густо́й
dental зубно́й
deny (to) отрица́ть
depart (to) пойти́, пое́хать,
 уходи́ть, уезжа́ть
department отде́л, отделе́ние,
 факульте́т (of a university)
departure отхо́д, отъе́зд
depend on (to) бази́ровать,
 зави́сеть (от)
dependable положи́тельный
dependence зави́симость (f.)
deposit (to) отлага́ть
deprivation лише́ние
deprive (to) лиша́ть
depth глубина́
descend (to) происходи́ть,
 спуска́ться
descent происхожде́ние
despise (to) презира́ть

description описа́ние
desert пусты́ня
deserted поки́нутый
deserve (to) заслу́живать
deserving досто́йный
desire жела́ние
desk пи́сьменный стол
despair отча́яние
desperately отча́янно
despise (to) презира́ть
dessert десе́рт, сла́дкое
destiny жре́бий, судьба́
destroy (to) разруша́ть, уничтожа́ть
destruction разруше́ние
detach (to) отделя́ть
detail дета́ль (f.), подро́бность (f.), ме́лочь
detailed подро́бный
detain (to) заде́рживать
determination определе́ние
determine (to) определя́ть
detest (to) ненави́деть
develop (to) проявля́ть, развива́ть
development проявле́ние, разви́тие, рост
device прибо́р
devil бес, чёрт, дья́вол
devise (to) приду́мывать
devotion на́божность (f.), пре́данность (f.)
dew роса́
diagnosis диа́гноз
dial цифербла́т
dialect диале́кт
diameter диа́метр
diamond бриллиа́нт, алма́з
dictionary слова́рь
die (to) сконча́ться, умира́ть
diet (to) сади́ться на дие́ту
diet дие́та
differ (to) отлича́ться, различа́ть(ся)
difference ра́зница, разногла́сие (of opinion), ра́зность (f.)
different друго́й, разли́чный, ра́зный
difficult тру́дный
difficulty затрудне́ние
dig (to) копа́ть, рыть
digest (to) перева́ривать
digestion пищеваре́ние

dignity досто́инство
diligence усе́рдие
diligent приле́жный, усе́рдный
dim нея́сный, сму́тный
dimension разме́р
diminish (to) па́дать, убавля́ть, уменьша́ть
dimple я́мочка
dine (to) обе́дать
dining room столо́вая
dinner обе́д
diplomacy диплома́тия
direct (to) направля́ть, обраща́ть, руководи́ть, управля́ть
direct (adj.) прямо́й
direction направле́ние
director дире́ктор, режиссёр (theater)
dirt грязь (f.)
dirty гря́зный, чума́зый
disadvantage невы́года
disagreeable неприя́тный, неуго́дный
disappear (to) исчеза́ть
disappoint (to) разочарова́ть
to be disappointed быть разочаро́ванным
disappointed разочаро́ванный
disappointment разочарова́ние
disapproving неодобри́тельный
disaster бе́дствие
disastrous поги́бельный
discipline дисципли́на
disclose (to) раскрыва́ть
discomfort неудо́бство
discontent недово́льство
discount ски́дка
discourage (to) обескура́живать, отбива́ть охо́ту
discourteous нелюбе́зный
discourtesy нелюбе́зность
discover (to) находи́ть, открыва́ть
discovery откры́тие
discretion осторо́жность, усмотре́ние
discuss (to) обсужда́ть, переговори́ть, разбира́ть
discussion диску́ссия, обсужде́ние
disdain презре́ние
disease боле́знь (f.)
disgrace позо́р
disgust отвраще́ние

dish блюдо, (course)
dishes посуда
dishonest нечестный
disk диск, круг
disorder беспорядок
display (to) показывать
displeasure неудовольствие
disposition нрав, склонность (f.), характер
dispute (to) спорить
disrespectfully неуважительно
dissatisfaction недовольство
dissatisfied недовольный
distance расстояние
distant далёкий
distinct отчётливый, ясный
distinction отличие, различие
distinguish (to) отличать, различать
distraction рассеянность
distribute (to) выдавать, раздавать
district район
distrust (to) не доверять
distrust недоверие
distrustful недоверчивый
disturb (to) беспокоить, мешать, нарушать, тревожить
divide (to) делить(ся), разделять(ся)
divine божественный
division деление, разделение
divorce развод
dizzy (to be) чувствовать головокружение
do (to) делать
doctor врач, доктор
doctrine учение, доктрина
document бумага, документ
documentary (film) документальный фильм
dog пёс, собака
doll кукла
dollar доллар
domestic семейный (family), местный (local), домашний (animals)
door дверь
dose доза
double вдвое, двойной
doubt (to) сомневаться
doubt сомнение

dough тесто
doughnut пончик
down вниз
  to get down слезать, спускаться, сходить
downstairs вниз, внизу
doze (to) дремать
dozen дюжина
draft чертёж, план
drag (to) таскать, тянуть
drama драма
drastic радикальный
draw (to) рисовать (paint)
draw out (to) вынимать
drawer ящик
dread боязнь (f.), страшный (adj.)
dream (to) сниться
dream сон, сновидение
dress (to) одевать(ся)
dress платье
dressing-gown халат
dressmaker портниха
drink (to) пить
drink напиток
drive (to) гонять, кататься (for pleasure), править
driver шофёр
drop (to) ронять
drop капля
drown (to) тонуть, топить (something else), топиться (oneself)
drugstore аптека
drum барабан
drunk пьяный
drunkard пьяница
dry (to) сушить, утирать, сохнуть
dry сухой
duck утка
due (adj.) следуемый
duet дуэт
dull мутный, пасмурный, тупой
dumb глупый (stupid), немой
  deaf-mute глухонемой
during во время
dust пыль (f.)
duty обязанность (f.), повинность (f.)
dwelling жилище
dye краска

E

each ка́ждый
eagle орёл
ear у́хо
early ра́нний, ра́но (adv.)
earn (to) зараба́тывать
earnest серьёзный
earring серьга́
earth земля́
east восто́к
Easter Па́сха
eastern восто́чный
easy лёгкий
eat (to) есть, ку́шать
echo э́хо
economical экономи́ческий
economize (to) эконо́мить
economy расчётливость (f.)
edge край
edit (to) редакти́ровать
edition изда́ние
editor реда́ктор
editorial staff, office реда́кция
educate (to) воспи́тывать, дава́ть образова́ние
educated интеллиге́нтный, культу́рный, образо́ванный
education образова́ние
educational образова́тельный (pert. to education); уче́бный (providing instruction)
effect впечатле́ние, де́йствие
effective эффе́ктный
efficient де́йственный
effort уси́лие
egg яйцо́
egoist эго́ист
eight во́семь
eighteen восемна́дцать
eighteenth восемна́дцатый
eighth восьмо́й
eightieth восьмидеся́тый
either та́кже, тот и́ли друго́й
either ... or ... и́ли ... и́ли ...
elastic рези́на (f.)
elbow ло́коть (m.)
elder ста́рший
elderly пожило́й
election избра́ние, вы́боры
electric электри́ческий

electricity электри́чество
elegant изя́щный, элега́нтный
element элеме́нт
elementary нача́льный, элемента́рный
elephant слон
elevator лифт, элева́тор (grain)
eleven оди́ннадцать
eleventh оди́ннадцатый
eliminate (to) исключа́ть
else (adv.) ещё, кро́ме
  No one else has come. Никто́ бо́льше не приходи́л.
elsewhere где́-нибудь в друго́м ме́сте
embarrassed сконфу́женный, смущённый
  to become embarrassed сконфу́зиться
embarrassment затрудне́ние, смуще́ние
embassy посо́льство
embrace (to) обнима́ть
embroidered расши́тый
emerge (to) появля́ться
emergency кра́йняя необходи́мость
emigrant эмигра́нт
eminent выдаю́щийся, знамени́тый
emotion волне́ние, эмо́ция
emphasize (to) подчёркивать, заостря́ть
emphatic эмфати́ческий
employ (to) дава́ть рабо́ту, нанима́ть
employee слу́жащий
employment заня́тие, рабо́та, слу́жба
empty (to) вылива́ть
empty пусто́й
enamel эма́ль (f.)
enclose (to) окружа́ть, вкла́дывать
encore бис
encourage (to) ободря́ть, поощря́ть
encouragement ободре́ние
end (to) конча́ть(ся), ока́нчивать
end коне́ц, преде́л, оконча́ние
endeavor (to) пыта́ться, стара́ться
endeavor попы́тка

endurance вы́держка, терпе́ние
endure (to) выде́рживать, переноси́ть, терпе́ть
enemy враг
energy эне́ргия
engine маши́на, мото́р
engineer инжене́р, меха́ник
English англи́йский
enjoy (to) весели́ться (oneself), наслажда́ться
enjoyment наслажде́ние
enlarge (to) увели́чивать
enormous грома́дный, огро́мный
enough доста́точно, дово́льно
enter (to) входи́ть, вступа́ть (on foot), въезжа́ть (by vehicle)
entertain (to) развлека́ть, угоща́ть
entertainment развлече́ние
enthusiasm восто́рг, энтузиа́зм
entire це́лый, сплошно́й
entirely совсе́м
entrance вход, въезд
entrust (to) поверя́ть, доверя́ть
envelope конве́рт
envious зави́стливый
environment обстано́вка, окружа́ющая среда́
envy (to) зави́довать
envy за́висть (f.)
equal ра́вный
equality ра́венство
equalize (to) ура́внивать
equilibrium равнове́сие
era эпо́ха, э́ра
erase (to) стира́ть
eraser рези́нка
err (to) заблужда́ться, ошиба́ться
errand поруче́ние
error оши́бка
escalator эскала́тор
escape (to) избежа́ть, спасти́сь
escort (to) сопровожда́ть
especially осо́бенно, специа́льно
establish (to) устра́ивать
estate име́ние
esteem (to) уважа́ть
esteem уваже́ние
estimate (to) оце́нивать, составля́ть сме́ту
estimate оце́нка, сме́та
eternal ве́чный

eternity ве́чность (f.)
ether эфи́р
ethics э́тика
European европе́йский
evacuate (to) очища́ть, эвакуи́ровать
eve кану́н
even (adj.) гла́дкий, ро́вный
even (adv.) да́же, хоть
evening ве́чер
  in the evening ве́чером
event слу́чай (m.), собы́тие
ever всегда́
  forever навсегда́
  ever since с тех пор
  hardly ever почти́ никогда́
every вся́кий, ка́ждый, любо́й
everyone ка́ждый
everything всё
everywhere везде́, повсю́ду
evidence доказа́тельство, свиде́тельство
evident я́вный
evidently ви́дно
evil (n.) зло
evil (adj.) дурно́й, злой
exact то́чный, аккура́тный
exacting тре́бовательный
exactly и́менно, то́чно
exaggerate (to) преувели́чивать
exaggerated преувели́ченный
exaggeration преувеличе́ние
examination экза́мен
examine (to) осма́тривать, рассма́тривать, экзаменова́ть
example приме́р
  for example наприме́р
exceed (to) превыша́ть, переходи́ть грани́цы
excel (to) превосходи́ть
excellent отли́чный, прекра́сный
except (prep.) кро́ме (gen.)
exception исключе́ние
exceptionally нисключи́тельно
excess изли́шек
excessive чрезме́рный
exchange (to) обме́нивать
exchange обме́н
excite (to) возбужда́ть
excitement волне́ние
exclaim (to) а́хнуть, воскли́кнуть
exclude (to) исключа́ть

excursion экску́рсия
excuse (to) извиня́ть, проща́ть
  Excuse me. Извини́те. Прости́те.
excuse оправда́ние
execution исполне́ние (of an idea)
exercise (to) упражня́ть
exercise упражне́ние
exertion напряже́ние, уси́лие
exhaust (to) вытя́гивать, изнуря́ть
exhibition вы́ставка
exist (to) существова́ть
existence существова́ние
exit вы́ход
expand (to) расширя́ть(ся),
  увели́чивать(ся)
expansion разложе́ние, экспа́нсия,
  увеличе́ние
expect (to) ожида́ть
expectation ожида́ние, ча́яние
expel (to) исключа́ть
expense расхо́д
expensive дорого́й
experience (to) пережива́ть
experience о́пыт
experienced о́пытный
experiment о́пыт, экспериме́нт
experimental про́бный,
  эксперимента́льный
expert знато́к, специали́ст
explain (to) объясня́ть
explanation объясне́ние
explode (to) взрыва́ть
exploit (to) эксплуати́ровать
explore (to) иссле́довать
explosion взрыв
export э́кспорт
expose (to) разоблача́ть,
  раскрыва́ть
express oneself (to) выража́ть(ся)
expression выраже́ние
expressive экспресси́вный,
  вырази́тельный
exquisite преле́стный
extend (to) вытя́гивать, тяну́ться
extensive обши́рный,
  экстенси́вный
extent сте́пень (f.)
exterior вне́шний (adj.),
  нару́жность (noun, f.)
external вне́шний
extinguish (to) туши́ть
extra осо́бенно, сверх, э́кстра

extraordinary чрезвыча́йный
extravagant нерасчётливый,
  экстравага́нтный
extreme кра́йний, чрезвыча́йный
  (adj.), кра́йность (noun, f.)
extremely весьма́, кра́йне
eye глаз
eyebrow бровь (f.)
eyeglasses очки́ (pl.)
eyelid ве́ко
eyesight зре́ние

F

fabric материа́л, мате́рия
face лицо́
  face to face лицо́м к лицу́
facilitate (to) облегча́ть
facility лёгкость (f.)
fact факт
factory фа́брика
factual факти́ческий
faculty спосо́бность (f.),
  преподава́тельский соста́в
fade (to) вя́нуть, блёкнуть
fail (to) провали́ться (exam.),
  слабе́ть
failure неуда́ча
faint (to) упа́сть в о́бморок
faintheartedness малоду́шие
fair справедли́вый, че́стный
fairy фе́я
faith ве́ра, дове́рие
faithful ве́рный
fall (to) па́дать
  to let fall урони́ть
false фальши́вый
falsehood ложь (f.), непра́вда
fame изве́стность (f.), сла́ва
familiar знако́мый
  to become familiar with
  ознако́миться
family семе́йный (adj.), семья́
  (noun)
famous знамени́тый
fan вентиля́тор
fancy (noun) фанта́зия, вообра-
  же́ние
fantastic фантасти́ческий
far далёкий (adj.), далеко́ (adv)

  from far away и́здали
  not far недалеко́
fare (carfare) пла́та за прое́зд
farewell проща́ние (n.)
  Farewell! Проща́й! до свида́ния!
farm фе́рма
farmer фе́рмер
farther да́льше
fascinating очарова́тельный,
  увлека́тельный
fashion фасо́н, мо́да
fashionable мо́дный
fast кре́пкий, ско́рый (of speed)
fasten (to) привя́зывать
  to fasten together скрепля́ть
fastidious разбо́рчивый
fat жир (n.), жи́рный, то́лстый
  (adj.)
fatal поги́бельный, фата́льный
fate жре́бий, судьба́
father оте́ц
fatherland оте́чество
faucet кран
fault вина́
favor ми́лость (f.), одолже́ние
favorite люби́мец (n.), люби́мый
  (adj.)
fax (noun) факс
fear (to) боя́ться
fear боя́знь (f.), страх
February февра́ль (m.)
federation федера́ция
fee вознагражде́ние, пла́та
feeble беси́льный, сла́бый
feed (to) корми́ть, пита́ть
feel (to) ощуща́ть, чу́вствовать
feeling чу́вство
fellow па́рень (m.)
feminine же́нский
fencing фехтова́ние
fertility плодоро́дность (f.)
fervent пы́лкий, стра́стный
fetch (to) доста́ть, приноси́ть
fever жар
feverish лихора́дочный
few ма́ло, немно́го, не́сколько
  fewer ме́ньше
fiber фи́бра, волокно́
fiction беллетри́стика
fictitious фикти́вный, вообра-
  жа́емый
field по́ле

fifteen пятна́дцать
fifteenth пятна́дцатый
fifth пя́тый
fiftieth пятидеся́тый
fifty пятьдеся́т
fig инжи́р, фи́га
fight (to) боро́ться, дра́ться
fight борьба́, дра́ка
figure фигу́ра, ци́фра (number)
file (to) приня́ть к выполне́нию
  зака́з, регистри́ровать и храни́ть
file напи́льник, картоте́ка
fill (to) наполня́ть
  to fill in заполня́ть
fillet (meat) филе́
film фильм
filthy гря́зный
final оконча́тельный
finally наконе́ц
finances фина́нсы
financing финанси́рование
financial фина́нсовый
find (to) находи́ть
  to find out узнава́ть
fine (penalty) штраф
fine то́нкий
  fine fellow! молоде́ц!
  fine point то́нкость (f.)
finger па́лец
fingernail но́готь (m.)
finish (to) конча́ть(ся), ока́нчивать
finished ко́нчено, сде́лано
fire ого́нь (m.), пожа́р
fireplace ками́н
fireproof несгора́емый
firewood дрова́ (pl.)
fireworks фейерве́рк
firm фи́рма (company), кре́пкий,
  твёрдый (adj.)
first пе́рвый
  at first сперва́
  first-rate первокла́ссный
  for the first time впервы́е
fish ры́ба
fist кула́к
fit (to) сиде́ть, подходи́ть
fit припа́док (attack)
five пять
fix (to) исправля́ть, починя́ть
flag флаг
flame пла́мя
flap (to) маха́ть

flash (to) блесну́ть, мелька́ть, сверкну́ть
flashlight ручно́й электри́ческий фона́рь
flat пло́ский, ро́вный
flattering ле́стный
flattery лесть (f.)
flavor арома́т
fleet флот
flesh сыро́е мя́со
flexible ги́бкий
flight бе́гство, отступле́ние, полёт
flirt (to) флиртова́ть
float (to) пла́вать
flood пото́к, наводне́ние
floor пол, эта́ж (story)
flora фло́ра
flour мука́
flourishing здоро́вый, цвету́щий
flow (to) течь
flower цвето́к
fluently бе́гло, свобо́дно
fluid жи́дкость (noun, f.) жи́дкий (adj.)
fly (to) лета́ть
fly му́ха
flying летучий
focus (to) сосредото́чивать, фокуси́ровать(ся), наводи́ть на фо́кус
focus фо́кус
fog тума́н
flood (to) разлива́ться; затопля́ть
fold скла́дывать
fold скла́дка
folk (adj.) наро́дный
follow (to) следи́ть, сле́довать
following сле́дующий
fond не́жный, лю́бящий
font шрифт
food еда́, пи́ща
fool дура́к
foolish глу́пый
foolishness глу́пость (f.)
foot нога́, фут (of length)
  on foot пешко́м
football футбо́л
footstep шаг
for для (gen.), за (acc., inst.), на (extent of time)
  for the sake of ра́ди (gen.)
forbid (to) запреща́ть

force (to) заставля́ть, принужда́ть
force си́ла
forehead лоб
foreign иностра́нный
foreigner иностра́нец
foresight предви́дение
forest лес
forever наве́ки, навсегда́
forewarn (to) предупрежда́ть
forged фальсифици́рованный
forget (to) забыва́ть
forgetfulness забы́вчивость (f.)
forgive (to) извиня́ть, проща́ть
forgiveness проще́ние
fork ви́лка
form о́браз, фо́рма
formality форма́льность (f.)
formation строй
formed (to be) составля́ть(ся)
former бы́вший
formerly пре́жде, ра́ньше
formula фо́рмула
forsake (to) покинуть
fortieth сороково́й
fortunate счастли́вый, уда́чный
fortunately к сча́стью
fortune сча́стье, уда́ча, судьба́
fortune-teller гада́лка
forty со́рок
forward вперёд (adv.), передово́й (adj.)
found (to) создава́ть
foundation фунда́мент
founder основа́тель (m.)
fountain фонта́н
fountain pen авторучка
four четы́ре
fourteen четы́рнадцать
fourteenth четы́рнадцатый
fourth четвёртый
fowl дома́шняя пти́ца
foyer пере́дняя, фойе́ (noun not decl.)
fragment кусо́к, отры́вок
fragrance арома́т
fragrant арома́тный
frame ра́ма
frank и́скренний, открове́нный
frankness открове́нность (f.)
fraud обма́н
free беспла́тно (gratis), свобо́дный
freedom свобо́да, во́льность (f.)

freely свобо́дно
freeze (to) замерза́ть, мёрзнуть, замора́живать, ледени́ть
French францу́зский
frequently ча́сто
fresh све́жий
Friday пя́тница
fried жа́реный
friend друг (m.), подру́га (f.), прия́тель (m.) –ница (f.)
friendly дру́жеский, приве́тливый
friendship дру́жба
fright испу́г, страх
frighten (to) пуга́ть, напуга́ть
  to become frightened испуга́ться
frightening стра́шный
frog лягу́шка
from из (gen.), от (gen.), с (gen.)
  from behind из-за
front фаса́д (n.), пере́дний (adj.)
frost моро́з
frown (to) хму́риться
frozen мёрзлый, заморо́женный
fruit фрукт
fry (to) жа́рить(ся)
frying pan сковорода́
fuel горю́чее, то́пливо
  fuel oil мазу́т
fugitive бе́глый
fulfill (to) выполня́ть, исполня́ть
fulfillment выполне́ние, исполне́ние
full по́лный
fully вполне́
fun весе́лье, шу́тка (joke)
  to have fun весели́ться
function (to) де́йствовать
function фу́нкция
fund запа́с, фонд
fundamental основно́й, фунда-ме́нтальный
funeral по́хороны
funny заба́вный, смешно́й
fur мех
  fur coat шу́ба
furnace го́рн, печь, то́пка
furnish (to) обставля́ть
furniture ме́бель (f.), обстано́вка
fury бе́шенство, я́рость (f.)
fuss хло́поты, суета́

futile тще́тный
future бу́дущий (adj.), бу́дущее (n.)

G

gain (to) вы́играть (win)
  to gain weight полне́ть
gain дохо́ды
gallant гала́нтный
gallery галере́я
gallon галло́н
gamble (to) игра́ть в аза́ртные и́гры
game игра́
garage гара́ж
garbage му́сор
garden сад
garlic чесно́к
garment предме́т оде́жды, пла́тье
gas газ
gasoline бензи́н, газоли́н
gate воро́та
gather (to) собира́ть(ся)
gauze газ, ма́рля
gay весёлый (merry)
gender род
general (adj.) о́бщий
  in general вообще́
generality неопределённость
generally обы́чно, вообще́, широко́
generation поколе́ние
generosity ще́дрость (f.)
generous ще́дрый
genius гениа́льный (adj.), ге́ний
gentle мя́гкий
gentleman джентльме́н
genuine настоя́щий
geography геогра́фия
geometry геоме́трия
germ микро́б
German неме́цкий (adj.)
gesture жест
get (to) достава́ть (fetch), получа́ть (receive)
  to get along пожива́ть
  to get even with распла́чиваться
  to get up встава́ть

ghost привиде́ние
gift дар (talent), пода́рок
gifted спосо́бный, тала́нтливый
gigantic гига́нтский
girl де́вочка (little girl), де́вушка (young girl, unmarried)
give (to) дава́ть
  to give a present дари́ть
  to give back возвраща́ть, отдава́ть
  to give out выдава́ть, раздава́ть
glad рад, ра́достный
gladly охо́тно
glance взгляд
glands же́лезы
glass стака́н (drinking), стекло́, стекля́нный (adj.)
glasses очки́
gleam (to) мелька́ть
glimpse мелыка́ние, мимолётное впечатле́ние
glitter (to) блесте́ть, сверка́ть
globe гло́бус, шар
gloom мрак
gloomy мра́чный, угрю́мый
glory сла́ва
glove перча́тка
glue (to) кле́ить
go (to) идти́, ходи́ть (on foot), е́хать, е́здить (by conveyance)
goal цель (f.)
God Бог
gold зо́лото
golden золото́й
good добро́ (noun), до́брый, хоро́ший (adj.)
  good day до́брый день
  good evening до́брый ве́чер
  good morning до́брое у́тро
  good night споко́йной но́чи
good-bye до свида́ния
good-looking краси́вый
good-natured добро́душный
goodness доброта́
gossip (to) спле́тничать
gossip спле́тник (m.), спле́тница (f.)
govern (to) пра́вить, управля́ть
government прави́тельство, управле́ние
grace ми́лость (f.)
graceful грацио́зный, изя́щный

gradually ма́ло-пома́лу, постепе́нно
graduate выпускни́к
graduating class вы́пуск
grammar грамма́тика
grand грандио́зный, великоле́пный
granddaughter вну́чка
grandfather де́душка
grandmother ба́бушка
grandson внук
grant (to) соглаша́ться, дава́ть субси́дию
grapes виногра́д
grasp (to) хвата́ть
grass трава́
grateful благода́рный
gratitude благода́рность (f.)
gratis беспла́тно, да́ром
grave моги́ла
gravely тяжело́
gravity тя́жесть (f.)
gravy подли́вка, со́ус
gray се́рый
  gray-haired седо́й
grease (to) ма́зать, сма́зывать
grease жир
greasy са́льный, жи́рный
great вели́кий
greatly о́чень си́льно
greedy жа́дный
green зелёный
greet (to) здоро́ваться, приве́т-ствовать
greeting приве́т, приве́тствие
grief го́ре, печа́ль (f.), скорбь (f.)
grieve (to) горева́ть
grind (to) растира́ть, тере́ть
groan (to) стона́ть
grocery story гастроно́м
ground земля́, фунда́мент
groundwork фунда́мент
group гру́ппа
grow (to) расти́, (become) станови́ться, де́латься
  to grow up выраста́ть
grown-up взро́слый
growth разви́тие, рост
grumble (to) ворча́ть жа́ловаться
guarantee (to) гаранти́ровать
guarantee гара́нтия, руча́тельство
guard (to) охраня́ть, стере́чь

guard сто́рож
guardian храни́тель
guess (to) дога́дываться,
 отга́дывать
guess дога́дка, предположе́ние
guest гость (m.)
guidance руково́дство
guide (to) руководи́ть
guidebook спра́вочник
guilt вина́
guilty винова́тый
guitar гита́ра
gulp (to) глота́ть
gulp глото́к
gum десна́, рези́на
gun ружьё
gust поры́в
gypsy цыга́нский (adj.)

H

habit привы́чка
habitual обы́чный
hair во́лосы
 to cut hair остри́чь во́лосы
haircut стри́жка
hairdo причёска
hairdresser парикма́хер
hairdryer фен
hairpin шпи́лька
half полови́на
 by halves попола́м
 half a year полго́да
 half-hour полчаса́
 halfway на полпути́, возмо́жный
  компроми́сс
hall зал
halt прива́л, стой (кома́нда)
ham ветчина́
hammer мо́лот
hand рука́, стре́лка (of a clock),
 ручно́й (adj.)
handbag су́мка
handicraft ремесло́, ручна́я ра-
 бо́та
handkerchief носово́й плато́к
handle ру́чка
handmade ручно́й рабо́ты
handshake рукопожа́тие
handsome краси́вый

handwriting по́черк
handy удо́бный, сподру́чный
hang (to) висе́ть
 to hang up ве́шать
hanger ве́шалка
haphazardly ко́е-как
happen (to) происходи́ть,
 случа́ться
happiness сча́стье
happy счастли́вый
harbor порт
hard твёрдый (firm), тру́дный
 (difficult)
harden (to) тверд
harbor едва́, чуть
hardly едва́, чуть
hardness твёрдость (f.)
harm (to) вреди́ть
harm зло, вред
harmful вре́дный
harmless безвре́дный
harmonious гармони́ческий
harmony гармо́ния
harsh ре́зкий, гру́бый
harvest урожа́й
haste торопли́вость (f.)
hasten (to) ускоря́ть
hastily поспе́шно, спе́шно
hasty поспе́шный
hat шля́па
hate (to) ненави́деть
hatred не́нависть (f.)
haughty высокоме́рный
haunt (to) пресле́довать
have (to) име́ть
 to have to до́лжен (а, о, ы),
  приходи́ться
hay се́но
hazy тума́нный
he он
head глава́ (chief), голова́
head (to) заве́довать, возгла-
 вля́ть
headache головна́я боль
headmost передово́й
heal (to) зажива́ть
health здоро́вье
healthful поле́зный
healthy здоро́вый
hear (to) слы́шать
hearing слух
heart се́рдце
 by heart наизу́сть

of the heart серде́чный
heartburn изжо́га
heartless безду́шный
heat греть, нагрева́ть
  heating system отопле́ние
heat жара́
heaven не́бо
heavenly небе́сный
heavy си́льный (strong), тяжёлый, то́лстый
  to grow heavy толсте́ть
heel каблу́к
height высота́, рост
heir насле́дник
hell ад
hello здра́вствуйте
help (to) помога́ть
help по́мощь (f.)
helpless беспо́мощньый, бесси́льный
hem (to) подшива́ть
hem подо́л, подши́вка
hen ку́рица
her её, ей
herd ста́до
here здесь, сюда́, тут
  from here отсю́да
  here are (is) вот
hero геро́й
heroine герои́ня
herring селёдка
hers её
herself она́, сама́
hesitate (to) колеба́ться
hide (to) пря́тать(ся), скрыва́ть(ся), таи́ть(ся)
hideous ужа́сный
high высо́кий
  high-principled иде́йный
highest вы́сший
high school diploma аттеста́т зре́лости
highway шоссе́
hill холм
him его́, ему́
himself он сам
hinder (to) меша́ть
hint намёк
hint at (to) намека́ть
hip бедро́
hire (to) взять напрока́т, нанима́ть

for hire дава́ть напрока́т
his его́
historical истори́ческий
history исто́рия
hit (to) бить, ударя́ть
hoarse хри́плый
hold (to) держа́ть(ся)
  to hold in сдержа́ться
  to hold out выде́рживать
hole ды́рка
holiday пра́здник
hollow пусто́й
holy свято́й
home дом
  at home до́ма
  to go home идти́ домо́й
homemade самоде́льный, дома́шний
homosexual гомосексуали́ст (m.), гомосексуа́льный (adj.)
honest поря́дочный, че́стный
honesty че́стность (f.)
honey мёд
honeymoon медо́вый ме́сяц
honor (to) почита́ть
honor честь (f.)
hook крюк
hope (to) наде́яться
hope наде́жда, ча́яние
hopeful наде́ющийся
hopeless безнадёжный
horizon горизо́нт
horizontal горизонта́льный
horn рог
horoscope гороско́п
horrible ужа́сный
horror у́жас
horse конь (m.), ло́шадь (f.)
  horseback верхо́м
hospitable гостеприи́мный
hospital больни́ца, госпиталь (m.)
hospitality гостеприи́мство, хлеб-соль (bread and salt)
host хозя́ин
hostess хозя́йка
hot горя́чий, (objects, emotions) жа́ркий
hotel гости́ница
hour час
house дом
housemaid го́рничная
housewarming новосе́лье

how как
  how much, many ско́лько
however одна́ко
huge огро́мный
hum (to) напева́ть
human челове́к (noun),
  челове́ческий (adj.)
humanitarian гуманита́рный
humanity челове́чество
humble скро́мный
humiliate (to) унижа́ть
humility смире́ние
humor ю́мор
humorous юмористи́ческий
hundred сто
hundredth со́тый
hunger го́лод
hungry голо́дный
hunter охо́тник
hunting охо́та
hurricane урага́н
hurry (to) спеши́ть,
  торопи́ться
hurt (to) боле́ть, сде́лать бо́льно
husband муж
hush (to) молча́ть
hyphen дефи́с, тире́
hypnosis гипно́з
hypocrite лицеме́р
hypothesis гипо́теза
hysterical истери́ческий

I

I я
ice лёд
ice cream моро́женое
icon ико́на
icy ледяно́й
idea иде́я, мысль (f.), поня́тие
ideal идеа́льный
idealistic идеалисти́ческий
identical одина́ковый
identity ли́чность (f.)
idiot идио́т
idle лени́вый
idleness лень (f.)
if е́сли
ignorance неве́дение, темнота́
ignorant неве́жественный

ignore (to) игнори́ровать
ill больно́й
  to fall ill заболе́ть
illegal незако́нный
illiteracy безгра́мотность
illiterate безгра́мотный
illness боле́знь (f.)
illuminate (to) освеща́ть
illumination освеще́ние
illusion иллю́зия
illustrate (to) иллюстри́ровать,
  поясня́ть
illustration поясне́ние, рису́нок
image и́мидж, о́браз
imaginary вообража́емый
imagination воображе́ние,
  фанта́зия
imagine (to) вообража́ть
imbalance дисбала́нс
imitate (to) изобража́ть,
  подража́ть
imitation подража́ние
immature незре́лый
immediate прямо́й, спе́шный
immediately неме́дленно, сра́зу
immense безме́рный, огро́мный
imminent бли́зкий
immobility неподви́жность (f.)
immodest нескро́мный
immoral безнра́вственный
immorality безнра́вственность (f.)
immortal бессме́ртный
immortality бессме́ртие, ве́чность
  (f.)
immovable неподви́жный
imp чертёнок
impartial беспристра́стный
impatience нетерпе́ние
impatient нетерпели́вый
imperfect дефе́ктный, непо́лный,
  брако́ванный
impersonal безли́чный
impertinence де́рзость (f.),
  на́глость (f.)
implore (to) умоля́ть
imply (to) намека́ть
impolite неве́жливый
important ва́жный
impossible невозмо́жно, нельзя́
impostor самозва́нец
impoverished обедне́вший
impression впечатле́ние

imprison (to) заключа́ть в тюрьму́

improve (to) поправля́ть(ся), улучша́ть(ся)

improvement улучше́ние

improvise (to) импровизи́ровать

imprudent неблагоразу́мный

impudence де́рзость (f.), наха́льство

impudent де́рзкий

impulse и́мпульс

impure нечи́стый

in в (prep.), в, на (acc., prep.)

  in case на вся́кий слу́чай, в слу́чае

  in fact факти́чески

inaccurate неаккура́тный

inactivity безде́йствие

inadequate неудовлетвори́тельный, недоста́точный

inanimate неодушевлённый

inappropriate неподходя́щий

inaudible неслы́шный

incapable неспосо́бный

incentive побужде́ние

inch дюйм

incident слу́чай

inclination наклоне́ние

include (to) включа́ть

income дохо́д

incomparable бесподо́бный, несравни́мый

incompatible несовмести́мый

incompetent неспосо́бный, некомпете́нтный

incomplete непо́лный, несоверше́нный

inconvenient неудо́бный

incorrect непра́вильный

incorruptible неподку́пный

increase (to) возраста́ть, прибавля́ть, увели́чивать

increase умноже́ние, увеличе́ние

incredible невероя́тный

incredibility невероя́тность (f.)

indecent неприли́чный

indecision нереши́тельность (f.)

indeed пои́стине

indefinite неопределённый

independence незави́симость

independent незави́симый, самостоя́тельный

index и́ндекс, оглавле́ние

index finger указа́тельный па́лец

indicate (to) ука́зывать

indication при́знак

indifference безразли́чие, равноду́шие

indifferent равноду́шный

indignant негоду́ющий

indignation негодова́ние

indirect непрямо́й, побо́чный

indiscreet неосторо́жный, нескро́мный

indispensable необходи́мый

individual индивидуа́льный, ли́чный

indoors в до́ме, внутри́

induce (to) убежда́ть

indulge (to) позволя́ть себе́ удово́льствие, злоупотребля́ть

indulgence терпи́мость (f.)

indulgent терпи́мый

industrial фабри́чный

industrious приле́жный

industry промы́шленность (f.)

inedible несъедо́бный

inefficient неспосо́бный

inequality нера́венство

inexpensive дешёвый

inexperienced нео́пытный

infancy ра́ннее де́тство, младе́нчество

infant ребёнок

infection зараже́нне

inferior ни́зший

inferiority неполноце́нность (f.)

infinite безграни́чный, бесконе́чный

infinitive неопределённое наклоне́ние, инфинити́в

infinity бесконе́чность

influence (to) влия́ть

influence вес, влия́ние

inform (to) сообща́ть

informally без церемо́ний

information изве́стие (news), све́дение

ingenious остроу́мный

ingratitude неблагода́рность (f.)

inhabit (to) жить

inhabitant жи́тель (m.)

inherit (to)   насле́довать

inheritance   насле́дство

inhuman   бесчу́вственный, жесто́-
кий, бесчелове́чный

initial   нача́льный

initiate (to)   вводи́ть

initiative   инициати́ва

injection   уко́л

injurious   вре́дно

injury   поврежде́ние

injustice   несправедли́вость (f.)

ink   черни́ла

inn   гости́ница

inner   вну́тренний

innocence   неви́нность (f.)

innocent   безви́нный (guiltless),
неви́нный (harmless)

inquire (to)   спра́шивать

inquiry   вопро́с, спра́вка

inquisitive   любозна́тельный

insane   безу́мный, сумасше́дший

insanity   безу́мие

inscription   на́дпись

insect   насеко́мое

insensible   бесчу́вственный

inseparable   неразлу́чный

insert (to)   вкла́дывать

inside   внутри́

  inside out   навы́ворот

insight   интуи́ция, понима́ние

insignificant   ничто́жный

insincere   неи́скренний

insincerity   неи́скренность (f.)

insist (to)   наста́ивать

insistence   насто́йчивость (f.)

inspect (to)   рассма́тривать, про-
веря́ть

inspiration   вдохнове́ние

install (to)   помеща́ть, устана́-
вливать

instance   приме́р, слу́чай

  for instance   наприме́р

instant   мгнове́ние, миг, моме́нт

instantly   момента́льно

instead of   вме́сто (gen.)

instep   подъём

instinct   инсти́нкт

institute   институ́т

instruct (to)   учи́ть

instruction   нака́з (order),
обуче́ние

instructor   инстру́ктор

instrument   инструме́нт, ору́дие

insufficient   недоста́точный

insult (to)   оскорбля́ть

insult   оскорбле́ние

insulting   оскорби́тельный

insurance   страхо́вка

insure (to)   страхова́ть(ся)

intact   це́лый

intellect   ум

intellectual   интеллектуа́льный,
мы́слящий

intelligence   ра́зум, ум

intelligent   у́мный

intense   си́льный

intensity   интенси́вность (f.)

intention   наме́рение

intentional   наме́ренный

interest (to)   интересова́ть

interest   интере́с

interested (to become)
заинтересова́ться

interesting   интере́сный

interfere (to)   вме́шивать(ся)

interior   вну́тренность (f.)

intermission   переры́в

internal   вну́тренний

international   междунаро́дный

interpret (to)   переводи́ть

interpretation   перево́д, взгля́д

interpreter   перево́дчик

interrupt (to)   прерыва́ть

interval   па́уза, переры́в

interview   интервью́

intimacy   инти́мность (f.)

intimate   инти́мный

into   в (acc.)

intolerable   несно́сный, нестерпи́-
мый

intolerant   нетерпи́мый

intoxicate (to)   опьяня́ть, воз-
бужда́ть

intoxication   опьяне́ние

intricate   сло́жный

intrigue   интри́га

introduce (to)   вводи́ть, пред-
ставля́ть (a person)

introduction   введе́ние,
представле́ние

intuition   интуи́ция

invalid   недействи́тельный (adj.),
больно́й, нетрудоспосо́бный
(adj. or noun)

invaluable бесце́нный

invent (to) выду́мывать, изобрета́ть, приду́мывать

invented вы́думанный

investigate (to) иссле́довать

investigation иссле́дование

invisible неви́димый

invitation приглаше́ние

invite (to) приглаша́ть

inviting привлека́тельный

involuntary нево́льно

iodine йод

Irish ирла́ндский

iron (to) гла́дить

iron желе́зо, утю́г (for ironing), желе́зный (adj.)

irony иро́ния

irregular незакономе́рный, непра́вильный

irresistible неотрази́мый

irresponsibility безотве́тственность (f.)

irritate (to) раздража́ть

irritation раздраже́ние

island о́стров

isolate (to) изоли́ровать, отделя́ть

isolated изоли́рованный

issue изда́ние

it оно́

Italian италья́нский

itch (to) чеса́ться

itinerary маршру́т

its его́

ivory слоно́вая кость

ivy плющ

J

jacket жаке́т

jail тюрьма́

jam варе́нье

January янва́рь (m.)

Japanese япо́нский

jar ба́нка

jaw че́люсть (f.)

jealous ревни́вый

    to be jealous ревнова́ть

jealousy за́висть, ре́вность (f.)

jelly желе́

jewel драгоце́нность (f.)

Jewish евре́йский

job рабо́та

join (to) присоединя́ться, соединя́ться

joint суста́в, ме́сто соедине́ния, совме́стный (adj.)

joke (to) шути́ть

joke анекдо́т, шу́тка

jokingly шутя́

journalist журнали́ст

journey пое́здка

joy отра́да, ра́дость (f.)

joyous ра́достный

judge (to) суди́ть

judge судья́

judgment суд (legal), усмотре́ние

juice сок

juicy со́чный

July ию́ль (m.)

jumble ка́ша (fig.)

jump (to) пры́гать, скака́ть

    to jump off соска́кивать

    to jump out выска́кивать

jump прыжо́к

June ию́нь (m.)

junior мла́дший

just справедли́вый (adj.)

just (hardly) едва́, чуть

justice справедли́вость (f.) суд

justification оправда́ние

justify (to) опра́вдывать(ся)

juvenile малоле́тний

K

keen си́льный (strong), чу́ткий

keep (to) держа́ть, сохраня́ть, храни́ть

kernel зерно́

kerosene кероси́н

key ключ

kick (to) ударя́ть ного́й, брыка́ться (animal)

kidney по́чка

kill (to) убива́ть

killer уби́йца

kin род, родство́

kind сорт (m.), до́брый (adj.)

kindly до́брый, тёплый
kindness любе́зность (f.)
king коро́ль (m.)
kiss (to) целова́ть(ся)
kiss поцелу́й
kitchen ку́хня
knee коле́но
kneel (to) стоя́ть на коле́нях
knife нож
knight ры́царь
knit (to) вяза́ть
knock (to) стуча́ть
knock стук
knot (to) завя́зывать
knot у́зел
know (to) знать
  it is known изве́стно
  it is not known неизве́стно
  little known малоизве́стный
  to know how уме́ть
  well-known изве́стный
knowledge зна́ние
kopeck копе́йка
Kremlin Кремль

L

label ярлы́к
labor труд
laboratory лаборато́рия
laborer рабо́чий
lace шнуро́к
lack (to) недостава́ть
lack недоста́ток, отсу́тствие
ladder ле́стница
lady да́ма
lag (to) отстава́ть
lake о́зеро
lamb бара́нина
lame хромо́й
lamp ла́мпа, фона́рь (m.) (lantern)
lampshade абажу́р
land земля́
landlord хозя́ин
landscape пейза́ж
language язы́к
  common language о́бщий язы́к
lantern фона́рь (m.)
lard са́ло
large большо́й, кру́пный

last (to) продолжа́ться (continue),
  хвата́ть (last out)
last (adj.) после́дний, про́шлый
late по́здний
  to be late опа́здывать
lately за после́днее вре́мя
later по́зже
  two days later два дня спустя́
laugh (to) смея́ться
  to burst out laughing засмея́ться
  to laugh boisterously хохота́ть
laughter смех
launder (to) стира́ть
lavatory убо́рная
lavish ще́дрый
law зако́н, пра́вило, пра́во
  law court суд
lawful зако́нный
lawless беззако́нный
lawn лужа́йка
lawyer адвока́т, юри́ст
lay (to) класть, положи́ть
layer слой
lazy лени́вый
  lazy person лентя́й (m.), -ка (f.)
lead (to) води́ть, руководи́ть
leader руководи́тель (m.)
leadership руково́дство
leaf лист
leak (to) течь
lean (to) наклоня́ться, опира́ться
  to lean over перегиба́ться
leap (to) пры́гать, скака́ть
leap прыжо́к, скачо́к
learn (to) учи́ть(ся), вы́учить(ся)
learned учёный
learning уче́ние
least наиме́ньший
  at least по кра́йней ме́ре
leather ко́жа
leave (to) оставля́ть, уезжа́ть,
  уходи́ть
  to leave out пропуска́ть
leave о́тпуск (vacation)
lecture докла́д, ле́кция
lecturer ле́ктор
left ле́вый
  to the left нале́во
leg нога́
legal зако́нный, юриди́ческий
  (profession)
legislation законода́тельство

legitimate зако́нный

leisure досу́г

lemon лимо́н

lend (to) одолжа́ть

length длина́

lengthen (to) удлиня́ть(ся)

less ме́ньше

lessen (to) убавля́ть, уменьша́ть

lesson уро́к

let (to) дава́ть, позволя́ть, пуска́ть

let us дава́й, дава́йте (plus infinitive)

letter бу́ква (alphabet), письмо́ (correspondence)

lettuce сала́т

level у́ровень

liable отве́тственный

liar лгун

liberal либера́льный, ще́дрый (lavish)

liberate (to) освобожда́ть

liberty во́льность (f.), свобо́да

library библиоте́ка

license пра́во, разреше́ние

driver's license води́тельские права́

lie (to) лгать (falsify), лежа́ть (rest)

to lie down ложи́ться

lie ложь (f.)

life жизнь (f.)

lifeless безжи́зненый

lift (to) поднима́ть

light (to) зажига́ть

to light up освеща́ть

light лёгкий (adj.), све́тлый (bright) (adj.), свет (noun)

lighten (to) светле́ть (make brighter), облегча́ть (in weight)

lighter зажига́лка

lighting освеще́ние

lightning мо́лния

likable симпати́чный

like (to) люби́ть, нра́виться

like как (as), подо́бный, похо́жий (similar)

likely возмо́жно, наве́рно

likeness схо́дство

likewise то́же

limb член, коне́чность

limit (to) ограни́чивать

limit грани́ца, ограниче́ние, преде́л

limp (to) хрома́ть

line ли́ния, ряд (row), строка́ (of a page)

linen бельё (household or underwear), полотно́

linger (to) ме́длить

lingerie да́мское бельё

linguistic языково́й

lining подкла́дка

link (to) свя́зывать, соединя́ть

link связь (f.), звено́

lion лев

lip губа́

lipstick губна́я пома́да

liquid жи́дкий (adj.), жи́дкость (noun, f.)

liquor спиртно́й напи́ток

list спи́сок

listen слу́шать

literacy гра́мотность (f.)

literally буква́льно

literary литерату́рный

literature литерату́ра

little ма́ленький

a little ма́ло, немно́го

live (to) жить

live живо́й

lively живо́й

liver печёнка

living room гости́ная

load груз, тя́жесть

loaf (to) безде́льничать

loaf (of bread) буханка́, це́лый хлеб

loan заём

lobby прихо́жая, фойе́

lobster ома́р

local зде́шний, ме́стный

locality ме́сто

locate (to) находи́ть (find), поселя́ться

location помеще́ние

lock (to) запира́ть

locked up взаперти́

lock замо́к

locomotive локомоти́в

logic ло́гика

logical логи́ческий, логи́чный

loneliness одино́чество

lonely одино́кий, уединённый

long (to) тоскова́ть

long дли́нный (distance), до́лго (time)
  long ago давно́, давны́м-давно́
  not long недо́лго
longing жела́ние
look (to) гляде́ть, смотре́ть
  Look! Посмотри́те!
  Look out! Осторо́жно!
  to look for иска́ть
  to look over просма́вривать
look взгля́д
loop пе́тля
loose свобо́дный
lose (to) теря́ть, проигра́ть (at playing)
  to lose one's self-possession теря́ться
loss поте́ря
lost зате́рянный, поте́рянный
  to get lost заблуди́ться
lot (a) мно́го
loud гро́мкий
love (to) люби́ть
  in love влюблённый
  to fall in love влюбля́ться
love любо́вь (f.)
loved люби́мы
lovely ми́лый
loving лю́бящий, не́жный
low ни́зкий (height), ти́хий (faint)
lower to спуска́ть
loyal ве́рный
loyalty ве́рность (f.), лоя́льность (f.)
luck сча́стье
lucky счастли́вый, уда́чный
luggage бага́ж
luminous све́тлый
lump глы́ба, кусо́к (small piece)
lunch за́втрак
lung лёгкое
luster блеск
luxurious роско́шный
luxury ро́скошь (f.)
lyrical лири́ческий

M

machine маши́на
mad сумасше́дший

madam госпожа́, мада́м
made сде́ланный
madman безу́мец
madness сумасше́дствие, безу́мие
magazine журна́л
magician маг
magistrate судья́
magnet магни́т
magnificent великоле́пный, превосхо́дный
magnifying увеличи́тельный
maid служа́нка
mail по́чта
main гла́вный
maintain (to) содержа́ть
maintenance содержа́ние (support), обслу́живание (service)
majority большинство́
make (to) де́лать
male (adj.) мужско́й
man мужчи́на (m.), челове́к (person)
manage (to) заве́довать, управля́ть
management администра́ция, управле́ние
manager дире́ктор, заве́дующий
mankind челове́чество
manner мане́ра, нра́в ы
manufacture (to) произво́дство
manuscript ру́копись (f.)
many мно́гие, мно́го
marble мра́мор
March март
margin по́ле
mark (to) отмеча́ть
  to mark off отче́ркивать
mark пятно́ (spot), ме́тка
market база́р, ры́нок
marketing ма́ркетинг
marriage брак
marry (to) жени́тться (men), выходи́ть за́муж (women)
marvel (to) удивля́ться
marvel чу́до
marvelous чуде́сный
masculine мужско́й
mask (to) скрыва́ть
mask ма́ска
mass ма́сса
master (to) овладе́ть, вы́учить
master ма́стер, хозя́ин

masterpiece шедéвр
match (to) подходи́ть
match спи́чка
matchless бесподóбный
material материáл
maternal матери́нский
mathematician матемáтик
mathematics матемáтика
matter веществó
  a matter of course я́сное дéло
mattress матрáс
mature взрóслый, зрéлый
maximum мáксимум
May май (m.)
may мочь, мóжно
mayonnaise майонéз
me меня́ (acc.), мне (dat.)
meadow луг
mean (to) знáчить
mean (adj.) злой, захудáлый,
  неприя́тный, ни́зкий
meaning значéние, смысл (sense)
meanness мéлочность (f.), ни́зость
  (f.)
means срéдства
  by means of посрéдством
meanwhile мéжду тем
measure (to) мéрить
measure мéра
meat мя́со
mechanic механик
mechanical механи́ческий
mechanically машинáльно
mechanized механизи́рованный
medicine лекáрство, медици́на
  (the profession)
  medical treatment лечéние
mediocre посрéдственный
mediocrity посрéдственность (f.)
meditate (to) размышля́ть
meditation размышлéние
medium середи́на (noun), срéдний
  (adj.)
meet (to) встречáть
  I'm very happy to meet you.
  Óчень прия́тно с вáми познакó-
  миться.
meeting встрéча, свидáние,
  собрáние (gathering)
melancholy меланхóлия (noun),
  меланхоли́ческий (adj.)
melodious мелоди́чный

melody мелóдия
melon ды́ня
melt (to) тáять
member член
memorable пáмятный
memorize (to) запоминáть
memory пáмять (f.)
mend (to) исправля́ть, чини́ть
mental у́мственный
mention (to) отмечáть,
  упоминáть
menu меню́
merchandise товáры
merchant купéц, торгóвец
merciful милосéрдный
merciless немилосéрдный
mercy милосéрдие
merit (to) заслýживать
merit заслýга
merry весёлый
message сообщéние
messenger курьéр, посы́льный
metal метáлл
metallic металли́ческий
metallurgy металлýргия
method мéтод, спóсоб
microphone микрофóн
microscope микроскóп
midday пóлдень (m.)
middle середи́на (noun), срéдний
  (adj.)
  in the middle of посреди́ (gen.)
midnight пóлночь (f.)
midway полпути́
might си́ла
mighty громáдный (huge),
  си́льный (strong)
mild мя́гкий
mildness мя́гкость (f.)
mile ми́ля
milk молокó
mill мéльница, фáбрика
million миллиóн
mind (to) следи́ть, забóтиться
  I don't mind. Я ничегó не имéю
  прóтив.
mind ум
mineral ископáемый, минерáл
minimum ми́нимум
minister мини́стр (state), свящéн-
  ник (church)
mirror зéркало

minority меньшинство́

minute мину́та

  this very minute сию́ мину́ту

  Wait a minute. Подожди́те мину́ту.

miracle чу́до

miscellaneous разнообра́зный

mischief беда́, вред, ша́лость

mischievous зло́бный, шаловли́вый

miser скупо́й, бедня́га

miserable жа́лкий, несча́стный

miserliness ску́пость (f.)

miserly скупо́й

misfortune беда́, го́ре, несча́стье

miss (to) скуча́ть, пропуска́ть (leave out)

Miss, Mrs. госпожа́

mission поруче́ние, зада́ние, делега́ция

mist тума́н

mistake оши́бка

  to be mistaken заблужда́ться

  to make a mistake ошиба́ться

Mister, Mr. господи́н

mistrust (to) не доверя́ть

misty тума́нный

misunderstand (to) непра́вильно поня́ть

misunderstanding недоразуме́ние

mittens ва́режки

mix (to) сме́шивать

  to mix up (confuse) пу́тать

mixed сме́шанный

moan (to) стона́ть

mob толпа́

mobile передвижно́й

mobilize (to) мобилизова́ть

mock (to) насмеха́ться

mocking насме́шка

mode мо́да

model моде́ль, тип, показа́тельный (adj.), манеке́нщица (n.)

moderate уме́ренный

moderation уме́ренность (f.)

modern новомо́дный, но́вый, совреме́нный

modernism модерни́зм

modest скро́мный

modesty скро́мность (f.)

modification видоизмене́ние

modify (to) видоизменя́ть

moist сыро́й

moisten (to) увлажня́ть

moment мгнове́ние, миг, моме́нт

Monday понеде́льник

money де́ньги

monkey обезья́на

monotonous однозву́чный (tone), однообра́зный

monotony однообра́зие

monstrous чудо́вищный

month ме́сяц

monthly ежеме́сячный

monument па́мятник

mood настрое́ние

moody угрю́мый

moon луна́, ме́сяц

mop шва́бра

moral мора́ль (noun, f.), мора́льный, нра́вственный (adj.)

more бо́льше, ещё

moreover к тому́ же, кро́ме того́

morning у́тро (noun), у́тренний (adj.)

  in the morning у́тром

morose угрю́мый

morsel кусо́чек

mortal сме́ртный

mortality сме́ртность (f.)

mortgage закла́д, закладна́я

Moscow Москва́, моско́вский (adj.)

mosquito кома́р

most наибо́льший

mostly гла́вным о́бразом

moth моль (f.)

mother мать (f.)

motion движе́ние, ход

motionless неподви́жный

motivate (to) побужда́ть, мотиви́ровать

motive побужде́ние, моти́в

motor дви́гатель (m.), мото́р

mound холм

mount (to) влеза́ть, поднима́ться

mountain гора́

mourn (to) опла́кивать, се́товать

mournful печа́льный, ско́рбный

mourning тра́ур

mouse мышь (f.)

mouth рот

  mouthful глото́к

move (to) двигаться, переезжа́ть
(a household)
  to move off удаля́ться
movement движе́ние
movies кино́
moving тро́гательный
much гора́здо, мно́го
  how much ско́лько
mud грязь
muddy гря́зный, му́тный
multiplication умноже́ние
multiply (to) увели́чивать, раз-
множа́ться, умножа́ть (arith.)
mumble (to) бормота́ть
municipal городско́й
murder (to) убива́ть
murder уби́йство
murderer уби́йца
murmur (to) жужжа́ть, журча́ть
muscle му́скул
museum музе́й
mushrooms грибы́
music му́зыка
musical музыка́льный
  musical group анса́мбль
musician музыка́нт
must до́лжен (-á, -ó, -ы́)
mustache усы́
mustard горчи́ца
mute немо́й
mutter (to) бормота́ть
mutton бара́нина
mutually взаи́мно, обою́дно
my мой, (моя́, моё, мои́)
myself я сам; себя́, меня́ самого́
mysterious неве́домый, таи́н-
ственный
mystery та́йна; (film, book)
детекти́в
mysticism ми́стика

N

nail гвоздь (hardware), но́готь,
ко́готь (m.)
naïve наи́вный
naked го́лый
name (to) называ́ть, дава́ть и́мя
name и́мя, назва́ние (inanimate
things), фами́лия (surname)

What is your name? Как вас
зову́т?
named (to be) называ́ть
namely и́менно, то есть (т. е.)
nap (to) поспа́ть
napkin салфе́тка
narrate (to) расска́зывать
narrow у́зкий
nasty проти́вный
nation на́ция
national наро́дный
nationalistic националисти́ческий
nationality наро́дность (f.), нацио-
на́льность (f.)
native родно́й, коренно́й жи́тель
  native country ро́дина
natural есте́ственный, натура́ль-
ный
naturally есте́ственно,
натура́льно, коне́чно (of
course)
nature нату́ра, приро́да
naughty дурно́й, капри́зный
  to be naughty капри́зничать
navy флот
near о́коло, у (prep. with gen.),
бли́зко (adv.), бли́зкий (adj.)
  near at hand побли́зости
  to draw near бли́зиться, при-
ближа́ться
nearly почти́
nearsighted близору́кий
neat аккура́тный, чи́стый
necessary необходи́мый, ну́жный
  it is necessary на́до, необходи́мо,
ну́жно
necessity на́добность (f.),
необходи́мость (f.)
neck ше́я
necklace ожере́лье
necktie га́лстук
need (to) нужда́ться
  I need мне ну́жно
need нужда́
needle иго́лка
needless изли́шний, нену́жный
negation отрица́ние
negative отрица́тельный,
негати́вный
neglect (to) пренебрега́ть
neglect небре́жность (f.)
negotiations перегово́ры

neighbor сосе́д, -ка (m., f.)
neighborhood окре́стность (f.)
neighboring сосе́дний
neither никако́й
  neither...nor ни...ни
nephew племя́нник
nerve нерв
nervous не́рвный
  to be nervous не́рвничать
nest гнездо́
neuter сре́дний (adj.), сре́днего ро́да
neutral нейтра́льный
never никогда́
  Never mind. Ничего́, нева́жно.
nevertheless всё-таки, несмотря́ на
new но́вый
news изве́стие, но́вость (f.)
newspaper газе́та
next сле́дующий
nice прия́тный, сла́вный
nickname кли́чка
niece племя́нница
night ночь
  at night но́чью
  Good night! Споко́йной но́чи.
nightmare кошма́р
nine де́вять
nineteen девятна́дцать
nineteenth девятна́дцатый
ninetieth девяно́стый
ninety девяно́сто
ninth девя́тый
nitrates (pl.) нитра́ты
no нет
nobody никто́, ничто́жество (derogatory)
noise шум
  to make noise шуме́ть
noisy шу́мный
nominate (to) назнача́ть, называ́ть
nomination назначе́ние
none никако́й, ни оди́н
nonsense вздор, ерунда́
  to talk nonsense говори́ть чепуху́
noon по́лдень (m.)
no one никто́
nor та́кже не
norm но́рма
normal норма́льный

north се́вер
northern се́верный
nose нос
not не, ни
  not at all ниско́лько
  there is not нет
note (to) отмеча́ть
note запи́ска, примеча́ние
notebook тетра́дь (f.)
nothing ничто́; ничего́
notice (to) замеча́ть
notice предупрежде́ние
noticeably заме́тно
notify (to) предупрежда́ть, сообща́ть
notion иде́я
noun и́мя существи́тельное
nourish (to) пита́ть
nourishment пита́ние
novel рома́н
novelty новизна́
November ноя́брь (m.)
now сейча́с, тепе́рь
nowadays тепе́рь
nowhere нигде́ (location), никуда́ (direction)
nuance отте́нок
nuclear я́дерный
nude наго́й, обнажённый
nuisance неудо́бство, неприя́тность
numb онеме́лый
number но́мер, число́
numerous многочи́сленный
nurse медсестра́ (medical), ня́ня (for children)
nursery де́тская, я́сли
nut оре́х, га́йка (hardware)

O

oak дуб
oar весло́
oath прися́га
oats овёс
obedience послуша́ние
obedient поко́рный, послу́шный
obey (to) повинова́ться
object (to) протестова́ть, быть про́тив

objection возраже́ние

objective объекти́вный

obligation обяза́тельство, пови́нность (f.)

oblige (to) обя́зывать

obliging любе́зный

obscure мра́чный, нея́сный, неизве́стный (unknown)

obscurity мрак, тьма

observation замеча́ние (remark), наблюде́ние

observe (to) замеча́ть (notice), наблюда́ть

observer наблюда́тель (m.)

obsolete отжи́вший

obstacle препя́тствие

obstetrician акуше́рка

obstinacy упря́мство

obstinate упря́мый

obtain (to) достава́ть

obvious очеви́дный, я́сный

obviously очеви́дно

occasion слу́чай

occasional ре́дкий, случа́йный

occasionally и́зредка, вре́мя от вре́мени

occupation заня́тие

occupy (to) занима́ть(ся)

occur (to) происходи́ть, случа́ться

occurrence происше́ствие, слу́чай

ocean океа́н

October октя́брь (m.)

odd стра́нный

ode о́да

odor за́пах

of из, от (gen.)

  of course коне́чно, разуме́ется

  out of из-за

off с (gen.)

  Off! Прочь!

  to get off слеза́ть, сходи́ть

offend (to) обижа́ть

offended оби́женный

offense оскорбле́ние, преступле́ние (legal), наступле́ние (military)

  to take offense оскорбля́ться

offensive оскорби́тельный

offer (to) предлага́ть, представля́ть

offer предложе́ние

office канцеля́рия, конто́ра

official официа́льный (adj.), чино́вник (noun)

often ча́сто

oil ма́сло, нефть

ointment мазь (f.)

old ста́рый

  old age ста́рость (f.)

  olden times старина́

  old-fashioned старомо́дный

  old man стари́к

  old woman стару́ха

olive масли́на

omelet омле́т, яи́чница

on на (acc. and prep.)

once одна́жды

  at once сейча́с же

  once in a while иногда́

  once more еще́ раз

one оди́н (одна́, одно́, одни́)

  one and a half полтора́

oneself себя́

onion лук

only еди́нственный (adj.), то́лько (adv.)

open (to) открыва́ть, раскрыва́ть

open открове́нный, откры́тый

open-hearted простоду́шный

opening отве́рстие (hole), откры́тие (season)

opera о́пера

operate (to) опери́ровать

operation опера́ция

opinion мне́ние

  in my opinion по-мо́ему

opponent проти́вник

opportunely кста́ти, своевре́менно

opportunity удо́бный слу́чай, возмо́жность (f.)

oppose (to) сопротивля́ться

opposed to про́тив (gen.)

opposite про́тив (gen.)

opposition противополо́жность (f.), противоре́чие

oppress (to) притесня́ть

oppression притесне́ние

optician о́птик

optimism оптими́зм

optimist оптими́ст

optimistic оптимисти́ческий

or а, и́ли, ли́бо

  either . . . or и́ли...и́ли, ли́бо... ли́бо

oral у́стный
orange апельси́н (noun), ора́нжевый (color)
orator ора́тор
orchard фрукто́вый сад
orchestra орке́стр
ordeal тяжёлое испыта́ние
order (to) заказа́ть (commercial), приказа́ть (command)
order поря́док (neatness), зака́з (commercial order), прика́з (command), строй (system)
  out of order не рабо́тать
  to put in order приводи́ть в поря́док
ordinarily обыкнове́нно
ordinary обыкнове́нный
organ орга́н (musical), о́рган (anatomy)
organization организа́ция, устро́йство
organize (to) устра́ивать
organized организо́ванный
Orient восто́чные стра́ны, Восто́к
origin происхожде́ние
original оригина́льный, первонача́льный
originality оригина́льность (f.)
ornament украше́ние
orphan сирота́
other друго́й, ино́й
  on the other hand зато́, с друго́й стороны́
  otherwise ина́че
  ounce у́нция
  our наш (а, е, и)
  ourselves (мы) са́ми
  out из (gen.)
  outburst взрыв
  outcome результа́т
  outing прогу́лка
  outlast (to) пережива́ть
  outlet выходно́е отве́рстие, электри́ческая розе́тка
  outline (to) намеча́ть
  outline очерта́ние, эски́з, ко́нтур
  outlook вид, перспекти́ва
  output проду́кция
  outrage безобра́зие, оскорбле́ние
  outside вне (prep. with gen.), посторо́нний (adj.)

outward вне́шний
oven духо́вка, печь (f.)
over над (inst.), сверх (gen.), че́рез (across) (acc.)
overcoat пальто́ (not declined), шине́ль (f.)
overcome (to) преодолева́ть
overcooked пережа́ренный, перева́ренный
overdue просро́ченный
overeat (to) перееда́ть
overestimate (to) переоце́нивать
overflow (to) перелива́ться
overlook (to) не замеча́ть, смотре́ть сквозь па́льцы
overpay (to) перепла́чивать
overseas за мо́рем
overshoes гало́ши
overstep (to) переступа́ть
overstrain (to) переутомля́ть, перенапряга́ть
overstrain переутомле́ние
overtake (to) настига́ть
overthrow (to) опроки́дывать, сверга́ть
owe (to) быть до́лжным
own (to) владе́ть
own родно́й, со́бственный, свой (своя́, своё, свои́)
owner владе́лец, хозя́ин
oxygen кислоро́д
oyster у́стрица
ozone layer озоносфе́ра

P

pace темп
pacific ми́рный
pack (to) укла́дываться
package паке́т, па́чка
pact пакт
page страни́ца
pain боль (f.)
painful чувстви́тельный
painfully бо́льно
painless безболе́зненный
paint (to) кра́сить, рисова́ть (artistic)
paint кра́ска

painting жи́вопись (f.)
pair па́ра
pajamas пижа́ма
pale бле́дный
  to grow pale бледне́ть
pamphlet брошю́ра
pan кастрю́ля
pancakes бли́нчики, ола́дьи
pane око́нное стекло́, грань
panel пане́ль; то́нкая доска́ для
  жи́вописи; распредели́тельная
  доска́
panic па́ника
pants брю́ки, штаны́
paper бума́га
parade пара́д
paradise рай
paragraph абза́ц, пара́граф
parallel паралле́льный
paralysis парали́ч
parcel паке́т
pardon (to) извиня́ть, проща́ть,
  поми́ловать
pardon проще́ние
parenthesis ско́бки
parents роди́тели (pl.)
Parisian пари́жский
park парк
parrot попуга́й
part (to) проща́ться, расстава́ться,
  разделя́ть
part роль (f.) (acting), часть (f.)
  little part части́ца
partial части́чный, пристра́стный
  (favoring)
  partial to неравноду́шный
participate (to) уча́ствовать
participation уча́стие
particular тре́бовательный
particularly осо́бенно
partner партнёр
party ве́чер, вечери́нка (social),
  па́ртия
pass (to) проезжа́ть (by
  conveyance), проходи́ть (on
  foot), передава́ть (give),
  вы́держать (examination)
passage прое́зд, прохо́д
passenger пассажи́р, -ка
passion пыл, страсть (f.)
passionate горя́чий, пы́лкий,
  стра́стный

passionately стра́стно
passive пасси́вный
passport па́спорт
past про́шлое (n.), проше́дший
  про́шлый (adj.), ми́мо (prep. with
  gen.)
paste (to) кле́ить
paste па́ста
pastry пече́нье, пиро́жное
patch запла́та
path тропи́нка
pathetic патети́чный
patience терпе́ние
patient пацие́нт (n.).
  терпели́вый
patriot патрио́т
patriotism патриоти́зм
patron покрови́тель
patronage покрови́тельство
pattern (sewing) вы́кройка,
  шабло́н
pause па́уза
pavement тротуа́р
paw ла́па
pay (to) плати́ть
  to pay off распла́чиваться
payment упла́та
peace мир, тишина́ (quiet), поко́й
  (quiet)
peaceful ми́рный, споко́йный
peach пе́рсик
peak верши́на
peanut земляно́й оре́х
pear гру́ша
pearl жёмчуг
peas горо́шек
pebble га́лька
peculiar осо́бенный
peculiarity осо́бенность (f.)
peel (to) снима́ть кору́, снима́ть
  ко́жицу
peel ко́рка
pen ру́чка
  fountain pen авторучка
penalty штраф
pencil каранда́ш
penetrate (to) проника́ть вну́трь
peninsula полуо́стров
pension пе́нсия
pensive мечта́тельный
people наро́д, на́ция, лю́ди
pepper пе́рец

perceive (to) замечать, ощущать
percent на сотню, %
percentage процент
perfect идеальный, совершенный
perfection совершенство
perfectly вполне, совершенно
perform (to) играть (on stage),
  исполнять
performance игра, спектакль (m.)
performer исполнитель
perfume духи
perhaps может быть
peril опасность (f.)
period период, точка
  (punctuation)
periodical журнал (magazine),
  периодический (adj.)
perish (to) погибать
perishable скоропортящийся
permanent постоянный
permission разрешение,
  позволение
permit (to) позволять, пускать,
  разрешать
perpendicular перпендикуляр
perpetual вечный, бесконечный
persecute (to) преследовать
persecution преследование
perseverance настойчивость (f.)
persist (to) настаивать
persistent настойчивый, упорный
person лицо, человек
personal личный, собственный
personality личность (f.)
perspective перспектива
perspiration пот
perspire (to) потеть
persuade (to) убеждать,
  уговаривать
pesticides (pl.) пестициды
pet (to) ласкать
petroleum нефть, петролеум,
  керосин
petticoat нижняя юбка
petty мелкий
pharmacy аптека
phase фаза
phenomenon необыкновенное
  явление
philanthropist благотворитель
  (m.), филантроп
philosopher философ

philosophically философски
philosophy философия
phone телефон
photograph (to) снимать,
  фотографировать
photograph фотографическая
  карточка, снимок
photography фотография
phrase фраза
physical физический
physician врач
physicist физик
physics физика
pianist пианист, -ка (m., f.)
piano рояль (m.), пианино
pick (to) срывать
  to pick out выбирать
  to pick up поднимать
picnic пикник
picture картина, рисунок
pie пирог
piece кусок, кусочек, штука (n.),
  штучный (adj.)
piercing пронзительный
pig свинья
pigeon голубь
pile куча
pill пилюля
pillow подушка
pillowcase наволочка
pilot авиатор, лётчик
pin булавка
pinch (to) ущипнуть
pineapple ананас
pine tree сосна
pink розовый
pious набожный
pipe труба, трубка (for tobacco)
pistol револьвер, пистолет
pitiful жалкий
pity жалость (f.), сожаление
  It's a great pity. Очень жаль.
place (to) помещать
place место
plain простой
plan (to) составлять план
plan план
plane ровный
planet планета
plant (to) сажать
plant завод (factory), растение
  (botany)

plaster   штукату́рка
plastic   пласти́ческий
plate   таре́лка
plateau   плато́, плоского́рье
platform   платфо́рма
play (to)   игра́ть
play   спекта́кль (m.), пье́са
playground   де́тский городо́к
plead (to)   проси́ть, умоля́ть
pleasant   прия́тный
please (to)   нра́виться
please   пожа́луйста
pleasure   удово́льствие
pleat   скла́дка
pledge   обеща́ние
plentiful   оби́льный
plenty   оби́лие (noun), доста́точно (adv.)
plot   за́говор (conspiracy), сюже́т, фа́була (of a story)
plug   про́бка, заты́чка
plum   сли́ва
plumber   водопрово́дчик
plump   пу́хленький
plus   плюс
pneumonia   воспале́ние лёгких
pocket   карма́н
pocketbook   су́мка
poem   поэ́ма, стихотворе́ние
poet   поэ́т
poetic   поэти́ческий
poetry   поэ́зия
point (to)   пока́зывать, ука́зывать
point   о́стрый коне́ц, пункт, то́чка
pointed   остроконе́чный
pointer   стре́лка
poison   яд
poisonous   ядови́тый
pole   столб, шест, по́люс
police   поли́ция
policeman   полице́йский
policy   поли́тика, страхово́й по́лис (insurance)
polish (to)   наводи́ть гля́нец, полирова́ть
polish   гля́нец
Polish   по́льский
polite   ве́жливый, любе́зный
politeness   ве́жливость (f.)
political   полити́ческий
politics   поли́тика

pollution   (environmental) загрязне́ние окружа́ющей среды́
pond   пруд
pool   лу́жа, прудо́к, бассе́йн
poor   бе́дный
   to become poor   бедне́ть
Pope   ри́мский па́па
popular   наро́дный, популя́рный
popularity   популя́рность
population   населе́ние
porch   крыльцо́
pork   свини́на
port   порт
portable   перено́сный, складно́й
porter   носи́льщик
portion   по́рция
portrait   портре́т
portray (to)   изобража́ть, опи́сывать
pose   по́за
position   положе́ние
positive   уве́ренный
possess (to)   облада́ть, владе́ть
possibility   возмо́жность (f.)
possible   возмо́жно, мо́жно
post   по́чта (mail)
postage stamp   почто́вая ма́рка
postcard   откры́тка
poster   афи́ша
posterity   пото́мство
post office   по́чта
postpone (to)   отложи́ть
pot   кастрю́ля
potato   карто́фель (m.)
pound   фунт
pour (to)   налива́ть (a liquid), насыпа́ть (dry products)
   to pour out   вылива́ть, высыпа́ть
poverty   бе́дность (f.)
powder (to)   пу́дриться
powder   пу́дра
power   власть (f.)
powerful   си́льный
practical   практи́чный
practice (to)   упражня́ться
practice   пра́ктика
praise (to)   хвали́ть
prank   вы́ходка
pray (to)   моли́ть
prayer   моли́тва
precaution   предосторо́жность (f.)

precede (to) предше́ствовать
precious драгоце́нный
precise то́чный
precisely то́чно
precision то́чность (f.)
predicament затрудни́тельное положе́ние
predict (to) предсказа́ть
preface предисло́вие
prefer (to) предпочита́ть
preference предпочте́ние
pregnant бере́менная
prejudice предрассу́док
preliminary предвари́тельный
premature преждевре́менный
premeditated преднаме́ренный
preparation приготовле́ние
prepare (to) приготовля́ть
prepared гото́вый
prepay (to) плати́ть вперёд
preposition предло́г
prescribe (to) предпи́сывать
prescription реце́пт
presence прису́тствие
present (to) представля́ть
present настоя́щее (noun), ны́не (adv.), настоя́щий (adj.)
  at present тепе́рь
preservation сохране́ние
preserve (to) сохраня́ть
preserves варе́нье
president председа́тель (m.), президе́нт
press (to) нажима́ть, гла́дить (clothes)
press печа́ть (f.) (journalism)
pressing спе́шный
pressure давле́ние, нажа́тие
prestige прести́ж
prestigious прести́жный
presume (to) предполага́ть
pretend (to) притворя́ться, де́лать вид
pretension прете́нзия
pretty хоро́шенький (adj.), дово́льно (adv.)
  to grow pretty хороше́ть
prevent (to) предупрежда́ть
prevention предупрежде́ние
previous предыду́щий
price цена́
pride самолю́бие

priest свяще́нник
primary перви́чный, основно́й
prime minister премье́р-мини́стр
principal гла́вный
principle при́нцип
print (to) печа́тать
prison тюрьма́
private ча́стный
privilege привиле́гия
prize (to) цени́ть
prize награ́да, приз
probably вероя́тно
problem зада́ча, пробле́ма
procedure процеду́ра
proceed (to) продолжа́ть
process проце́сс
proclamation воззва́ние, официа́льное объявле́ние
produce (to) выраба́тывать
producer производи́тель (one who produces), продю́сер (of a film)
  product проду́кт
production произведе́ние, произво́дство (manufacture)
profession профе́ссия, ремесло́
professor профе́ссор
profile про́филь
profit (to) приноси́ть по́льзу
  to profit by воспо́льзоваться
profit дохо́д, по́льза
profitable при́быльный
profound углублённый
program програ́мма
programming программи́рование
progress (to) продвига́ться, развива́ться
progress прогре́сс
progressive передово́й, прогресси́вный
prohibit (to) воспреща́ть(ся), запреща́ть
prohibition запреще́ние
project (to) броса́ть, проекти́ровать
project прое́кт
prolong (to) растя́гивать
prolonged продолжи́тельный
promise (to) обеща́ть
promise обеща́ние
prompt (to) подсказа́ть
prompt бы́стрый
pronoun местоиме́ние

pronounce (to) произноси́ть
pronunciation произноше́ние
proof доказа́тельство
proofreader корре́ктор
propaganda агита́ция,
    пропага́нда
proper прили́чный (decent)
property иму́щество,
    со́бственность (f.)
prophecy предсказа́ние
prophesy (to) проро́чить,
    предска́зывать
prophet проро́к
proportion пропо́рция
proposal предложе́ние
propose (to) предлага́ть
prose про́за
prospect вид, наде́жда
prosper (to) процвета́ть
prosperity процвета́ние
prosperous процвета́ющий,
    бога́тый
protect (to) защища́ть
protection защи́та
protector защи́тник
protest проте́ст
proud го́рдый
prove (to) дока́зывать
proverb посло́вица
provide (to) обеспе́чивать
province о́бласть (f.)
provisions проду́кты (pl.)
provoke (to) возбужда́ть,
    провоци́ровать
prudence благоразу́мие
prudent благоразу́мный
prune черносли́в
psychiatrist психиа́тр
psychologist психо́лог
psychology психоло́гия
public пу́блика (noun),
    обще́ственный (adj.)
publication изда́ние
publicity рекла́ма
publicize (to) реклами́ровать
publish (to) издава́ть (books),
    публикова́ть (to announce)
publishing house изда́тельство
publisher изда́тель (m.)
puddle лу́жа
puff out (to) надува́ть
pull (to) тяну́ть, таска́ть

pulse пульс
pump насо́с
punctual аккура́тный,
    пунктуа́льный
puncture проко́л
pungency острота́
pungent о́стрый, е́дкий
punk (fashion) панк
punish (to) нака́зывать
punishment наказа́ние
pupil учени́к, учени́ца (m., f.)
puppy щено́к
purchase (to) покупа́ть
purchase поку́пка
pure чи́стый
purity чистота́
purpose цель (f.), наме́рение
purposely наро́чно
purse кошелёк
pursue (to) пресле́довать
push (to) толка́ть
put (to) класть, положи́ть,
    (horizontally); ста́вить
    (vertically)
  to put away убира́ть
  to put down подавля́ть,
    запи́сывать
  to put forth проявля́ть, пуска́ть
  to put forward выдвига́ть,
    предлага́ть
  to put in вставля́ть, вкла́дывать,
    всо́вывать
  to put off откла́дывать
  to put on надева́ть, принима́ть
    вид
  to put out выгоня́ть, удаля́ть
  to put through выполня́ть
  to put up поднима́ть, стро́ить,
    воздвига́ть
pyramid пирами́да
puzzle зага́дка

Q

quaint необы́чный, стра́нный
qualification квалифика́ция
qualified квалифици́рованный
qualify (to) квалифици́ровать(ся)
quality ка́чество
quantity коли́чество

quarrel (to) ссо́риться
quarter че́тверть, четверта́к (25¢)
queer стра́нный
quench (to) туши́ть, утоля́ть (thirst)
question (to) спра́шивать
question вопро́с
questionable сомни́тельный, спо́рный
questionnaire анке́та
quick бы́стрый, ско́рый
quicken (to) ускоря́ть
quiet тишина́ (noun), споко́йный, ти́хий (adj.)
quietly споко́йно, ти́хо
quit (to) оставля́ть рабо́ту (a job), переста́ть (stop)
quite во́все, вполне́, совсе́м
quiver (to) дрожа́ть
quotation цита́та
quotation marks кавы́чки
quote (to) цити́ровать

R

rabbi равви́н
rabbit кро́лик
race ра́са (species), ска́чки, бега́ (horseraces), го́нка (auto)
radiator радиа́тор
radio ра́дио
rag тря́пка
rage бе́шенство, я́рость (f.)
ragged поно́шенный, рва́ный
railroad желе́зная доро́га
  railroad car ваго́н
  railroad station вокза́л
rain дождь
rainbow ра́дуга
raincoat плащ
rainy дождли́вый
raise (to) повыша́ть, поднима́ть (lift)
raisin изю́м
rank чин
rap (to) стуча́ть
rapid бы́стрый, ско́рый
rapidly бы́стро
rapture упое́ние, экста́з
rare ре́дкий

rarity ре́дкость (f.)
rash сыпь (noun, f.) (skin), стреми́тельный (adj.) (hasty)
raspberries мали́на
rate (to) оце́нивать, счита́ть
rate проце́нт (percent), темп (speed), ско́рость (f.) (speed)
rather дово́льно, скоре́е, слегка́
ratio пропо́рция
rational рассу́дочный
rationally рациона́льно
rave (to) бре́дить, восторга́ться
raw сыро́й
ray луч
razor бри́тва
reach (to) достава́ть, достига́ть, доезжа́ть
react (to) реаги́ровать
reaction реа́кция
read (to) чита́ть
readily охо́тно
reading чте́ние
ready гото́вый
  in readiness наготове́
  ready-made гото́вые изде́лия
real настоя́щий
realistic реалисти́ческий
realization осозна́ние, реализа́ция
realize (to) представля́ть себе́, понима́ть я́сно
really действи́тельно, неуже́ли, ра́зве
realm сфе́ра
rear (to) воспи́тывать (bring up)
rear за́дний
reason (to) рассужда́ть
reason причи́на (cause), ра́зум (intelligence)
reasonable разу́мный
reassure (to) успока́ивать
rebel (to) восстава́ть
rebel бунтовщи́к
rebellion восста́ние
recall (to) вспомина́ть
receipt распи́ска
receive (to) получа́ть, принима́ть
receiver получа́тель (m.), приёмник
recent неда́вний, но́вый
recently неда́вно
reception приём (n.), приёмный (adj.)

recess перерыв
recipe рецепт
reciprocal взаимный
recite (to) декламировать
recklessly азартно, сломя голову
recognition признание
recognize (to) признавать, узнавать
recollect (to) вспоминать
recollection воспоминание
recommend (to) рекомендовать
recommendation рекомендация
reconcile (to) примирять
reconciliation примирение
record (to) записывать
record запись, протокол
recover (to) поправляться
recovery излечение
rectangle прямоугольник
recycle (to) рециклировать
red красный
Red Cross Красный Крест
red-haired рыжий
reduce (to) убавлять (weight), уменьшать
reduction снижение, скидка (price)
refer (to) ссылаться, упоминать
reference рекомендация
  in reference to относительно
  reference book справочник
refine (to) очищать, усовершенствовать
refined изящный
refinement изысканность (f.)
reflect (to) отражать, мыслить, размышлять
reflection отражение, размышление (thought)
reform (to) улучшать
reform реформа, улучшение
refrain (to) сдерживать, воздерживаться
refresh (to) освежать
refreshment оживление, освежающий напиток
refrigerator холодильник
refuge убежище
refugee эмигрант, беженец
refund (to) возвращать
refund возмещение, возврат (money)

refusal отказ
refuse (to) отказывать
regard уважение
regime режим
regiment полк
region район
register (to) регистрировать(ся)
regret (to) жалеть
regret сожаление
regular правильный, регулярный
regulate (to) регулировать
regulation правило
rehearsal репетиция
rehearse (to) репетировать
reign царить
reinforce (to) подкреплять
reject (to) отклонять, отказывать
rejoice (to) радоваться
relate (to) рассказывать
relation отношение, связь (f.)
relationship отношение
relative родственник
relaxation отдых, развлечение
release (to) освобождать
release освобождение
relent (to) смягчаться
reliable надёжный, солидный
reliability надёжность (f.)
relief облегчение
relieve (to) облегчать
religion религия
religious религиозный
reluctance неохота
reluctantly неохотно, нехотя
rely (to) полагаться
remain (to) оставаться
remainder остаток
remaining остальной
remark (to) замечать
remark замечание
remarkable замечательный
remedy средство от болезни, лекарство
remember (to) помнить, вспоминать
remembrance воспоминание
remind (to) напоминать
reminder напоминание
remodeling переделка, ремонт
remorse раскаяние
remote далёкий, удалённый
remove (to) снимать, убирать

rename (to) переименовáть
render (to) окáзывать
renew (to) обновлять
renewal возобновлéние
rent (to) нанимáть
rent арéндная плáта
repair (to) исправлять, поправлять, починить
repairs ремóнт
repay (to) заплатить, отплáчивать
repayment отплáта
repeat (to) повторять
repeatedly многокрáтно
repent (to) раскáиваться
repertoire репертуáр
repetition повторéние
replacement замéна (f.)
reply (to) отвечáть
reply отвéт
report (to) сообщáть
report доклáд, сообщéние
reporter корреспондéнт
represent (to) представлять
representation представительство
representative представитель (m.)
repress (to) подавлять
repression подавлéние
reprimand выговор
reproach (to) попрекáть, упрекáть
reproach упрёк
reproduction репродукция
republic респýблика
reputation извéстность (f.), репутáция
request (to) просить
request прóсьба, трéбование
require (to) нуждáться
required потрéбный, обязáтельный
requirement трéбование
rescue (to) спасáть
research исслéдование
  research assistant наýчный сотрýдник
resemblance схóдство
resembling похóжий
resent (to) негодовáть
resentment негодовáние
reservation оговóрка; мéсто, закáзанное заранéе
reserve фонд, запáс
reservoir хранилище, резервуáр

residence местожительство, проживáние
resident житель (m.)
resign (to) откáзываться, уходить в отстáвку
resignation откáз, отстáвка
resigned покóрный
resist (to) сопротивляться
resistance сопротивлéние
resolute решительный, твёрдый
resolution решительность (f.)
resolve (to) решáть (decide), разрешáть (a problem)
resort курóрт
resource срéдство
respect (to) уважáть
respect почтéние, уважéние
respected уважáемый
respectful почтительный
responsibility обязанность (f.), отвéтственность (f.)
responsible отвéтственный
rest (to) отдыхáть
rest óтдых, покóй
restaurant ресторáн
restless беспокóйный
restoration восстановлéние
restore (to) восстанáвливать
restrain (to) сдéрживать
restraint сдéржанность (f.)
  with restraint сдéржанно
restrict (to) ограничивать
restriction ограничéние
result (to) слéдовать
result результáт
resume (to) продолжáть
retain (to) сохранять, удéрживать
retaliate (to) отплáчивать
retaliation отплáта
retire (to) выходить в отстáвку
retired отставнóй
retreat (to) отступáть
return (to) возвращáть(ся)
return возвращéние
reveal (to) проявлять, раскрывáть
revelation откровéние
revenge (to) мстить
revenge ревáнш, месть
reverse (to) перевернýть
reverse обрáтный
review обзóр, рецéнзия (theater)
revise (to) проверять, изменять

revive (to)　оживля́ть
revoke (to)　отменя́ть
revolt (to)　восстава́ть
revolt　восста́ние
revolution　револю́ция
revolutionary　революцио́нный
revolve (to)　враща́ться
reward (to)　вознагражда́ть
reward　награ́да
rhyme　ри́фма
rhythm　ритм
rib　ребро́
ribbon　ле́нта
rice　рис
rich　бога́тый
　to grow rich　богате́ть
richness　бога́тство
rid of (to get)　избавля́ть(ся) от
riddle　зага́дка
ride (to)　е́здить, ката́ться (for
　pleasure)
ridicule (to)　осме́ивать
ridiculous　неле́пый, смешно́й
right　ве́рный, пра́вильный (adj.)
　(correct), пра́вый (adj.),
　(position), пра́во (n.)
　all right　хорошо́
　to the right　напра́во
rigid　неги́бкий, неподви́жный
ring (to)　звони́ть
ring　кольцо́
　wedding ring　обруча́льное
　кольцо́
ring　звоно́к (sound)
rinse (to)　полоска́ть
ripe　спе́лый
ripen (to)　зреть
rise (to)　поднима́ться (increase,
　mount), встава́ть (get up),
　восходи́ть (sun)
rise　повыше́ние, подъём
risk (to)　рискова́ть
risk　риск
ritual　ритуа́л
rival　конкуре́нт, сопе́рник
rivalry　сопе́рничество
river　река́ (noun), речно́й (adj.)
road　доро́га
roam (to)　броди́ть (only on foot)
roar (to)　реве́ть
roast (to)　жа́рить
roast　жа́реное

roast beef　ро́стбиф
rob (to)　гра́бить
robber　разбо́йник
robbery　ограбле́ние
robe　хала́т
robot　ро́бот
robust　кре́пкий, здоро́вый
rock (to)　кача́ть
rock　ка́мень (m.)
rock musician　ро́кер
rock star　рок-звезда́
rocket　раке́та
rocky　камени́стый, скали́стый
rogue　жу́лик
role　роль (f.)
roll (to)　кати́ться
roll　бу́лка (bread), свя́зка,
　кату́шка
romance　рома́н
romantic　романти́ческий
roof　кры́ша
room　ко́мната
　no room (space)　нет ме́ста
root　ко́рень (m.)
rope　верёвка
rose　ро́за
rot (to)　по́ртить(ся), гнить
rotten　испо́рченный, гнило́й
rough　гру́бый, неделика́тный
　(crude), неро́вный
round　вокру́г (gen.), круго́м
　(adv.), кру́глый (adj.)
roundabout　обхо́дный
rouse (to)　буди́ть, возбужда́ть
　(anger)
route　маршру́т
routine　рути́на, поря́док (order)
row　ряд
royalties (author's)　а́вторские
rub (to)　тере́ть
rubber　рези́на
ruble　рубль (m.)
rude　неве́жливый
rug　ковёр
ruin (to)　разруша́ть
ruin　ги́бель (f.)
rule (to)　пра́вить, управля́ть
rule　зако́н, пра́вило
ruler　лине́йка
rumor　слух
run (to)　бе́гать, течь (water)
running　бего́м

run down издёрганный
rupture разрыв
rural се́льский
rush (to) торопи́ться
Russia Росси́я (f.)
Russian ру́сский (noun and adj.)
  in Russian по-ру́сски
rust (to) ржаве́ть
rusty заржа́вленный
rye рожь

S

sack мешо́к
sacred свяще́нный
sacrifice (to) же́ртвовать
sacrifice же́ртва
sad гру́стный, печа́льный
  to be sad грусти́ть
safe невреди́мый; сейф (n.)
safety безопа́сность (f.)
sail (to) пла́вать
sail па́рус
sailing пла́вание
sailor матро́с
sake (for the sake of) ра́ди
salad сала́т
salad bowl сала́тник
salary жа́лование
sale распрода́жа
salesman продаве́ц
saleswoman продавщи́ца
salmon лососи́на
salt соль (f.)
salty солёный
salute (to) приве́тствовать
salvation спасе́ние
same одина́ковый (identical)
  all the same всё-таки́
  it's all the same всё равно́
sample образе́ц
samovar самова́р
sand песо́к
sandal санда́лия
sandwich бутербро́д
sandy песо́чный
sane норма́льный
sanitary санита́рный
sap сок
sarcasm сарка́зм

sarcastic саркасти́ческий
satellite спу́тник
satiate (to) насыща́ть
satin атла́с
satisfaction удовлетворе́ние
satisfactory удовлетвори́тельный
satisfied дово́льный, сы́тый
satisfy (to) удовлетворя́ть
saturate (to) насыща́ть
saturation насы́щенность (f.)
Saturday суббо́та
sauce подли́вка, со́ус
saucepan кастрю́ля
sausage колбаса́
savage ди́кий (adj.), дика́рь
  (noun).
save (to) спаса́ть, избавля́ть
say (to) говори́ть, сказа́ть
scale весы́ (weight), га́мма
  (musical)
scalp скальп
scan (to) разгля́дывать
scandal сканда́л
  to talk scandal спле́тничать
scanty ску́дный, ограни́ченный
scar шрам
scare испу́г
scarce недоста́точный, ре́дкий
scarcely едва́, то́лько что
scare (to) пуга́ть
scarf шарф
scarlet а́лый
scattered рассе́янный
scene сце́на
scented арома́тный
schedule расписа́ние
scheme схе́ма, прое́кт
scholar учёный
  scholarly research нау́чное
  иссле́дование
scholarship стипе́ндия
school шко́ла
schoolteacher преподава́тель,
  -ница (m., f.)
science нау́ка
scientific нау́чный
scientist учёный
scissors но́жницы
scold (to) руга́ть
scorch (to) обжига́ть
score счёт
scorn (to) презира́ть**

scornful   презри́тельный
Scottish   шотла́ндский
scoundrel   негодя́й
scrape (to)   скрести́
scratch (to)   цара́пать, чеса́ться (oneself)
scratch   цара́пина
scream (to)   крича́ть
scream   крик
screen   экра́н (movies), ши́рма
screw   винт
scribble (to)   писа́ть небре́жно
scrupulous   щепети́льный
scrutinize (to)   рассма́тривать
sculptor   ску́льптор
sculpture   скульпту́ра
sea   мо́ре
seagull   ча́йка
seal (to)   запеча́тывать, опеча́тывать
seal   печа́ть (f.)
seam   шов
seamstress   швея́
search (to)   иска́ть, иссле́довать
search   по́иски
seashore   морско́й бе́рег
season   вре́мя го́да, сезо́н (events)
seasoning   припра́ва
seat (to)   сесть (oneself)
seat   ме́сто
second   второ́й (number), секу́нда (n.)
secondhand   поде́ржанный
secret   секре́т, та́йна (n.)
  in secret   вта́йне (adv.)
secretary   секрета́рша
sect   се́кта
section   отде́л, отделе́ние
secure (to)   обеспе́чивать
secure   уве́ренный (in something), безопа́сный (not dangerous)
security   гара́нтия, безопа́сность
seduce (to)   соблазня́ть
see (to)   ви́деть
seed   зерно́
seem (to)   каза́ться
segment   отре́зок
seize (to)   хвата́ть, захва́тывать
seldom   и́зредка, ре́дко
select (to)   выбира́ть
selected   и́збранный
selection   ассортиме́нт, вы́бор

self   сам (а, о, и), себя́ (reflex. pron.)
self-confidence   самоуве́ренность (f.)
self-control   вы́держка
self-gonverment   самоуправле́ние
selfish   эгоисти́ческий
selfishness   эгои́зм
self-satisfied   самодово́льный
sell (to)   продава́ть
semester   семе́стр
semicolon   то́чка с запято́й
senate   сена́т
senator   сена́тор
send (to)   посыла́ть, усыла́ть (away)
senior   ста́рший, выпускни́к
sensation   ощуще́ние
sense (to)   ощуща́ть, чу́вствовать
sense   чу́вство, смысл
senseless   бессмы́сленный
sensibility   здравомы́слие
sensible   здравомы́слящий
sensitive   чу́ткий, чувстви́тельный
sensitivity   чу́ткость, чувстви́тельность (f.)
sensual   сладостра́стный
sensuality   сладостра́стность (f.)
sentence   пригово́р (legal), фра́за, предложе́ние (grammar)
sentiment   чу́вство
sentimental   сентимента́льный
separate (to)   отделя́ть(ся), разделя́ть(ся), расходи́ться
separate   отде́льный
separation   отделе́ние, разделе́ние
September   сентя́брь (m.)
serene   споко́йный
series   се́рия
serious   серьёзный
seriously   всерьёз
servant   слуга́, служа́нка (female)
serve (to)   подава́ть (meals), служи́ть, обслу́живать
service   обслу́живание (maintenance), слу́жба (work), услу́га (good turn)
set (to)   ста́вить, класть, назна-ча́ть, (determine) тверде́ть (harden), заходи́ть (sun)
  to set aside   отложи́ть
  to set free   пуска́ть

set прибо́р
settle (to) ула́дить, реша́ть (decide), устра́ивать (in a new place)
settlement упла́та, расчёт, населе́ние (people)
seven семь
seventeen семна́дцать
seventeenth семна́дцатый
seventh седьмо́й
seventy се́мьдесят
seventieth семидеся́тый
several не́сколько
severe стро́гий, суро́вый, тяжёлый (heavy)
sew (to) шить,
  to sew on нашива́ть
sewing шитьё
  sewing machine шве́йная маши́на
sex пол, род
shabby поно́шенный
shade тень (f.), што́ра (window)
shadow тень (f.)
shake (to) дрожа́ть, трясти́сь
shaky ша́ткий
shallow ме́лкий
shame стыд, позо́р (disgrace)
shameful позо́рный
shameless бессты́дный
shape фо́рма
share (to) дели́ть(ся), разделя́ть
share до́ля, часть (f.), а́кция (stock)
shareholder акционе́р
sharp о́стрый, ре́зкий
sharpen (to) заостря́ть, точи́ть
sharpness острота́
shave (to) брить(ся)
shawl шаль (f.)
she она́
shed (to) роня́ть, теря́ть
sheep овца́
sheer прозра́чный, лёгкий
sheet простыня́ (bed), лист (paper)
shelf по́лка
shell скорлупа́
shelter (to) приюти́ть, прикрыва́ть
shelter прикры́тие
shepherd пасту́х
shield (to) защища́ть

shield щит
shift (to) передвига́ть
shine (to) блесте́ть, свети́ть(ся), чи́стить
ship (to) грузи́ть, отправля́ть
ship кора́бль (m.)
shipment погру́зка, перево́зка
shirt руба́шка
shiver (to) дрожа́ть, вздра́гивать
shiver дрожь (f.)
shock (to) потряса́ть, шоки́ровать (behavior)
shock уда́р
shoe башма́к, туфля́
  running shoes кроссо́вки
shoot (to) стреля́ть
shop ла́вка, магази́н
shore бе́рег
short коро́ткий, ни́зкий
shortage недоста́ток
shorten (to) сокраща́ть
shorthand стеногра́фия
shot вы́стрел
shoulder плечо́
shout (to) крича́ть
shout крик
shove (to) су́нуть(ся), толка́ть
shovel лопа́та
show (to) пока́зывать, дока́зывать
show вы́ставка, представле́ние, шо́у
shower душ (bath)
shrill пронзи́тельный
shrimp креве́тка
shrink (to) сади́ться
shun (to) избега́ть
shut (to) закрыва́ть
shut закры́тый
shy засте́нчивый, ро́бкий
  to be shy стесня́ться
sick больно́й
sickness боле́знь (f.)
side бок (physical), сторона́
sidewalk тротуа́р
sideways на боку́
sieve си́то
sigh (to) вздыха́ть
sigh вздох
sight вид (view), зре́ние
sign (to) подписа́ться
sign знак
signal (to) сигнализи́ровать

signal сигна́л
signature по́дпись
significance значе́ние
significant многозначи́тельный
significantly многозначи́тельно
signify (to) зна́чить
silence молча́ние, тишина́
silent молчали́вый
　to be silent молча́ть
　to become silent замолча́ть
silk шёлк
silken шёлковый
silly глу́пый
silver серебро́ (n.)
similar похо́жий, подо́бный
similarity схо́дство
simple просто́й, несло́жный
simplicity простота́
simplification упроще́ние
simply про́сто
simulate (to) симули́ровать
simultaneous одновреме́нный
sin (to) греши́ть
sin грех
since с (prep., gen.), так как
sincere и́скренний, нелицеме́рный
sincerity и́скренность (f.)
sinful гре́шный
sing (to) петь
singer певе́ц, певи́ца
singing пе́ние
single еди́нственный, оди́н
singular еди́нственное число́
　(grammar), необыча́йный
　(unusual)
sinister злове́щий
sink (to) тону́ть, топи́ть
　(something else)
sink ра́ковина
sinner гре́шник
sip (to) потя́гивать
sip ма́ленький глото́к
sir су́дарь, сэр
sister сестра́
sit (to) сиде́ть, сесть (down)
site местоположе́ние
situated (to be) находи́ться
situation положе́ние, ситуа́ция
six шесть
sixteen шестна́дцать
sixteenth шестна́дцатый
sixth шесто́й

sixtieth шестидеся́тый
sixty шестьдеся́т
size величина́, разме́р
skate (to) ката́ться на конька́х
skates коньки́
skeleton скеле́т
skeptical скепти́ческий
sketch (to) рисова́ть эски́зы
sketch эски́з, набро́сок
skill иску́сство, мастерство́
skilled квалифици́рованный
skillful иску́сный, уме́лый
skillfully мастерски́
skin ко́жа
skip (to) скака́ть, пропуска́ть
　(miss)
skirt ю́бка
skis лы́жи
skull че́реп
sky не́бо
skyscraper небоскрёб
slander (to) клевета́ть
slander клевета́
slang жарго́н
slanting косо́й
slap пощёчина
slaughter (to) убива́ть
slave раб
slavery ра́бство
sleep (to) спать
sleep сон
sleepy со́нный
sleeve рука́в
sleigh са́ни (only in pl.)
slender то́нкий
slice (to) ре́зать, нареза́ть
slice ло́мтик
slide (to) скользи́ть
slight лёгкий
slightly слегка́, чуть
slim то́нкий, стро́йный
slip (to) скользи́ть
slip оши́бка (error), комбина́ция
　(underwear)
slippery ско́льзкий
slope накло́н
slow ме́дленный
　to be slow ме́длить, отстава́ть
　(clock)
slowly ме́дленно, потихо́ньку
sly хи́трый
small ма́ленький, ме́лкий

small things, change ме́лочь
smart у́мный (clever), наря́дный (clothes)
smash (to) разбива́ть
smear (to) ма́зать
smell (to) ню́хать (sniff), па́хнуть (of)
smell за́пах
smile (to) улыба́ться
smile улы́бка
smoke (to) кури́ть
smoke дым
smoking куре́ние
smooth гла́дкий
smother (to) души́ть, туши́ть
smudgy чума́зый
snake змея́
snapshot сни́мок
snatch (to) хвата́ть
sneer (to) насме́шливо улыба́ться
sneeze (to) чиха́ть
snore (to) храпе́ть
snow снег
snowstorm мете́ль
so так
   and so on и так да́лее (и т. д.)
   just so и́менно так
   so much сто́лько
soak (to) мо́кнуть, впи́тывать (up)
soap мы́ло
sob (to) рыда́ть
sobbing рыда́ние
sober тре́звый
sociable компане́йский
social обще́ственный
socialism социали́зм
society о́бщество, свет
sock носо́к, носки́ (pl.)
sofa дива́н, софа́
soft мя́гкий
soften (to) смягча́ться
soil (to) па́чкать(ся)
soil по́чва, земля́
soild гря́зный
sold про́данный
soldier солда́т
sole подо́шва (of foot, shoe), еди́нственный (adj.) (only)
solemn торже́ственный
solemnity торжество́
solicit (to) проси́ть

solid соли́дный, твёрдый
solidity твёрдость (f.)
solitary уединённый, одино́кий (lonely)
solitude уедине́ние, одино́чество
solution реше́ние (answer), разреше́ние, раство́р (chemical)
solve (to) разреша́ть
somber мра́чный
some не́который
somebody кто́-то, кто́-нибудь
somehow ка́к-то, ка́к-нибудь
something что́-то, что́-нибудь
sometimes иногда́
somewhat слегка́
somewhere где́-то, куда́-то (direction)
son сын
song пе́сня
soon ско́ро
soot са́жа
soothe (to) успока́ивать, утеша́ть, облегча́ть (pain)
sore ра́на, я́зва (n.), чувстви́тельный, боле́зненный (adj.)
sorrow печа́ль (f.), скорбь (f.), го́ре
sorry (to feel) жале́ть
   I'm sorry. Мне жа́лко.
sort (to) разбира́ть
sort сорт, род
soul душа́
sound (to) звуча́ть
sound звук
soundless беззву́чный
soup суп
sour ки́слый
   sour cream смета́на
source исто́к, ключ
south юг
southern ю́жный
Soviet сове́тский
sow (to) се́ять
space простра́нство, расстоя́ние
space (adj.) косми́ческий
Spanish испа́нский
spare (to) щади́ть, бере́чь
spare запасно́й, ли́шний (extra)
spark и́скра
sparkle (to) блесте́ть, сверка́ть
sparrow воробе́й

speak (to)   говори́ть

special   специа́льный

specialist   специали́ст

specialty   специа́льность (f.)

species   тип, разнови́дность

specific   определённый, характе́рный

spectacle   спекта́кль (m.), зре́лище

spectator   зри́тель (m.)

speech   речь (f.)

speed   ско́рость, быстрота́ (f.)

speedy   бы́стрый, ско́рый

spell (to)   писа́ть, писа́ться (is spelled)

spell   заклина́ние

spelling   написа́ние

spend (to)   тра́тить

  to spend time   проводи́ть вре́мя

sphere   шар (ball), сфе́ра, о́бласть

sphinx   сфинкс

spice (to)   приправля́ть

spice   пря́ность (f.)

spicy   пря́ный

spider   пау́к

spill (to)   пролива́ть, просы́пать

spin (to)   кружи́ться

spinach   шпина́т

spine   спинно́й хребе́т

spirit   дух

spiritual   духо́вный

spit (to)   плева́ть

spite   зло́ба

  in spite of   несмотря́ на то

splash (to)   забры́згивать

splendid   великоле́пный, роско́шный

splendor   ро́скошь (f.), пы́шность (f.)

split (to)   тре́скаться

split   тре́щина

spoil (to)   по́ртить(ся), балова́ть (a child)

spoiled   испо́рченный, избало́ванный (child)

sponge   гу́бка

spontaneous   самопроизво́льный

spoon   ло́жка

sport   спорт

spot   пятно́

spouse   супру́г, -а (m., f.)

spread (to)   распространя́ть(ся), разма́зывать (bread)

spring (to)   пры́гать

spring   весна́ (season), прыжо́к (jump), исто́чник (source)

spur   шпо́ра

spurn (to)   отверга́ть с презре́нием

square   квадра́т, пло́щадь (f.)

squeak (to)   скрипе́ть

squeeze (to)   сжима́ть

squirrel   бе́лка

stabilize (to)   стабилизи́ровать

stable   сто́йкий, усто́йчивый

stack (to)   скла́дывать в стог, в ку́чу

stack   стог, ку́ча

stadium   стадио́н

staff   штат слу́жащих, штаб, но́тные лине́йки (musical)

stage   сце́на

stain (to)   па́чкать(ся)

stain   пятно́

stairs   ле́стница

stammer (to)   заика́ться

stamp   ма́рка (postage), штамп

stand (to)   стоя́ть

standard   станда́рт, у́ровень (m.), но́рма

standard   станда́ртный (adj.)

star   звезда́

starch   крахма́л

stare (to)   смотре́ть при́стально

stare   взляд

start (to)   начина́ть

  to start out   (on a trip), отправля́ться

start   нача́ло

starve (to)   умира́ть от го́лода, голода́ть

state (to)   заявля́ть

state   штат, госуда́рство (government), состоя́ние (condition)

statement   утвержде́ние, заявле́ние

station   ста́нция

stationary   неподви́жный

stationery   официальный бланк, канцеля́рские принадле́жности

statistics   стати́стика

statue   ста́туя

staunch   пре́данный

stay (to)   остава́ться, пробы́ть

stay   пребыва́ние

steady усто́йчивый

steak бифште́кс

steal (to) красть

steam пар

steamship парохо́д

steel сталь (f.)

steep круто́й

steer (to) управля́ть

stem ствол

stenographer стенографи́стка

step похо́дка, шаг

stern стро́гий, суро́вый (adj.)

stew (to) туши́ть(ся), вари́ть(ся)

stew тушёное мя́со

stick to втыка́ть, прикле́ивать

stick па́лка

sticky кле́йкий

stiff туго́й, ги́бкий

stiffen (to) де́лать неги́бким, тверде́ть

still (to) успока́ивать

still ти́хий, споко́йный (adj.), ещё (yet) (adv.)

stimulant возбужда́ющее сре́дство, сти́мул

stimulate (to) побужда́ть

sting (to) куса́ть, ужа́лить, укуси́ть

sting уку́с

stinginess скупость (f.)

stingy скупо́й

stipend стипе́ндия

stir (to) шевели́ть(ся), меша́ть

stitch (to) шить

stitch стежо́к

stock фонд, запа́с

    stock market фо́ндовая би́ржа

stockholder акционе́р

stocking чуло́к

stomach желу́док

stone ка́мень (m.)

stony ка́менный

stool скаме́ечка, табуре́тка

stoop (to) сгиба́ться

stop (to) остана́вливать(ся), конча́ть

stopper про́бка

store ла́вка, магази́н

storm бу́ря

stormy бу́рный

story расска́з, по́весть, исто́рия, эта́ж (floor)

stout по́лный

stove печь (f.)

straight прямо́й

straighten (to) выпрямля́ть, приводи́ть в поря́док (straighten up)

straightforward прямоду́шный

strain напряже́ние

strange чужо́й, стра́нный

stranger незнако́мец

strap реме́нь (m.)

stratosphere стратосфе́ра

straw соло́ма

strawberry клубни́ка

stream пото́к, река́ (river)

street у́лица

streetcar трамва́й

strength си́ла

strengthen (to) укрепля́ть

strenuous си́льный, энерги́чный

stress давле́ние, ударе́ние

stretch (to) тяну́ть(ся), растя́гивать

strict стро́гий

stride большо́й шаг

strike (to) ударя́ть (hit), бастова́ть

strike забасто́вка (labor)

string верёвка, шпага́т

strip (to) сдира́ть, разде́ть(ся) (clothes)

stripe полоса́

stroll (to) гуля́ть

stroll прогу́лка

stroke уда́р

strong си́льны, кре́пкий

structure зда́ние, соста́в, строе́ние, структу́ра

struggle борьба́

    struggle with (to) би́ться, боро́ться

stubborn упо́рный, упря́мый

student студе́нт, -ка; учени́к, учени́ца (m., f.)

studies уче́ние

studio сту́дия

studious приле́жный

study (to) учи́ться, изуча́ть, занима́ться

study кабине́т (room), эски́з, этю́д (sketch)

stuff (to) набива́ть, заполня́ть

stuffing фарш

stuffy ду́шный

stumble (to) спотыкáться
stun (to) оглушáть
stunt пóдвиг
stupendous изумительный
stupid глýпый, тупóй
stupidity глýпость (f.)
stupor оцепенéние
sturdy сильный, крéпкий
stutter (to) заикáться
style фасóн, стиль (m.)
stylish мóдный
subdue (to) подчинять
subject тéма, предмéт, сюжéт (theme)
subjugate (to) покорять
submission подчинéние
submissive покóрный
submit (to) подчиняться
subordination подчинéние
subscribe (to) подписывать(ся)
subscription подписка
subsequently затéм, впослéдствии
subsidiary филиáл
subsist (to) существовáть
substance сýщность (f.), содержáние
substantial реáльный, значительный, фундаментáльный
substitute (to) замещáть (for)
substitute заместитель (m.)
substitution замéна
subtle тóнкий
subtract (to) вычитáть
subtraction вычитáние
suburb пригород
subway метрó, тоннéль
succeed (to) наслéдовать (to title or office), удáться, достигáть цéли
success удáча, успéх
successful удáчный, успéшный
succession послéдовательность (f.)
  in succession подряд
successor наслéдник
such такóй, этакий
sudden внезáпный, неожиданный
suddenly вдруг
suddenness неожиданность (f.)
suffer (to) страдáть, терпéть (endure)
suffering страдáнне

suffice (to) хватáть
sufficient достáточно
sugar сáхар
  sugar bowl сáхарница
suggest (to) предлагáть
suggestion предложéние
suicide самоубийство
suit костюм
suitable подходящий
sulfur сéра
sulk (to) дýться
sullen угрюмый
sum сýмма
summary конспéкт
summer лето, лéтний (adj.)
summit вершина
summon (to) вызывáть
sumptuous роскóшный, пышный
sum up (to) резюмировать
sun сóлнце (n.)
sunburn загáр
Sunday воскресéнье
sunny сóлнечный
sunrise восхóд
sunset захóд, закáт
suntan загáр
superb прекрáсный
superficial повéрхностный
superfluous излишний, лишний
superior вéрхний, лýчший
superiority превосхóдство, пéрвенство
superstition суевéрие
supervise (to) наблюдáть
supper ýжин
  to eat supper ýжинать
supplement добавлéние, прибáвка
supplementary дополнительный
supply (to) снабжáть
supply запáс
support (to) поддéрживать, содержáть
support поддéржка
suppose (to) полагáть, предполагáть
supposition предположéние
supreme верхóвный, высший
suppress (to) подавлять
sure вéрный, увéренный
surely конéчно, навéрно
surface повéрхность (f.)
surgeon хирýрг

surgery   хирурги́я
surmise (to)   дога́дываться
surmount (to)   преодолева́ть
surname   фами́лия
surpass (to)   превосходи́ть
surplus   изли́шек
surprise (to)   удивля́ть(ся) (be surprised)
surprise   сюрпри́з
surprising   удиви́тельный
surrender (to)   сдава́ться
surround (to)   окружа́ть
surroundings   окре́стности
survey (to)   осма́тривать
survey   осмо́тр, обзо́р (review), опро́с
survive (to)   пережи́ть
susceptibility   впечатли́тельность (f.)
susceptible   впечатли́тельный
suspect (to)   подозрева́ть
suspense   неизве́стность (f.)
suspicion   подозре́ние
suspicious   подозри́тельный
sustain (to)   выде́рживать
swallow (to)   глота́ть
swallow   глото́к
swamp   боло́то
swarthy   сму́глый
swear (to)   кля́сться, руга́ться
sweat (to)   поте́ть
sweat   пот
sweater   сви́тер
Swedish   шве́дский
sweep (to)   подмета́ть
sweet   сла́дкий
sweetness   сла́дость (f.)
swell (to)   пу́хнуть, опуха́ть
swift   бы́стрый, ско́рый
swim (to)   пла́вать
swimming   пла́вание
swimming trunks   (pl.) пла́вки
swindle (to)   обма́нывать
swindler   моше́нник, жу́лик
swing   кача́ть
swinging   кача́ние
Swiss   швейца́рский
switch   выключа́тель (m.)
sword   меч
swordfish   меч-ры́ба
syllable   слог
symbol   си́мвол

symbolic   символи́ческий
symmetrical   симметри́чный
sympathize (to)   сочу́вствовать
sympathizer   сочу́вствующий
sympathy   сочу́вствие
symphony   симфо́ния
symposium   симпо́зиум
symptom   симпто́м, при́знак
synagogue   синаго́га (f.)
synthetic   иску́сственный
syringe   шприц
syrup   сиро́п
system   систе́ма, строй (order)
systematic   методи́ческий, системати́ческий

T

table   стол, табли́ца
  to set the table   накры́ть стол
tablecloth   ска́терть
tablespoon   столо́вая ло́жка
taciturn   молчали́вый
tact   делика́тность (f.), такт
tactfully   такти́чно
tactless   беста́ктный
tail   хвост
tailor   портно́й
take (to)   брать, принима́ть (medicine, advice)
  to take away   убра́ть
  to take leave   проща́ться
  to take off   снима́ть
tale   исто́рия, расска́з
talent   тала́нт
talk (to)   говори́ть (in general), разгова́ривать
to talk over   переговори́ть
talk   бесе́да, разгово́р
talkative   разгово́рчивый
tall   большо́й, высо́кий
tame (to)   прируча́ть
tame   ручно́й
tangle (to)   запу́тывать
tank   бак, танк (military)
tank top   ма́йка
tap   стук
tape   тесьма́, ле́нта, плёнка
  tape recorder   магнитофо́н
tar   дёготь

tardy поздний

target цель (f.)

tarnish (to) тускнéть

task задáние

taste (to) прóбовать

taste вкус

tasteless безвкýсный

tasty вкýсный

tax налóг

taxi таксú (not declined)

tea чай (m.)

  teapot чáйник

  teaspoon чáйная лóжка

teach (to) преподавáть, учúть

teacher преподавáтель, -ница;
  учúтель, -ница (m. f.)

team бригáда (work), комáнда
  (sport)

tear (to) (cut) рвать, срывáть

tear слезá (teardrop)

tease (to) дразнúть

technical техничéский

  technical school тéхникум

technician тéхник

technique тéхника

tedious скýчный

teenager подрóсток

teeth зýбы

telegram телегрáмма

telegraph (to) телеграфúровать

telephone (to) звонúть по
  телефóну

telephone телефóн

telescope телескóп

television телевúдение

  television series телесериáл

  television set телевúзор

  television show host ведýщий
  телепередáчи

tell (to) расскáзывать

temper темперáмент, нрав

  to lose one's temper вýйти из
  себя́

temperate умéренный

temperature температýра

tempest бýря

temple висóк (part of body), храм

temporary врéменный

tempt (to) привлекáть,
  соблазня́ть

temptation искушéние

ten дéсять

tenacious упóрный, цéпкий

tenacity упóрство вóли, цéпкость

tendency тендéнция

tender лáсковый, нéжный,
  чувствúтельный (feeling)

tennis тéннис

  to play tennis игрáть в тéннис

tense напряжённый, врéмя (n.)
  (grammar)

tension напряжéние

tent палáтка

tentative прóбный, услóвный

tenth деся́тый

tepid тепловáтый

term срок, семéстр (school)

terminal заключúтельный,
  конéчный, вокзáл (noun) (station)

terrible грóзный, стрáшный,
  ужáсный

terrify (to) ужасá(ся)

territory территóрия

terror ýжас

test óпыт, прóба

testify (to) свидéтельство

testimony доказáтельство

text текст

textbook учéбник

than чем

thank (to) благодарúть

  Thank you. Спасúбо.

  Thanks a lot. Большóе спасúбо.

  thanks to благодаря́ томý

thankful благодáрный

that (conj.) тот (та, то, те), что
  (conj.)

  in order that чтóбы

  that is тó есть (т. е.)

thaw (to) тáять

the—no article in Russian

theater теáтр

  theater notice рецéнзия

theatrical театрáльный

theft крáжа

their, theirs их

them их, им

theme тéма

themselves сáми

then потóм, тогдá, то

theory теóрия

there там (location), тудá
  (direction)

  from there оттýда

thereafter с э́того вре́мени
thereby посре́дством э́того
therefore поэ́тому, сле́довательно
thermometer термо́метр
these э́ти
thesis диссерта́ция, те́зис
they они́
thick густо́й (dense), то́лстый
thief вор
thigh бедро́
thimble напёрсток
thin худо́й
  to grow thin худе́ть
thing вещь (f.), шту́ка
think (to) ду́мать, мы́слить
  to think over обду́мывать,
    проду́мать
third тре́тий
thirst жа́жда
thirteen трина́дцать
thirteenth трина́дцатый
thirtieth тридца́тый
thirty три́дцать
this э́тот (э́та, э́то)
  this is э́то
thorn колю́чка, шип
thorough по́лный, соверше́нный
thoroughfare прое́зд
though хотя́
thought мысль (f.)
thoughtful внима́тельный,
  забо́тливый
thoughtless легкомы́сленный,
  необду́манный
thousand ты́сяча
thousandth ты́сячный
thrash (to) бить
thread ни́тка
threat угро́за
threaten (to) угрожа́ть
threatening гро́зный
three три
threshold поро́г
thrift бережли́вость (f.)
thrifty бережли́вый
thrill глубо́кое волне́ние, тре́пет
thrive (to) процвета́ть
thriving цвету́щий
throat го́рло
throb (to) си́льно би́ться
throne престо́л, трон
throng толпа́

through сквозь (acc.), че́рез (acc.)
throughout наскво́зь
throw (to) броса́ть(ся)
  to throw out выбра́сывать
thumb большо́й па́лец
thunder (to) греме́ть
thunder гром
thunderstorm гроза́
Thursday четве́рг
thus так, таки́м о́бразом
ticket биле́т
  ticket window ка́сса
tickle (to) щекота́ть
ticklish щекотли́вый (issue)
tide морско́й прили́в (incoming),
  отли́в (receding)
tidiness аккура́тность (f.)
tidy аккра́тный
tie (to) свя́зывать
tie связь (f.) (bond), га́лстук
  (necktie)
tiger тигр
tight те́сный, у́зкий
till до (gen.)
timber лесоматериа́л
time вре́мя, раз (occasion)
  It is time to go. Пора́ идти́.
  on time во́время
  to have time успе́ть
  What time is it? Кото́рый час?
timepiece часы́ (m., pl.)
timid ро́бкий
timidity ро́бость (f.)
tin о́лово, жестя́нка (can)
tiny о́чень ма́ленький
tip ко́нчик
  to give a tip дать на чай
tipsy пья́ный
tire (to) устава́ть, утомля́ть(ся)
tire ши́на
tired уста́лый
tireless неутоми́мый
tiresome надое́дливый, ску́чный
title загла́вие, назва́ние
to в (acc.), к (dat.), на (acc.)
toast тост
tobacco таба́к
today ны́не, сего́дня
toe па́лец
toenail но́готь (m.)
together вме́сте (adv.)
  to draw together сближа́ться

toil труди́ться
toilet туале́т, убо́рная
token знак
tolerable сно́сный
tolerance терпи́мость (f.)
tolerant терпи́мый
tolerate (to) выноси́ть, терпе́ть
tomato помидо́р
tomb моги́ла
tomorrow за́втра
ton то́нна
tone тон
tongue язы́к
tonight сего́дня ве́чером
too то́же (also), сли́шком,
   чересчу́р (much)
tool инструме́нт, ору́дие
tooth зуб
   toothbrush зубна́я щётка
   toothpaste зубна́я па́ста
top верши́на, верх
torch фа́кел
torment (to) му́чить
torment му́ка, муче́ние
torture (to) пыта́ть, му́чить
torture пы́тка, муче́ние
toss (to) кида́ть
total це́лое
totally соверше́нно
touch (to) тро́гать
touching тро́гательный
touchy оби́дчивый,
   чувстви́тельный
tough жёсткий
tour (to) путеше́ствовать
tour путеше́ствие, объе́зд
tourist тури́ст
tournament турни́р
toward к (dat.)
towel полоте́нце
tower ба́шня
town го́род
toy игру́шка
trace (to) черти́ть (draw),
   просле́живать
trace след
track след
tractor тра́ктор
trade торго́вля
tradition тради́ция
traditional традицио́нный
traffic движе́ние

tragedy траге́дия
tragic траги́ческий
train (to) воспи́тывать, трениро-
   ва́ть
train по́езд
training воспита́ние, трениро́вка
trait черта́
traitor изме́нник
trample (to) топта́ть
tranquil споко́йный
tranquillity споко́йствие
transaction сде́лка, де́ло
transfer (to) переноси́ть, переда-
   ва́ть
transform (to) преобража́ть
transformation преображе́ние
transgress (to) переступа́ть
transit прохо́д, прое́зд, перехо́д
transitional перехо́дный
translate (to) переводи́ть
translation перево́д
translator перево́дчик
transmission переда́ча
transmit (to) передава́ть
transparent прозра́чный
transport (to) перевози́ть
transportation перево́зка; пути́
   сообще́ния
trap (to) лови́ть
trap лову́шка
trash отбро́сы, му́сор
   trash can ведро́ (с му́сором)
travel (to) путеше́ствовать
travel путеше́ствие
traveler путеше́ственник, пу́тник
tray подно́с
treacherous преда́тельский
treachery преда́тельство
treason изме́на
treasure драгоце́нность
treasurer казначе́й
treasury госуда́рственное казна-
   че́йство
treat обраща́ться, относи́ться
   to treat medically лечи́ть
treat наслажде́ние
treatment обраще́ние, обрабо́тка
treaty догово́р
tree де́рево
tremble (to) трепета́ть
trembling трепета́ние
tremendous грома́дный

trend направле́ние, тече́ние (direction)

trial про́ба, суд

triangle треуго́льник

tribe пле́мя

tribute дань (f.)

trick фо́кус

trifle ме́лочь

  a trifle немно́жко

trifling пустя́чный

trim (to) подстрига́ть (hair), украша́ть (decorate)

trimming украше́ние

trip (to) споткну́ться

trip путь, экску́рсия

triple тройно́й

triumph (to) победи́ть (win), торжествова́ть

triumph торжество́, триу́мф

trivial тривиа́льный

trolley bus тролле́йбус

tropical тропи́ческий

trot (to) е́хать ры́сью

trouble (to) беспоко́иться, хлопо- та́ть

trouble беда́, забо́та, хло́поты (fuss)

troubled беспоко́йный

trousers брю́ки

truck грузови́к

true ве́рный (faithful), пра́вильный (correct)

truly пои́стине, то́чно

trunk чемода́н, сунду́к, бага́жник (car)

trust (to) ве́рить, доверя́ть

trust ве́ра, дове́рие

trustworthy надёжный

truth и́стина, пра́вда

truthful правди́вый

try (to) про́бовать, пыта́ться, стара́ться, суди́ть (in court)

  to try on примеря́ть

T-shirt футбо́лка

Tuesday вто́рник

tumble (to) па́дать

tumult шум и кри́ки

tune мело́дия

tunnel тунне́ль

turban тюрба́н

turkey индю́к

turmoil сумато́ха

turn (to) повора́чивать(ся)

  to turn around перевора́чиваться

  to turn out получа́ться

  to turn pages перели́стывать

turn поворо́т (rotation), о́чередь (chance)

twelfth двена́дцатый

twelve двена́дцать

twentieth двадца́тый

twenty два́дцать

twice два́жды, вдво́е

twilight полусве́т, су́мрак

twin двойно́й

twins близнецы́

twist (to) крути́ть

two два (m.), две (f.)

type (to) печа́тать

typewriter пи́шущая маши́нка

typical характе́рный

typist машини́стка

tyranny деспоти́зм

tyrant тира́н, де́спот

U

ugly безобра́зный

ultimate максима́льный

umbrella зо́нтик

umpire посре́дник, ре́фери, арби́тр

unable неспосо́бный, неуме́ющий

unaffected безыску́сственный

unanimous единогла́сный

unattainable недостижи́мый

unattractive некраси́вый

unaware неожи́данно

unbearable несно́сный, нестер- пи́мый, невыноси́мый

unbelievable невероя́тный

unbreakable небью́щийся

unbutton (to) расстёгивать

uncertain неопределённый (indefinite), неуве́ренный (unsure)

uncle дя́дя

uncomfortable неудо́бный

uncommon ре́дкий

unconscious бессозна́тельный

unconsciousness беспа́мятство
uncover (to) раскрыва́ть
undecided нерешённый
undeniable несомне́нный
under под (inst.-location; acc.-
~~direction)~~
underestimate (to)
    недооце́нивать
undergo (to) испы́тывать
underline (to) подчёркивать
underneath под (under)
understand (to) понима́ть
understandable поня́тный
understanding соглаше́ние,
    понима́ние
  to come to an understanding
    договори́ться
undertake (to) предпринима́ть
undertaker гробовщи́к
underwear ни́жнее бельё
undeserved незаслу́женный
undesirable нежела́тельный
undo (to) развя́зывать
undoubtedly безусло́вно
undress (to) раздева́ть(ся)
uneasiness трево́га
uneasy неспоко́йный
uneducated необразо́ванный
unemployed неза́нятый, безрабо́т-
    ный
unemployment безрабо́тица
unequal нера́вный
uneven неро́вный
unexpectedly неожи́данно
unfair несправедли́вый
unfaithful неве́рный
unfavorable отрица́тельный
unfeeling бесчу́вственный
unfinished неоко́нченный
unforeseen непредви́денный
unforgettable незабыва́емый
unfortunate несча́стный, неуда́ч-
    ный
unfortunately к сожале́нию
unfriendly недружелю́бный
ungentlemanly непоря́дочный
ungraceful неграцио́зный
ungrateful неблагода́рный
unhappy несчастли́вый, несча́ст-
    ный
unharmed невреди́мый
unhealthy боле́зненный

unheard of неслы́ханный
uniform фо́рма (n.), одно-
    обра́зный (adj.)
uniformity единообра́зие
unify (to) объединя́ть
unimportant нева́жный
unintentionally нево́льно
union сою́з, соедине́ние
unit едини́ца, едини́ца
    измере́ния
unite (to) соединя́ть
united соединённый
United States Соединённые
    Шта́ты
universal универса́льный
universe ко́смос
university университе́т
unjust несправедли́вый
unkind недо́брый
unknown неизве́стный
unlawful беззако́нный
unless е́сли . . . не
unlike неправдоподо́бный,
    непохо́жий
unlimited неограни́ченный
unlock (to) отпира́ть
unlocked о́тпертый
unluckily к сожале́нию
unmarried нежена́тый, холосто́й
    (of men), незаму́жняя (of
    women)
unmerciful немилосе́рдный
unnatural неесте́ственный
unnecessary нену́жный
unoccupied неза́нятый,
    свобо́дный
unpack (to) распако́вывать(ся)
unpleasant неприя́тный
unpleasantness неприя́тность (f.)
unprecedented небыва́лый
unprofitable недохо́дный
unprotected беззащи́тный
unpublished неи́зданный
unquestionably несомне́нно, бес-
    спо́рно
unravel (to) распу́тывать
unreal ненастоя́щий
unreasonable неразу́мный
unreliable ненадёжный
unrestrained несде́ржанный
unripe незре́лый
unroll (to) развёртывать

unsafe опа́сный

unsatisfactory неудовлетвори́-
тельный

unsatisfied неудовлетворённый

unscrupulous бессо́вестный

unselfish бескоры́стный

unsociable нелюди́мый

unsophisticated простоду́шный

unsteady неусто́йчивый

unsuccessful неуда́чный

unsuitable неподходя́щий

untidy неаккура́тный

untie (to) развя́зывать

until до (gen.)

untrue ло́жный, непра́вильный,
неве́рный (faithless)

unusual необыкнове́нный

unwell нездоро́вый

unwilling несклонный

unwillingly неохо́тно, не́хотя

unwise неблагоразу́мный

unworthy недосто́йный

up, upward наве́рх, вверх

uphold (to) подде́рживать

upkeep содержа́ние

upper ве́рхний

upright прямо́й

uprising восста́ние

upset (to) опроки́дывать,
беспоко́ить

upside down вверх дном

upstairs наверху́

urge (to) наста́ивать на,
убежда́ть

urgency настоя́тельность (f.)

urgent насто́йчивый, спе́шный

us нас, нам

use (to) по́льзоваться,
употребля́ть

use по́льза, употребле́ние

used to (to become) привыка́ть

useful поле́зный

useless беспо́ле́зный

usual обыкнове́нный

usually обыкнове́нно, обы́чно

utility поле́зность (f.), вы́годность
(f.)

utilize (to) испо́льзовать

utmost са́мый отдалённый,
кра́йний

utter (to) произноси́ть

utterly чрезвыча́йно

V

vacant неза́нятый, свобо́дный

vacation о́тпуск, кани́кулы
(school)

vaccination приви́вка

vacuum (to) пылесо́сить

vacuum пустота́

vacuum cleaner пылесо́с

vaguely неотчётливо, сму́тно

vain тщесла́вный

in vain напра́сно, да́ром, тще́тно

valiant хра́брый

valid действи́тельный, име́ющий
си́лу

validity действи́тельность (f.)

valise чемода́н

valley доли́на

valuable це́нный

value (to) цени́ть

value це́нность (f.)

valve ве́нтиль, кла́пан

vanilla вани́ль

vanish (to) исчеза́ть

vanity суета́

vanquish (to) побежда́ть

vapor пар

variable изме́нчивый,
переме́нный

variation измене́ние, вариа́ция

varied разли́чный

variety разнообра́зие

various ра́зный, разнообра́зный

varnish (to) лакирова́ть

vary (to) меня́ть(ся)

vase ва́за

vast грома́дный

vault сейф

VCR видеомагнитофо́н

veal теля́тина

vegetables зе́лень, о́вощи

vehicle пово́зка, маши́на

veil (to) закрыва́ть покрыва́лом,
скрыва́ть (hide)

veil покрыва́ло

vein ве́на

velvet ба́рхат

venerable почте́нный

venerate (to) благогове́ть пе́ред
кем-либо

veneration почита́ние

vengeance месть (f.)
ventilation прове́тривание, вентиля́ция
ventilator вентиля́тор
venture (to) рискова́ть
verb глаго́л
verbal у́стный
verdict пригово́р, осужде́ние
verge край
verification подтвержде́ние
verify (to) проверя́ть
versatile многосторо́нний
verse стих
version перево́д (translation), ве́рсия
vertical вертика́льный
very о́чень
vest жиле́т
vexation доса́да
vibrate (to) вибри́ровать
vibration вибра́ция
vice поро́к
vice versa наоборо́т
vicinity бли́зость (f.), окре́стность (f.)
vicious злой
victim же́ртва
victorious победоно́сный
victory побе́да
video ви́део
view вид
viewpoint подхо́д, то́чка зре́ния
vigorous энерги́чный
vile по́длый
village село́, дере́вня
villain подле́ц
vinegar у́ксус
violate (to) преступа́ть
violation наруше́ние
violence наси́лие
violent бе́шеный
violet фиа́лка
violet фиоле́товый (color)
violin скри́пка
violinist скрипа́ч
virtue доброде́тель, ка́чество
virtuous доброде́тельный
visa ви́за
visible ви́димый
vision зре́ние
visit (to) посеща́ть
visit визи́т, посеще́ние

visitor гость, посети́тель (m.)
visual зри́тельный
vital жи́зненный, роково́й
vitality жи́зненность (f.)
vitamin витами́н
vivacious живо́й
vivid я́ркий
vocabulary слова́рь (m.), запа́с слов
vocal голосово́й
vocation призва́ние
vodka во́дка
vogue мо́да
voice го́лос
void пустота́ (n.), пусто́й, недействи́тельный (invalid)
volt вольт
volume том
voluntary доброво́льный
volunteer доброво́лец
vote (to) голосова́ть
vote го́лос
vow кля́тва
vowel гла́сный
voyage путеше́ствие
vulgar гру́бый, вульга́рный
vulnerable уязви́мый

W

wager (to) держа́ть пари́
wager пари́
wages зарпла́та
waist та́лия
wait (to) ждать
  to wait for (expect) ожида́ть
  waiting room приёмная
waiter официа́нт, -ка (m., f.)
wake up (to) просыпа́ться
walk (to) идти́, ходи́ть
walk прогу́лка
wall стена́
wallet бума́жник
waltz вальс
wander (to) броди́ть
want (to) хоте́ть
want недоста́ток (lack), нужда́ (need)
war война́
wardrobe шкаф, гардеро́б

wares товáры, продýкты
warm (to) греть, согревáть
warm тёплый
warmth теплотá
warn (to) предупреждáть
warning предупреждéние
wash (to) мыть(ся), умывáть(ся), стирáть (clothes)
waste (to) расточáть
waste products отхóды
wasteful нерасчётливый
watch (to) наблюдáть, сторожúть
watch часы́ (pl.)
watchful бдúтельный
watchman стóрож
water водá
waterfall водопáд
watercolor акварéль (f.)
watermelon арбýз
waterproof водонепроницáемый
wave (to) махáть
wave волнá
wax воск
way дорóга, путь (road), спóсоб (manner)
we мы
weak слáбый, бессúльный
weaken (to) слабéть, ослаблять
weakness слáбость (f.)
wealth богáтство
wealthy богáтый
weapon орýжие
wear (to) носúть
weariness устáлость (f.), утомлéние
wearing утомúтельный
weary устáлый, утомлённый
weary (to) уставáть
weather погóда
weave (to) ткать
web ткань, паутúна
wedding свáдьба
Wednesday средá
weed сóрная травá
week недéля
weekend конéц недéли
weekly еженедéльный
weep (to) плáкать
weigh (to) взвéшивать(ся)
weight вес
welcome (to) приветствовать
  Welcome! Добрó пожáловать!

welcome приветствие, рáдушный приём
welfare благосостоя́ние
well хорошó, благополýчно
well-read начúтанный
west зáпад
western зáпадный
westward на зáпад
wet мóкрый
what как, что
  what a, what kind of какóй
wheel колесó
when когдá
whenever когдá бы ни
where где, кудá
  where ... from откýда
whereas так как
whether ли
  I don't know whether he is here. Я не знáю, здесь ли он.
which котóрый (ая, ое, ые)
whichever какóй угóдно, какóй бы ни
while покá
whim капрúз
whiskers усы́
whisper (to) шептáть
  in a whisper говорúть шёпотом
whistle (to) свистéть
whistle свист, (sound), свистóк (device to be blown)
white бéлый
who кто, котóрый (inter. pron.)
whole весь (вся, всё, все), цéлый
  as a whole в цéлом, целикóм
wholesale óптом
wholesome здорóвый, полéзный
wholly вполнé
whom когó, комý, о ком
whose чей (чья, чьё, чьи)
why почемý, зачéм
wicked злой
wide ширóкий, нáстежь (adv.)
widen (to) расширя́ть
widow вдовá
widower вдовéц
width ширинá
wife женá
wild дúкий
wilderness пусты́ня, дúкое мéсто
will вóля, завещáние (legal)
willing готóвый

willingly охо́тно
win (to) вы́играть, побежда́ть (a victory)
wind (to) ви́ться
wind ве́тер
window окно́
wind-surfing виндсёрфинг
windy ве́треный
wine вино́
  wineglass рю́мка, бока́л
wing крыло́
wink (to) мига́ть
winter зима́
wipe (to) вытира́ть, уничтожа́ть (wipe out)
wire про́волока, про́вод
wisdom му́дрость (f.)
wise му́дрый
wish (to) жела́ть
wish жела́ние
wit ум, ра́зум
witch ве́дьма
with с (inst.)
wither (to) вя́нуть, со́хнуть
within внутри́ (adv. and prep., gen.)
without без (gen.), снару́жи (adv.), (outside)
  without fail непреме́нно, обяза́тельно
witness (to) быть свиде́телем
witness свиде́тель (m.)
witty остроу́мный
woe го́ре
wolf волк
woman же́нщина
wonder (to) жела́ть знать, удивля́ться (be surprised)
wonder чу́до, удивле́ние (surprise)
wonderful изуми́тельный, чу́дный
wood де́рево
wooden деревя́нный
woods лес
wool шерсть
woolen шерстяно́й
word сло́во
work (to) рабо́тать
work труд, рабо́та, сочине́ние (composition)
worker рабо́чий
works (plant) заво́д

world мир, свет
  world outlook мировоззре́ние
worldly све́тский
worried озабо́ченный, издёрганный
worry (to) беспоко́ить(ся)
  Don't worry. Не беспоко́йтесь.
worry трево́га, забо́та
worse ху́же
worship (to) быва́ть в це́ркви, моли́ть(ся) (pray), обожа́ть (adore)
worst наиху́дший
worth цени́, досто́инство
worthless него́дный, недосто́йный
worthy досто́йный
wound (to) ра́нить
wound ра́на
wounded ра́неный
wrap (to) обёртывать, завёртывать
wrath гнев, я́рость
wreck (to) разруша́ть
wreck ава́рия, круше́ние
wrench (tool) га́ечный ключ
wretched жа́лкий, несча́стный
wring (to) выжима́ть, скру́чивать
wrinkle скла́дка, морщи́на (facial)
write (to) писа́ть
writer писа́тель (m.)
writing писа́ние (n.), пи́сьменный (adj.)
  in writing пи́сьменно
wrong непра́вильный

X

X-rays рентге́новские лучи

Y

yacht я́хта
yard двор (courtyard)
yarn нить
yawn (to) зева́ть
yawn зево́та
year год

years   летá, гóды
yearly   ежегóдный
yearn (to)   тосковáть
yearning   тоскá, желáние
yeast   дрóжжи
yell (to)   кричáть
yellow   жёлтый
yes   да
yesterday   вчерá
yet   ещё
yield (to)   производи́ть, уступáть (give way)
yield   (harvest) урожáй
you   вы, ты (pl. and polite, sing.) вас, тебя́ (acc. pl. and polite, sing.), вам, тебé (dat. pl. and polite, sing.)
young   молодóй
younger   млáдший

your, yours   ваш (а, е, и) (pl. and polite), твой (твоя́, твоё, твои́) (sing.)
youth   ю́ность (f.), молодёжь (f., coll.) (young people), ю́ность (f.) (early years)

Z

zeal   усéрдие
zealous   усéрдный
zero   нуль
zinc   цинк
zipper   застёжка-мóлния
zone   зóна, пóяс
zoo   зоопáрк
zoology   зоолóгия

GLOSSARY OF GEOGRAPHICAL NAMES

Adriatic Sea Адриати́ческое море
Africa А́фрика
Alaska Аля́ска
Albania Алба́ния
Algeria Алжи́р
Alps, The А́льпы
America Аме́рика
Arabia Ара́вия
Argentina Аргенти́на
Asia А́зия
Astrakhan А́страхань
Atlantic Ocean Атланти́ческий океа́н
Australia Австра́лия
Austria А́встрия
Azerbaijan Азербайджа́н
Baikal (Lake) Байка́л
Baku Баку́
Belgium Бе́льгия
Black Sea Чёрное мо́ре
Bonn Бонн
Boston Бо́стон
Brazil Брази́лия
Brussels Брюссе́ль
Bulgaria Болга́рия
Belarus Белору́ссия
Carpathian Mountains, The Карпа́тские го́ры
Caspian Sea Каспи́йское мо́ре
Caucasus (Mountains), The Кавка́з
Chicago Чика́го
Chile Чи́ли
China Кита́й
Commonwealth of Independent States Содру́жество Незави́симых Госуда́рств
Copenhagen Копенга́ген
Crimea Крым
Czech Republic Че́хия
Danube (River) Дуна́й
Denmark Да́ния
Detroit Детро́йт
Dnieper (River) Днепр
Don (River) Дон
Egypt Еги́пет
England А́нглия
English Channel Лама́нш

Europe Евро́па
Finland Финля́ндия
France Фра́нция
Geneva Жене́ва
Georgia Гру́зия
Germany Герма́ния
Great Britain Великобрита́ния
Hamburg Га́мбург
Helsinki Хе́льсинки
Hungary Ве́нгрия
India Индия
Iran Ира́н
Iraq Ира́к
Ireland Ирла́ндия
Israel Изра́иль
Italy Ита́лия
Japan Япо́ния
Jerusalem Иерусали́м
Jordan Иорда́ния
Kiev Ки́ев
Korea Коре́я
London Ло́ндон
Los Angeles Лос-А́нджелес
Madrid Мадри́д
Magnitogorsk Магнитого́рск
Mediterranean Sea Средизе́мное мо́ре
Mexico Ме́ксика
Moscow Москва́
Munich Мю́нхен
Netherlands, The Нидерла́нды
Neva (River) Нева́
New York Нью-Йо́рк
North America Се́верная Аме́рика
Norway Норве́гия
Odessa Оде́сса
Pacific Ocean Ти́хий океа́н
Panama Canal Пана́мский кана́л
Paris Пари́ж
Philadelphia Филаде́льфия
Poland По́льша
Portugal Португа́лия
Pyrenees (Mountains) Пиренеи
Rhine (River) Рейн
Rocky Mountains Скали́стые го́ры
Rome Рим
Russia Росси́я
Saint Petersburg Санкт-Петербу́рг

San Francisco Сан-Франци́ско
Scotland Шотла́ндия
Seine (River) Се́на
Siberia Сиби́рь
Slovak Republic Слова́кия
South America Ю́жная Аме́рика
Spain Испа́ния
Stockholm Стокго́льм
Sweden Шве́ция
Switzerland Швейца́рия
Syria Си́рия
Tajikistan Таджикиста́н
Tashkent Ташке́нт

Tbilisi Тбили́си
Thames (River) Те́мза
Tokyo То́кио
Turkey Ту́рция
Ukraine Украи́на
United States of America Соеди-
 нённые Шта́ты Аме́рики
Urals (Mountains) Ура́л
Vladivostok Владивосто́к
Volga (River) Во́лга
Volgograd Волгогра́д
Washington Вашингто́н
Yugoslavia Югосла́вия

GLOSSARY OF
PROPER NAMES

Adelaide, Adelle Аделаи́да, Аде́ль
Agatha Ага́фья
Agnes Агне́са
Alexander Алекса́ндр
Alexandra Алекса́ндра
Alexei Алексе́й
Alfred Альфре́д
Alice Али́са
Amy Любо́вь
Anastasia Анастаси́я
Anatole Анато́лий
Andrew Андре́й
Anna Анна
Anthony Анто́н
Arthur Арту́р
Barbara Варва́ра
Boris Бори́с
Carl Карл
Catherine Екатери́на
Charlotte Шарло́тта
Claudia Кла́вдия
Constantine Константи́н
Daniel Дании́л
David Дави́д
Dimitry Дими́трий
Dorothy Дороте́я
Edward Эдуа́рд
Eleanore Элеоно́ра
Elias, Ilya Илья́
Elizabeth Елизаве́та
Eugene Евге́ний
Eva Е́ва
George Гео́ргий
Gregory Григо́рий
Helen Еле́на
Herman Ге́рман
Irene, Irina Ири́на
Jacob, Yakov Я́ков
John, Ivan Ива́н
Joseph Ио́сиф
Julia Ю́лия
Lawrence Лавре́нтий
Leo, Lou Лёв
Leonid Леони́д
Louise, Louisa Луи́за
Ludmilla Людми́ла
Luke, Luka Лука́
Macar, Mark Мака́р
Margaret Маргари́та
Marie, Mary Мари́я
Marina Мари́на
Martha Ма́рфа
Matthew Матве́й
Maxim Макси́м
Michael Михаи́л
Nadezhda Наде́жда
Natalia Ната́лья
Nicholas, Nikolai Никола́й
Nikita Ники́та
Oleg Оле́г
Olga Ольга
Paul, Pavel Па́вел
Peter Пётр
Philip Фили́пп
Samuel Самуи́л
Sergei Серге́й
Simon Семён
Sofia Со́фья
Susan, Suzanna Суса́нна
Sviatoslaff Святосла́в
Theodore, Fyodor Фёдор
Thomas Фома́
Timothy Тимофе́й
Valentina Валенти́на
Valentine Валенти́н
Vera Ве́ра
Victor Ви́ктор
Vladimir Влади́мир
Walter Ва́льтер
William Вильге́льм
Zachary Заха́р

In-Flight Russian

Wondering how to make use of all that spare time on the plane while you're flying to Moscow or St. Petersburg? Between your in-flight meal and in-flight movie, brush up on your Russian!

This 60-minute program covers just enough Russian to get by in every travel situation.

CD Program
0-609-81077-4 $13.95/C$21.00

Ultimate Russian Beginner-Intermediate

Our most comprehensive program for serious language learners, businesspeople, and anyone planning to spend time abroad. This package includes a coursebook and eight 60-minute CDs.

CD Program
1-4000-2117-0 * $79.95/C$110.00

Coursebook Only
1-4000-2116-2 * $18.00/C$26.00